A Contribuição dos Princípios para a Efetividade do Processo de Execução na Justiça do Trabalho no Brasil

JOSÉ CARLOS KÜLZER

Universidade do Vale do Itajaí — UNIVALI pró-reitoria de Pesquisa, Pós-Graduação, Extensão e Cultura — ProPPEC Centro de Educação de Ciências Jurídicas, Políticas e Sociais — CEJURPS Curso de Pós-Graduação stricto sensu em Ciência Jurídica — CPCJ Programa de Mestrado em Ciência Jurídica — PMCJ Área de Concentração: Fundamentos do Direito Positivo.

A Contribuição dos Princípios para a Efetividade do Processo de Execução na Justiça do Trabalho no Brasil

EDITORA
LTr
SÃO PAULO

Dados Internacionais de Catalogação na Publicação (CIP)
(Câmara Brasileira do Livro, SP, Brasil)

Külzer, José Carlos
A contribuição dos princípios para a efetividade do processo de execução na justiça do trabalho no Brasil / José Carlos Külzer. — São Paulo : LTr, 2008.

Bibliografia.

ISBN 978-85-361-1157-5

1. Competência (Justiça do trabalho) — Brasil 2. Direito processual do trabalho 3. Direito processual do trabalho — Brasil 4. Execução (Direito do trabalho)) 5. Justiça do trabalho — Brasil I. Título.

08-04180   CDU-347.953:331 (81)

Índice para catálogo sistemático:

1. Brasil : Execução trabalhista : Justiça do
trabalho : Direito processual trabalhista
347.953:331 (81)

© **Todos os direitos reservados**

EDITORA LTDA.

Rua Apa, 165 — CEP 01201-904 — Fone (11) 3826-2788 — Fax (11) 3826-9180
São Paulo, SP — Brasil — www.ltr.com.br

LTr 3648.3   Junho, 2008

À minha esposa Adriana e à filha Manuela que, ao meu lado, também elaboraram seus trabalhos para graduação no Curso de Ciências Jurídicas junto à UNIVALI.

À minha orientadora, Professora Dra. Cláudia Rosane Roesler, por sua compreensão, intervenções e sugestões para o aprimoramento do presente trabalho.

SUMÁRIO

PREFÁCIO — Cláudia Roesler	11
INTRODUÇÃO	13
CAPÍTULO 1 — OS PRINCÍPIOS DE DIREITO NO DIREITO DO TRABALHO	15
1.1 Norma, princípios e regras	15
1.2 Princípios de direito	20
1.3 Princípios constitucionais do processo	24
1.3.1 Princípio do acesso à justiça	29
1.3.2 Devido processo legal	32
1.4 Princípios do direito processual do trabalho	34
1.4.1 Princípio da proteção	37
1.4.2 Princípio do impulso oficial	40
CAPÍTULO 2 — DA JUSTIÇA TRABALHISTA NO BRASIL	46
2.1 Histórico	46
2.1.1 Breve histórico do trabalho humano	47
2.1.2 Histórico da justiça do trabalho	48
2.2 Jurisdição	53
2.3 Competência	56
2.3.1 Conceito e critérios para sua distribuição	56
2.3.2 Competência na Constituição da República Federativa do Brasil	58
2.3.3 A competência material da justiça do trabalho no Brasil	58
2.4 A execução na justiça do trabalho	66
2.5 Dados estatísticos	72
2.5.1 Dados estatísticos dos processos de conhecimento e de execução do Tribunal Regional do Trabalho da 12ª região	72
2.5.2 Dados estatísticos dos processos de conhecimento e de execução da justiça do trabalho do Brasil	75
CAPÍTULO 3 — DA EFETIVIDADE DO PROCESSO DE EXECUÇÃO TRABALHISTA	82
3.1 A atuação do juiz e a efetividade	82

3.2 O princípio da duração razoável do processo e os meios que garantem a celeridade de sua tramitação 98

    3.2.1 Instrumentos coletivos vistos como meio para a concretização do princípio da duração razoável do processo 104

3.3 O sistema BACEN/JUD como instrumento para a efetividade do processo de execução 123

3.4 Outras medidas que contribuem para a efetividade do processo de execução trabalhista 133

CONSIDERAÇÕES FINAIS 141

REFERÊNCIAS DAS FONTES CONSULTADAS 147

ANEXOS 155

ANEXO A — Resolução n. 4 do Conselho Nacional de Justiça 155

ANEXO B — Resolução n. 15 do Conselho Nacional de Justiça 156

ANEXO C — Sentença ACP 8634-2006-035-12-00-2 163

ANEXO D — Acordo de Cooperação 173

ANEXO E — Convênio BACEN-JUD 176

ANEXO F — Regulamento do BACEN-JUD 2.0 178

PREFÁCIO

A vasta gama de assuntos envolvendo o Poder Judiciário transformou-se, na teoria do Direito das últimas décadas, em objeto de contínuos debates e amplas e multifacetadas investigações.

O Poder Judiciário, como instituição encarregada de distribuir com exclusividade a justiça, é uma aquisição moderna. É somente nos séculos XVIII e XIX que se desenha com o perfil que ora conhecemos. A característica básica da instituição judiciária construída naquele momento é a sua capacidade de dirimir os conflitos sociais pela emissão de uma decisão final e inapelável, que deve contar ainda com meios coativos para ser imposta se necessário for. Tal perfil institucional corresponde a um modelo de Sociedade, de papel do poder público e de conflito jurídico. Nesse sentido ele está ligado à concepção liberal clássica, à teoria da separação de poderes e a um conflito que se instaura entre duas partes individualmente caracterizadas em torno de um objeto definível e que é adjudicado a uma delas.

As transformações que caracterizam a nossa época sem dúvida afetaram este modelo de Poder Judiciário, que vem cada vez mais sendo colocado em xeque. De um modo difuso admite-se a crise da referida instituição que parece não conseguir responder ao que a Sociedade dela espera.

As críticas que lhe são endereçadas, em particular no Brasil, apontam para uma crescente deslegitimação, embora haja, mais do que uma linha clara de questionamentos, um conjunto de insatisfações difíceis de sintetizar. Aponta-se, assim, a ineficiência do Judiciário no tratamento dos conflitos, em particular a sua atuação lenta; a politização desta atuação quando de sua relação com os outros poderes e quando da defesa dos direitos humanos; uma intromissão disfuncional na atividade econômica do país, prejudicial à certeza e segurança dos investimentos; o formalismo e conservadorismo na aplicação da legislação e em particular no que tange à Constituição; etc.

Este quadro de insatisfação não é, no entanto, exclusividade nossa, sendo possível identificar críticas semelhantes em praticamente todos os países que partilham o modelo de judiciário ocidental. Percebe-se, ao observar a bibliografia sobre o tema, uma constatação mais ou menos unânime de transformação do papel tradicional e uma certa perplexidade em relação aos rumos que o Judiciário deve tomar.

As reformas legislativas efetivadas no Brasil ao longo da década de 1990, com a criação das várias formas de juizados especiais e com a alteração da legislação processual, procurando agilizar a prestação jurisdicional pela simplificação dos procedimentos, inserem-se nesse contexto, como aponta claramente a própria dogmática processualista brasileira.

Vinculadas também a esse contexto, as modificações na concepção de conflito e a criação de instrumentos processuais capazes de lidar com as novas demandas coletivas, de direitos difusos ou de garantia de direitos sociais, as quais podem ser conjugadas ao aparecimento do Estado de Bem-Estar Social, só começaram a ocorrer nas últimas décadas do século XX, seja pela edição de legislação extravagante, seja pela presença de dispositivos pertinentes a estes temas na Constituição da República Federativa do Brasil de 1988.

A "Crise do Poder Judiciário" é, no entanto, muito mais séria e muito mais ampla do que uma visão simplista ou apressada possa evidenciar. Evidentemente que reformas processuais podem auxiliar a tornar mais célere e quiçá mais eficaz a prestação jurisdicional, aproximando-a da concepção contemporânea do processo como meio de garantir a efetividade dos Direitos Fundamentais. É de se duvidar, no entanto, que ela possa ter os resultados desejados sem a compreensão de que está inserida em um quadro de transformação do modelo de Poder Judiciário.

Questionado pelos múltiplos vetores da transformação acarretada pela passagem do Estado Liberal ao Estado de Bem-Estar, o Judiciário parece perplexo diante do caminho a ser trilhado. Não é possível voltar ao padrão de funcionamento que o caracteriza no modelo liberal, mas ao entrar em movimento não parece saber o que exatamente deve mudar para adequar-se aos novos tempos.

É certo que vista nesta perspectiva a crise não pode ser solucionada exclusivamente a partir do próprio Judiciário. Sua superação implica atuação dos outros poderes do Estado, assim como do próprio Judiciário. Mas implica, sobretudo, capacidade de traçar um panorama, ainda que aproximativo, das transformações que o mundo ao seu redor sofre. E precisamente neste ponto é que parece haver mais dificuldade por parte da instituição e da Sociedade brasileira.

É de se observar, neste sentido, o crescimento das análises econômicas sobre o Judiciário, que visam identificar o quanto sua performance pode comprometer o funcionamento da economia do país e com isso prejudicar a inserção no mercado mundial, que passa a ser parâmetro dominante de valoração. A eficiência, neste quadro, é o valor fundamental, e os questionamentos sobre a justiça deixam de ter relevância. Uma parte considerável das críticas que o Judiciário brasileiro recebe atualmente tem, como fundamento, esta visão economicista, preocupada com a demora e a ineficiência neste sentido particular.

Olhada a crise do ângulo do Juiz, ela se expressa em uma cobrança de resultados ao mesmo tempo justos, economicamente adequados ou ao menos que não acarretem prejuízos econômicos, produzidos de modo célere e de acordo com a legislação à qual está vinculado. Uma tarefa que exige e pressupõe uma formação técnica sólida, um conhecimento de áreas contíguas ao Direito —

como a sociologia ou a economia, por exemplo —, uma capacidade de aproveitar ao máximo a estrutura física e organizacional do Poder Judiciário, e, *last but not least*, uma excelente capacidade argumentativa para justificar as decisões tomadas, especialmente aquelas nas quais se decidem aspectos cruciais de atribuição de direitos ou de delimitação do sentido das normas existentes.

A análise de *José Carlos Külzer*, que ora se apresenta ao público, insere-se neste contexto e desenvolve, com o olhar dos que participam ativamente da construção do Poder Judiciário, uma apurada, porém serena, reflexão sobre como se podem utilizar os institutos jurídicos já existentes — os princípios jurídicos ou o mecanismo da penhora on-line, por exemplo — para alcançar um objetivo sempre colocado na pauta do dia: a celeridade processual e a melhoria da prestação jurisdicional.

Entendendo, corretamente, que a celeridade processual não pode ser um objetivo em si mesmo, mas que a demora em garantir que a parte vencedora no processo trabalhista tenha acesso aos valores que lhe foram atribuídos em decisão judicial seja um grave obstáculo à efetivação da prestação jurisdicional, *Külzer* analisa vários mecanismos que podem auxiliar, por vezes decisivamente, neste caminho tão acidentado, que vai da decisão do processo de conhecimento ao encerramento do processo de execução com a satisfação do crédito.

Do mesmo modo, manejando a distinção entre princípios e regras e entendendo a real dimensão da presença dos princípios em um ordenamento jurídico, *Külzer* chama a atenção do leitor para a distorção que muitas vezes ocorre quando esperamos que regras sejam feitas pelo Legislador, quando já poderíamos haver decidido com base em princípios ou quando privilegiamos o cumprimento de regras que desrespeitam princípios.

A análise que se apresenta, argutamente, articula conceitos da teoria do Direito — como a referida distinção entre princípios e regras — com uma compreensão que poderíamos chamar de empírica e que revela o "afogamento" da Justiça do Trabalho em um sem-número de processos idênticos que poderiam ser resolvidos mais adequadamente se contássemos com instrumentos coletivos de defesa dos direitos trabalhistas violados, assim como mostra, revelando números preocupantes, como as estatísticas dos Tribunais mascaram a realidade ao centrarem-se nas decisões dos processos de conhecimento, ignorando ou fazendo ignorar que um processo decidido não significa direito alcançado e, portanto, efetividade da prestação jurisdicional.

O leitor encontrará, assim, um excelente material de leitura, pleno de reflexão corajosa da parte de quem, como já se salientou antes, tem a coragem de pensar o Poder Judiciário, conhecendo-o internamente, sem medo de enfrentar e apontar os seus descaminhos, mas sem desvalorizar ou subestimar o esforço daqueles que procuram construir uma instituição judiciária adequada aos tempos em que vivemos.

Cláudia Roesler

INTRODUÇÃO

Esta obra tem por objeto[1] pesquisar acerca da Efetividade do Processo[2] de Execução na Justiça Trabalhista do Brasil, motivada pelo comprometimento com a Efetividade do próprio Poder Judiciário, que é alcançada com o cumprimento de suas decisões.

Mas, para alcançar a almejada Efetividade da prestação jurisdicional foram formulados os seguintes problemas: 1º) existem Princípios específicos do Direito Processual do Trabalho? 2º) a aplicação dos Princípios do Direito Processual do Trabalho contribuem para alcançar a Efetividade e a agilização da prestação jurisdicional trabalhista? 3º) os Tribunais Trabalhistas têm aplicado os Princípios do Direito Processual do Trabalho? 4º) que medidas podem ser adotadas para agilizar a prestação jurisdicional trabalhista?

E para responder estes problemas, foram apresentadas as seguintes hipóteses: 1ª) que no Direito Processual do Trabalho existem Princípios específicos; 2ª) que apesar das falhas da legislação, os Princípios do Direito Processual do Trabalho, se aplicados ao caso concreto, permitem agilizar a Execução Trabalhista; 3ª) que a jurisprudência dos Tribunais Trabalhistas indica que os Princípios do Direito Processual do Trabalho não vêm tendo papel preponderante para a solução dos processos; 4ª) que apesar morosidade da prestação jurisdicional vincular-se também a fatores extrínsecos — como, por exemplo, a falta de estrutura do Poder Judiciário —, existem ferramentas que podem contribuir para solucionar a morosidade processual, contribuindo para alcançar a efetividade do Processo de Execução.

Seu objetivo geral é demonstrar que a utilização adequada dos Princípios já existentes no ordenamento jurídico brasileiro, bem como a implementação e o melhoramento de alguns mecanismos também existentes, como a penhora *on-line*, podem fazer com que se alcance a efetividade das decisões tomadas nos processos de conhecimento levados à execução na Justiça do Trabalho.

---

(1) Nesta Introdução, cumprem-se as orientações metodológicas previstas em PASOLD, Cesar Luiz. *Prática da Pesquisa Jurídica*: idéias e ferramentas úteis para o pesquisador do Direito. 8. ed. rev. Florianópolis: OAB/SC Editora, 2003. p. 170-181.

(2) O conceito operacional de efetividade do processo "significa a sua almejada aptidão a eliminar insatisfações, com justiça e fazendo cumprir o direito, além de valer como meio de educação geral para o exercício e respeito aos direitos e canal de participação dos indivíduos nos destinos da sociedade e assegurar-lhes a liberdade. [...] é a visão dos objetivos que vem a iluminar os conceitos e oferecer condições para o aperfeiçoamento do sistema." (DINAMARCO, Cândido Rangel. *A Instrumentalidade do Processo*. São Paulo: Malheiros Editores, 2005. p. 331).

A par do objetivo geral do presente estudo, de pesquisar acerca da Efetividade do Processo de Execução na Justiça Trabalhista no Brasil, é destacada a finalidade dos Processos de Conhecimento e de Execução Trabalhista; é apontada a evolução do Processo de Execução Trabalhista; são relacionadas posições jurisprudenciais sobre a Eficácia do Processo de Execução Trabalhista, e são identificados os Princípios do Direito Processual do Trabalho que mais contribuem para a Efetividade da prestação jurisdicional trabalhista.

O objetivo institucional do estudo foi a obtenção do Título de Mestre em Ciência Jurídica pelo Programa de Mestrado em Ciência Jurídica do Curso de Pós Graduação *Stricto Sensu* em Ciência Jurídica — CPCJ, da Universidade do Vale do Itajaí — UNIVALI.

No Primeiro Capítulo, são abordados os referentes teóricos necessários ao desenvolvimento do tema, a começar pela conceituação e diferenciação de categorias básicas, tais como Normas, Princípios e Regras, para, depois, tratar dos Princípios Constitucionais do Processo e, mais especificamente, do Direito Processual do Trabalho.

No Segundo Capítulo, é apresentado um panorama da Justiça Trabalhista no Brasil, começando pelo resgate de sua história, para tratar em seguida de sua competência material e da Execução Trabalhista, com a apresentação, ao final, de aspectos estatísticos desta Justiça Especializada.

No Terceiro Capítulo, trata-se sobre a Efetividade do Processo de Execução Trabalhista, sobre a contribuição do juiz para a Efetividade, sobre o Princípio da Duração Razoável do Processo e os meios que garantem a celeridade de sua tramitação, e, ainda, a respeito dos instrumentos que contribuem para a Efetividade do Processo de Execução Trabalhista, em especial a penhora *on-line*.

Mediante as Considerações Finais, encerra-se o Relatório de Pesquisa, nas quais são apontadas conclusões e sugestões para a busca da Efetividade do Processo de Execução Trabalhista.

Cumpre referir que em relação à Metodologia empregada, é utilizado o método indutivo[3] na Fase de Investigação e no Relatório dos Resultados expressos na presente Dissertação. E nas diversas fases da Pesquisa foram acionadas as Técnicas do Referente, da Categoria, do Conceito Operacional e da Pesquisa Bibliográfica.

Salientamos que os Conceitos Operacionais das Categorias fundamentais são apresentados ao longo do texto e em rodapé, conforme opções expostas na obra de *Cesar Luiz Pasold*[4], seguindo-se assim as diretrizes metodológicas do Curso de Pós-Graduação *Stricto Sensu* em Ciência Jurídica — CPCJ/UNIVALI.

---

(3) Sobre os Métodos e Técnicas nas diversas Fases da Pesquisa Científica foi observado o disposto em PASOLD, Cesar Luiz. *Prática da Pesquisa Jurídica*: idéias e ferramentas úteis para o pesquisador do Direito. p. 99-125.

(4) PASOLD, Cesar Luiz. *Prática da Pesquisa Jurídica*: idéias e ferramentas úteis para o pesquisador do Direito.

CAPÍTULO 1

Os Princípios de Direito no Direito do Trabalho

1.1 NORMA, PRINCÍPIOS E REGRAS

Antes de abordar o objeto central de nosso estudo, entendemos ser necessário tecer algumas considerações sobre "princípios" e "regras", tendo em vista que a doutrina constitucional moderna distingue estas duas espécies do gênero "norma" de Direito, para o que muito contribuíram os estudos teóricos dos juristas americano *Ronald Dworkin*, e do alemão *Robert Alexy*.

Ao comentar estes estudos, *Paulo Bonavides*[1] assevera que para *Alexy*, tanto as Regras como os Princípios também são Normas, "porquanto ambos se formulam com a ajuda de expressões deônticas fundamentais, como mandamento, permissão e proibição", e que ambos constituem "fundamentos para juízos concretos de dever, embora sejam fundamentos de espécie mui diferente".

Embora atualmente alguns autores ainda incluam no gênero "norma" os valores como mais uma espécie categorial normativa[2], nosso estudo se limitará à distinção entre Regras e Princípios.

O consagrado autor português *Joaquim Gomes Canotilho*[3] salienta que enquanto "*à riqueza de formas* da constituição corresponde a multifuncionalidade das normas constitucionais", por outro lado, "aponta-se para a necessidade dogmática de uma clarificação tipológica da estrutura normativa", abandonando-se a metodologia jurídica tradicional que fazia distinção apenas entre Normas e Princípios, já que estes, assim como as Regras, são duas espécies de Normas.

---

(1) BONAVIDES, Paulo. *Curso de Direito Constitucional*. 19. ed. São Paulo: Malheiros Editores, 2006. p. 277.
(2) ESPÍNDOLA, Ruy Samuel. *Conceito de Princípios Constitucionais*. 2. ed. São Paulo: Editora Revista dos Tribunais, 2002. p. 66.
(3) CANOTILHO, J.J. Gomes. *Direito Constitucional e Teoria da Constituição*. 7. ed. Coimbra: Edições Almedina, 2003. p. 1.159.

Segundo as reflexões do professor alemão *Alexy*,

"Os princípios ordenam que algo deve ser realizado na medida possível, levando-se em conta as possibilidades jurídicas e fáticas. Portanto, não possuem *mandamentos definitivos, mas* apenas *prima facie*. [...] Os princípios representam razões que podem ser desprezadas por ouras razões opostas. O princípio não determina como deve se resolver a relação entre uma razão e sua oposta. Por isto, os princípios carecem de conteúdo de determinação com respeito aos princípios contrapostos e às possibilidades fáticas.

Totalmente distinto é o caso das regras. Como as regras exigem exatamente o que nelas se ordena, possuem uma determinação em âmbito das possibilidades jurídicas e fáticas. Esta determinação pode fracassar por impossibilidades jurídicas e fáticas, o que pode conduzir à sua invalidez; mas, se tal não é o caso, vale então definitivamente o que a regra diz."[4] (grifos do autor)

Portanto, na sua lição[5], os Princípios são sempre *razones prima facie*, enquanto as Regras, a menos que se haja estabelecido uma exceção, são *razones definitivas*.

E ao comentar a teoria de *Alexy*, o constitucionalista *Paulo Bonavides*[6] salienta que é ao redor da colisão de Princípios e do conflito de Regras aplicáveis ao caso concreto que desponta com mais nitidez a distinção entre Regras e Princípios, pois enquanto os conflitos de Regras "se desenrolam na dimensão da validade", ou seja, uma regra vale ou não vale, e quando vale é aplicável ao caso concreto, a colisão de Princípios "transcorre fora da dimensão de validade, ou seja, na dimensão do peso, isto é, do valor". Desta forma, um determinado Princípio cede a outro para solução de um conflito, o que não significa, entretanto, que o de menor peso seja declarado nulo.

---

(4) Los principios ordenam que algo debe ser realizado en la mayor medida posible, teniendo em cuenta las posibilidades jurídicas y fácticas. Por lo tanto, no contienen *mandatos definitivos* sino sólo *pirma facie*. Del hecho de que um principio valga para um caso no se infere que lo que el principio exige para este caso valga como resultado definitivo. Los principios representam razones que pueden ser desplazadas por ouras razones opuestas. El principio no determina cómo há de resolverse la relación entre uma razón y su opuesta. Por ello, los princípios carecen de contenido de determinación con respecto a los principios contrapuestos y las posibilidades fácticas.
Totalmente distinto es el caso de las regras. Como las regras exigen que se haga exactamente lo que em ellas se ordena, contienen uma determinación en el ámbito de las possibilidades jurídicas y fácticas. Esta determinación puede fracasar por impossibilidades jurídicas y fácticas, lo que puede conducir a su invalidez; pero, si tal no es el caso, vale entonces definitivamente lo que la regla dice. (tradução nossa) ALEXY, Robert. *Teoría de los Derechos Fundamentales*. Madrid: Centro de Estudios Políticos y Constitucionales, 2002. p. 99.
(5) ALEXY, Robert. *Teoría de los Derechos Fundamentales*, p. 101.
(6) BONAVIDES, Paulo. *Curso de Direito Constitucional*, p. 279-280.

Ainda segundo *Bonavides*, em muitos aspectos a concepção sobre normas jurídicas de *Dworkin* coincide com a de *Alexy*, cuja teoria acerca da normatividade dos Princípios se inspira em grande parte nas sugestões do mestre americano. Conclui o constitucionalista brasileiro que a teoria dos princípios, "depois de acalmados os debates acerca da normatividade que lhes é inerente, se converteu no coração das Constituições".[7]

Dworkin inicia seu raciocínio criticando o positivismo, argumentando que se trata de "um modelo de e para um sistema de regras e que sua noção central de um único teste fundamental para o direito nos força a ignorar os papéis importantes desempenhados pelos padrões que não são regras".[8]

Em sua teoria, o jurista americano utiliza com freqüência o termo "princípio" de maneira genérica para indicar o conjunto de padrões que não são regras. Conforme esclarece em sua obra, denomina como *princípio* "um padrão que deve ser observado, não porque vá promover ou assegurar uma situação econômica, política ou social considerada desejável, mas porque é uma exigência de justiça ou eqüidade ou alguma outra dimensão de moralidade".[9]

Para *Dworkin*, a diferença entre Princípios e Regras Jurídicas é de natureza lógica, pois enquanto as Regras são aplicáveis à maneira do tudo ou nada, ou seja, se é válida, deve ser aceita a resposta que ela fornece ao caso concreto, não é assim que funcionam os Princípios, tendo em vista que "mesmo aqueles que mais se assemelham a regras não apresentam conseqüências jurídicas que se seguem automaticamente quando as condições são dadas".[10]

Também para ele, os Princípios, quando se intercruzam, possuem uma dimensão que as Regras não têm: "a dimensão do peso ou importância". Enquanto isso, se duas regras entram em conflito, "uma delas não pode ser válida".[11]

Ao comentar a teoria do jurista americano, *Bonavides*[12] salienta que sempre que se tratar de Regra, para torná-la mais precisa e completa, é necessário enumerar-lhe todas as exceções, e que o conceito de validade da regra "é conceito de tudo ou nada apropriado para a mesma, mas incompatível com a dimensão de *peso*, que pertence à natureza do princípio". Para ele, a dimensão de peso, ou importância ou valor, que só os Princípios possuem, pode ser considerado o mais seguro critério para distingui-los das regras, arrematando que: "a escolha ou a hierarquia dos princípios é a de sua relevância".

---

(7) *Idem*, p. 281.
(8) DWORKIN, Ronald. *Levando os Direitos a Sério*. Tradução de Nelson Boeira. São Paulo: Martins Fontes, 2002. p. 36.
(9) DWORKIN, Ronald. *Levando os Direitos a Sério*, p. 36.
(10) *Idem*, p. 39-40.
(11) *Idem*, p. 42-43.
(12) BONAVIDES, Paulo. *Curso de Direito Constitucional*, p. 282.

Canotilho[13] considera complexa a distinção entre Princípios e Regras, o que decorre, muitas vezes, de não se esclarecerem duas questões que entende como fundamentais:

"(1) saber qual a função dos princípios, ou seja, se têm uma função retórica-argumentativa ou são normas de conduta; (2) saber se entre princípios e regras existe um denominador comum, pertencendo à mesma <<família>> e havendo apenas uma diferença do grau (quanto à generalidade, conteúdo informativo, hierarquia das fontes, explicitação do conteúdo, conteúdo valorativo), ou se, pelo contrário, os princípios e as regras são susceptíveis de uma diferenciação qualitativa."

Para resolver o primeiro problema apontado, o autor deixa de lado os princípios hermenêuticos (que desempenham uma função meramente argumentativa) e centra-se nos princípios jurídicos, que possuem qualidade de verdadeiras *normas*, embora *qualitativamente distintas* das outras categorias de normas (regras jurídicas).

Assim, segundo *Canotilho*, as diferenças qualitativas entre Princípios e Regras traduzem-se nos seguintes aspectos:

"Os princípios são normas jurídicas impositivas de uma *optimização*, compatíveis com vários graus de concretização, consoante os condicionalismos fácticos e jurídicos; as *regras* são normas que prescrevem imperativamente uma exigência (impõem, permitem ou proíbem) que é ou não é cumprida (nos termos de Dworkin: *applicable in all-or-nothing fashion*); a convivência dos princípios coexistem, as regras antinómicas excluem-se. Consequentemente, os princípios, ao constituirem *exigências de optimização*, permitem o balanceamento de valores e interesses (não obedecem, como as regras, à <<lógica do tudo ou nada>>), consoante o seu *peso* e a ponderação de outros princípios eventualmente conflitantes; as regras não deixam espaço para qualquer outra solução, pois se uma regra *vale* (tem validade) deve cumprir-se na exata medida das suas prescrições, nem mais nem menos."[14] (grifos do autor)

Para *Willis Santiago Guerra Filho* a diferenciação entre normas que são "regras" daquelas que são "princípios" é de suma importância, porque entre essas últimas que se situam as normas de direitos fundamentais. Nas suas palavras,

"As regras trazem a descrição de estados-de-coisa formado por um fato ou um certo número deles, enquanto nos princípios há uma referência direta a

---

(13) CANOTILHO, J. J. Gomes. *Direito Constitucional e Teoria da Constituição*, p. 1.161.
(14) *Idem, ibidem*.

valores. Daí se dizer que as regras se fundamentam nos princípios, os quais não fundamentam diretamente nenhuma ação, dependendo para isso da intermediação de uma regra concretizadora. Princípios, portanto, têm um grau incomparavelmente mais alto de generalidade (referente à classe de indivíduos à que a norma se aplica) e abstração (referente à espécie de fato a que a norma se aplica) do que a mais geral e abstrata das regras."[15]

Portanto, continua o autor, "uma das características dos Princípios Jurídicos que melhor os distinguem das normas que são regras é sua maior abstração, na medida em que não se reportam, ainda que hipoteticamente, a nenhuma espécie de situação fática, que dê suporte à incidência de norma jurídica".[16]

Canotilho[17] também aponta este critério para distinção de Princípios e Regras, ao referir que os Princípios possuem um grau de abstração mais elevado do que as Regras. E além deste, salienta os seguintes critérios de distinção: grau de determinabilidade na aplicação do caso concreto (os princípios, por serem vagos e indeterminados, carecem de mediações concretizadoras do legislador ou do juiz, enquanto as regras são suscetíveis de aplicação imediata); grau de fundamentabilidade no sistema das fontes de direito (os princípios são normas de natureza estruturante, com papel fundamental no ordenamento jurídico devido à sua posição hierárquica no sistema de fontes); "proximidade" da idéia de direito (regras podem ser vinculadas a um conteúdo funcional, enquanto os princípios vinculam-se às exigências da justiça, são *standards*); e por fim, faz referência natureza normogenética (os princípios são fundamento de regras, são normas que estão na base, possuindo assim função normogenética).

Desta forma, prossegue o autor português, a existência de Regras e Princípios, da maneira acima exposta, "permite a descodificação, em termos de um 'constitucionalismo adequado' (*Alexy: gemässigte Konstitutionalismus*), da estrutura sistemática, isto é, possibilita a compreensão da constituição como um **sistema aberto de regras e princípios**".[18] (grifos do autor)

Além disso, a ordem jurídica,

"[...] vai-se mostrar como um entrelaçado de regras e princípios; um conjunto de normas que, em diferentes graus, concretizam uma idéia-retora, a qual, de um ponto de vista filosófico, meta-positivo, poderá ser entendida como a 'idéia do Direito' (*Rechtsidee*), fórmula sintetizadora das idéias de

---

(15) GUERRA FILHO, Willis Santiago. *Processo Constitucional e Direitos Fundamentais*. 4. ed. São Paulo: RCS Editora, 2005. p. 55-56.
(16) GUERRA FILHO, Willis Santiago. *Processo Constitucional e Direitos Fundamentais*, p. 69.
(17) CANOTILHO. J. J. Gomes. *Direito Constitucional e Teoria da Constituição*, p. 1.160/1.161.
(18) *Idem*, p. 1.162.

paz jurídica e justiça, mas que, para nós, se condensa positivamente na fórmula política adotada em nossa Constituição; 'Estado Democrático de Direito'."[19]

Portanto, a doutrina constitucional moderna contribuiu decisivamente para que o ordenamento jurídico deixasse de ser visto como um mero sistema de regras positivadas, tão-somente, já que as regras passaram a ser apresentadas como uma das espécies das normas jurídicas, que, juntamente com os Princípios Jurídicos, formam o sistema jurídico.

1.2 Princípios de Direito

A palavra *princípio* sugere, na linguagem comum, a idéia de "momento em que alguma coisa tem origem", de "elemento predominante na constituição de um corpo orgânico".[20] Traduz, também, a idéia de algo "que serve de base a alguma coisa".[21]

Segundo *Maurício Godinho Delgado*[22], de maneira geral princípio traduz "a noção de proposições fundamentais que se formam na consciência das pessoas e grupos sociais, a partir de certa realidade, e que, após formadas, direcionam-se à compreensão, reprodução ou recriação dessa realidade".

Nas Ciências, os Princípios correspondem às proposições básicas que as fundamentam, "que se colocam na base da Ciência, informando-a e orientando-a. Também para o Direito, o Princípio é o seu fundamento, a base que irá informar e inspirar as normas jurídicas".[23]

Portanto, Princípios Jurídicos são "aquelas idéias fundamentais que orientam a atuação de todas as outras formas jurídicas presentes no sistema, constituindo-se a base do sistema, constituindo-se na base do Direito".[24]

Ao tratar sobre o tema em sua obra, o jurista uruguaio *Plá Rodriguez*[25] propõe a seguinte definição para os Princípios: "linhas diretrizes que informam algumas normas e inspiram direta ou indiretamente uma série de soluções, pelo que, podem servir para promover e embasar a aprovação de novas normas,

---

(19) GUERRA FILHO, Willis Santiago. *Processo Constitucional e Direitos Fundamentais*, p. 70.
(20) FERREIRA, Aurélio Buarque de Hollanda. *Pequeno Dicionário Brasileiro da Língua Portuguesa*. 10. ed. Rio de Janeiro: Editora Nacional, 1987. p. 981.
(21) HOUAISS, Antônio. *Dicionário Houaiss da Língua Portuguesa*. Rio de Janeiro: Ed. Objetiva, 2001. p. 2.299.
(22) DELGADO, Maurício Godinho. *Curso de Direito do Trabalho*. 4. ed. São Paulo: LTr, 2005. p. 184.
(23) MARTINS, Sérgio Pinto. *Direito Processual do Trabalho*. São Paulo: Ed. Atlas, 2003. p. 63.
(24) GUIMARÃES. Adrianna Stagni. *A Importância dos Princípios Jurídicos no Processo de Interpretação Constitucional*. São Paulo: LTr, 2003. p. 85.
(25) PLÁ RODRIGUEZ, Américo. *Princípios de Direito do Trabalho*. Tradução de Wagner D, Giglio. São Paulo: LTr, 1993. p.16.

orientar a interpretação das existentes e resolver os casos não previstos." Ou seja, o Princípio estabelece um critério geral que deixa ao juiz um espaço para decidir.

Apresentam-se os Princípios, desta forma, como resultado de uma evolução social. "São enunciados que consagram conquistas éticas da civilização e, por isso, estejam ou não previstos em lei, aplicam-se cogentemente a todos os casos concretos."[26]

E no contexto atual, de enfraquecimento do positivismo tradicional e de surgimento de um novo padrão de validade, o Direito somente pode auferir legitimidade apoiado em Princípios evidentes, segundo nos ensina o professor *Luiz Henrique Cademartori*[27], "os quais traduzem valores, muitas vezes, conflitantes, sendo que estes, quando colidem entre si, demandam uma análise discursiva como forma de encaminhamento de solução". Ainda nas palavras do professor,

"[...] o dado característico do direito atual (ou pós-positivismo) e sua estrutura discursiva residem no fato de que, independentemente do modo como se legam ao direito vigente, os discursos jurídicos não circulam em um sistema fechado baseado apenas em regras ou leis em sentido estrito. Ao contrário disso, o direito se compõe de regras, propriamente jurídicas; diretrizes, veiculadoras de orientações políticas e princípios, de cunho moral, conectados a orientações de justiça e equidade."

Mediante esta transformação, reconhecida pela doutrina mais moderna, os Princípios Gerais de Direito, que figuravam nos Códigos e que eram vistos apenas como fontes supletivas, passaram a ser inscritos nas Constituições e a ter caráter de normatividade, convertendo-se em fundamento de toda a ordem jurídica.

Ao tratar sobre a idéia de constituição em sentido normativo, *Canotilho*[28] fala que

"[...] a constituição normativa não é um mero conceito de ser; é um conceito de *dever ser*. Pressupõe uma idéia de relação entre um *texto* e um *conteúdo normativo específico*. O texto vale como lei escrita superior porque consagra princípios considerados (em termos jusnaturalistas, em termos racionalistas, em termos fenomenológicos) fundamentais numa ordem jurídico-política materialmente legitimada." (grifos do autor)

---

(26) PORTANOVA, Rui. *Princípios do Processo Civil*. 6. ed. Porto Alegre: Livraria do Advogado. 2005. p. 14.
(27) CADEMARTORI. Luiz Henrique. Os Fundamentos de Legitimidade do Estado Constitucional: As Análises de Weber e Habermas. In: *Temas de Política e Direito Constitucional Contemporâneos*. Florianópolis: Momento Atual, 2004. p. 13-14.
(28) CANOTILHO, J. J. Gomes. *Direito Constitucional e Teoria da Constituição*, p. 1.130.

Mais adiante, ao abordar sobre o mesmo tema, *Canotilho* refere que nos livros de estudo encontram-se fórmulas tais como "normatividade da constituição", "força normativa da Constituição", e que através destas expressões, pretende-se significar.

"[...] — que a constituição é uma lei vinculativa dotada de *efectividade e aplicabilidade*. A *força normativa* da constituição visa exprimir, muito simplesmente, que a constituição sendo uma lei *como lei deve ser aplicada*. Afasta-se a tese generalizadamente aceite nos fins do século XIX e nas primeiras décadas do século XX que atribuía à constituição um 'valor declaratório', 'uma natureza de simples direcção política', um caráter programático despido da força jurídica actual caracterizadora das verdadeiras leis.

[...] O caráter *aberto* e a estrutura de muitas normas da constituição obrigam à mediação *criativa e concretizadora* dos 'intérpretes da constituição', começando pelo *legislador* (primado da competência concretizadora do legislador) e pelos juízes..." (grifos do autor)[29]

Segundo *Paulo Bonavides*[30], a proclamação da normatividade dos Princípios em novas formulações conceituais, conforme analisado anteriormente, e as decisões das Cortes Supremas no constitucionalismo contemporâneo, confirmam a tendência, no seu sentir, irresistível, "que conduz à valoração e eficácia dos princípios como normas-chaves de todo o sistema jurídico". Para o constitucionalista brasileiro, os Princípios fazem

"[...] a congruência, o equilíbrio e a essencialidade de um sistema jurídico legítimo. Postos no ápice da pirâmide normativa, elevam-se, portanto, ao grau de norma das normas, de fonte das fontes. São qualitativamente a viga-mestra do sistema, o esteio da legitimidade constitucional, o penhor da constitucionalidade das regras de uma Constituição."[31]

E para *Jane Reis Gonçalves Pereira*[32], "a relevância dogmática conferida aos Princípios não pode ser dissociada da progressiva importância que os direitos fundamentais passaram a ostentar no constitucionalismo atual". Esclarece ainda a autora[33], que a discussão sobre a importância dos princípios partiu de uma corrente de pensamento contrária às concepções positivistas tradicionais, e que atualmente a discordância doutrinária não gira mais a respeito da

---

(29) CANOTILHO, J. J. Gomes. *Direito Constitucional e Teoria da Constituição*, p. 1.150.
(30) BONAVIDES, Paulo. *Curso de Direito Constitucional*, p. 286.
(31) *Idem*, p. 294.
(32) PEREIRA, Jane Reis Gonçalves. *Interpretação Constitucional e Direitos Fundamentais*. Rio de Janeiro: Editora Renovar, 2006. p. 94.
(33) *Idem*, p. 94-97.

força obrigatória dos Princípios, por ser genericamente aceita, passando a discussão a envolver a morfologia e a função que os Princípios desempenham no processo hermenêutico.

Dworkin sugere em seus estudos[34] um modelo de interpretação que requer dos juízes que o sistema jurídico seja tratado como "um conjunto coerente de princípios e, com esse fim, que interpretem essas normas de modo a descobrir normas implícitas entre e sob as normas explícitas".

O mestre ainda critica a compartimentalização do Direito, e pede que os juízes tornem a lei coerente como um todo, tendo em vista que o Direito é estruturado por um conjunto coerente de Princípios sobre a justiça. Portanto, resgata a idéia de que a lei faz parte de um sistema compreensivo mais vasto, e que o Direito deve ser interpretado de forma a dar mais coerência a esse sistema.

Também para *Plá Rodriguez*[35], os Princípios básicos ou fundamentais "servem de cimento a toda estrutura jurídico-normativa", e permitem harmonizar as normas, "servindo para relacioná-las entre si e evitando que o sistema se transforme em uma série de fragmentos desconexos", acrescentando que "a vinculação entre os diversos princípios contribui mais eficazmente para a sistematização do conjunto e para delinear a individualidade a cada ramo do direito".

Portanto, além de permitir melhor compreensão do sistema jurídico,

"[...] um princípio está sempre se relacionando com os demais princípios, cabendo ao intérprete identificá-los e hierarquizá-los, de acordo com os valores que prevaleçam em dado caso concreto e levando em conta todo o sistema do Direito positivo, uma vez que eles refletem a vontade do povo que foi apreendida pelo constituinte ao criar determinada norma."[36]

Conforme *Ruy Samuel Espíndola*[37], tendo em conta a idéia de sistema jurídico como a totalidade do Direito Positivo, e como subsistemas, suas ramificações estrutural-nomativas, como por, exemplo, o Direito Civil, o Direito Administrativo, etc., "podemos dizer que os princípios, enquanto normas, desempenham a função de dar fundamento material e formal aos subprincípios e demais regras integrantes da sistemática normativa".

---

(34) DWORKIN, Ronald. *O Império do Direito.* Tradução de Jefferson Luiz Camargo. São Paulo: Martins Fontes, 2003. p. 261.

(35) PLÁ RODRIGUEZ, Américo. *Princípios de Direito do Trabalho,* p. 17.

(36) GUIMARÃES, Adrianna Stagni. *A importância dos princípios jurídicos no processo de interpretação constitucional.* São Paulo: LTr, 2003. p. 85.

(37) ESPÍNDOLA, Rui Samuel. *Conceito de Princípios Constitucionais:* elementos teóricos para uma formulação dogmática constitucionalmente adequada. 2. ed. São Paulo: Revista dos Tribunais, 2002. p. 77-78.

Mas, devemos principalmente a *Ronald Dworkin*[38] o resgate da importância do Direito, ao afirmar que

> "[...] o direito não é esgotado por nenhum catálogo de regras ou princípios, cada qual com seu próprio domínio sobre uma diferente esfera de comportamentos. Tampouco por alguma lista de autoridades com seus poderes sobre parte de nossas vidas. O império do direito é definido pela atitude, não pelo território, o poder ou o processo. [...] É uma atitude interpretativa e auto-reflexiva, dirigida à política no mais amplo sentido. É uma atitude contestadora que torna todo cidadão responsável por imaginar quais são os compromissos públicos de sua sociedade com os princípios, e o que tais compromissos exigem em cada nova circunstância."

Afinal, nos dias de hoje a sociedade não aceita mais a visão legalista, e exige do juiz maior preocupação com a justiça, e não apenas com o texto legal. E essa atitude interpretativa sugerida por *Dworkin* somente é possível em função da natureza diversa de Regras e Princípios, já abordada anteriormente, pois enquanto

> "[...] duas regras que dispõem diferentemente sobre uma mesma situação ocorre um excesso normativo, uma antinomia jurídica, que deve ser afastada com base em critérios que, em geral, são fornecidos pelo próprio ordenamento jurídico, para que se mantenha sua unidade e coerência [...] já com os princípios tudo se passa de modo diferente, pois eles, na medida em que não disciplinam nenhuma situação jurídica específica, considerados da forma abstrata como se apresentam para nós, no texto constitucional, não entram em choque diretamente, são compatíveis (ou 'compatibilizáveis') uns com os outros."[39]

Assim, ao ser solucionado um caso concreto que exija a aplicação de Princípios Jurídicos porque as Regras não são suficientes para resolvê-lo satisfatoriamente, a decisão tomada "sempre irá privilegiar um (ou alguns) dos princípios, em detrimento de outro(s), embora todos eles se mantenham íntegros em sua validade e apenas diminuídos, circunstancialmente e pontualmente, em sua eficácia".[40]

1.3 Princípios Constitucionais do Processo

O Estado Social, consolidado nas primeiras décadas do século XX, motivou e inspirou a criação de um novo Estado de Direito, de concepção vinculada ao princípio da *constitucionalidade*, "que deslocou para o respeito dos direitos

---

(38) DWORKIN, Ronald. *O Império do Direito*, p. 492.
(39) GUERRA FILHO, Willis Santiago. *Processo Constitucional e Direitos Fundamentais*. 4. ed. São Paulo: RCS Editora, 2005. p. 71.
(40) GUERRA FILHO, Willis Santiago. *Processo Constitucional e Direitos Fundamentais*, p. 71-72.

fundamentais o centro de gravidade da ordem jurídica"[41], implicando o declínio da concepção positivista do Estado de Direito vinculado ao princípio da *legalidade*.

Segundo *Paulo Bonavides*[42], o Estado Social representa uma transformação superestrutural por que passou o antigo Estado Liberal, através da qual a burguesia teve atenuado o domínio que exercia até então. Assim, à medida que o Estado tende a desprender-se do controle burguês de classe, passa a ser "o Estado de todas as classes, o Estado fator de conciliação, o Estado mitigador de conflitos sociais e pacificador necessário entre o trabalho e o capital".

Quando o Estado, coagido pelas reivindicações e pela pressão das massas, confere ao Estado constitucional (ou fora dele) os direitos do trabalho, da previdência, da educação, entre outros direitos sociais, e intervém na economia e estende sua influência aos domínios que antes pertenciam quase que exclusivamente à iniciativa individual, o Estado passa a receber a denominação de Estado Social. E assim como o Estado Liberal foi conseqüência da Revolução Francesa, o Estado Social foi, no Ocidente, a grande conseqüência da Revolução Russa.

Paulo de Tarso Brandão[43] define o Estado dos dias atuais como "Estado Contemporâneo", salientando que "também é chamado freqüentemente de Estado do Bem-Estar, Estado Social ou Estado-Providência, assim como algumas vezes encontra-se a expressão Estado Liberal para definir o que é mais conhecido por Estado Moderno".

Segundo o autor[44], enquanto o Estado Moderno levou alguns séculos para mudar completamente o seu perfil, "vocacionado para o exercício e asseguração do Poder Político" no Estado Contemporâneo, devido à sua maior complexidade e constante mutação das formas e das necessidades sociais, que gera conflitos de interesses das mais diversas ordens, "a velocidade com que o Estado deve modificar o seu perfil é cada vez maior". E conclui:

> "Aliado a todas estas situações descritas, e até em virtude de a democracia ser inerente ao Estado Contemporâneo, o Poder agora necessita de uma legitimação advinda da própria Sociedade Civil e não mais da força. Logo, ele não é um fim em si mesmo, mas deve ser exercido no sentido de atingir a finalidade declarada e assumida, o que o faz, então, em instrumento de nova legitimação."

---

(41) BONAVIDES, Paulo. *Curso de Direito Constitucional*. 19. Ed. São Paulo: Malheiros Editores Ltda., 2004. p. 398.

(42) BONAVIDES, Paulo. *Do Estado Liberal ao Estado Social*. 6. ed. São Paulo. Malheiros Editores, 1996. p. 185.

(43) BRANDÃO, Paulo de Tarso. *Ações Constitucionais* — "Novos" Direitos e Acesso à Justiça. 2. ed. Florianópolis: OAB/SC Editora, 2006. p. 76.

(44) BRANDÃO, Paulo de Tarso. *Ações Constitucionais* — "Novos" Direitos e Acesso à Justiça. p. 88-89.

De acordo com *Paulo Bonavides*[45], essa revolução constitucional que deu origem ao segundo Estado de Direito teve início quando as declarações de direito, ao invés de "declarações político-filosóficas", se tornaram "atos de legislação vinculantes", atos, portanto, plenos de juridicidade.

Neste novo contexto, principalmente depois da 2ª Grande Guerra Mundial, é resgatado pela doutrina e pela jurisprudência o antigo princípio da proporcionalidade, que antes era usado mais no Direito Administrativo, mas que a partir de então passou a ter *status* de princípio constitucional.

Para o constitucionalista[46], o princípio da proporcionalidade contribui "notavelmente para conciliar o direito formal com o direito material em ordem de prover exigências e transformações sociais extremamente velozes, e doutra parte juridicamente incontroláveis caso faltasse a presteza do novo axioma constitucional", resultando, em certos aspectos, na ascendência do juiz, que é o executor da justiça material, sobre o legislador, sem comprometer o princípio da separação dos poderes.

Neste novo contexto, nos ensina o professor *Cademartori*,

"[...] as normas e diretrizes da política estatal encontram-se permeadas por conceitos jurídicos indeterminados, tais como segurança jurídica, justiça social, interesse público — de acentuado conteúdo axiológico — os quais terminam por gerar um padrão de decisões judiciais, quando do conflito de interesses, baseado na ponderação de valores, sob a forma de princípios em colisão.

Isto, entretanto, não invalida a existência de regras (leis em sentido estrito) as quais, sob a sua dimensão de generalidade, assegura a igualdade perante a lei com certo distanciamento de contextos mutáveis, aos quais soma-se um grau de abstração que acaba por conduzi-las a um princípio geral segundo o qual toda situação envolvendo condições de igualdade deve ter tratamento igual e toda situação envolvendo condições diferenciadas deve ter tratamento diferenciado."[47]

É justamente esta última máxima, segundo a qual a melhor forma de corrigir desigualdades é criar outras desigualdades, que orienta o Direito do Trabalho, na qual pelo princípio da proteção se compensa a inferioridade econômica do trabalhador, conferindo-lhe um tratamento privilegiado no campo jurídico. Da mesma forma, o Direito do Consumidor, que também protege a parte vulnerável da relação jurídica, no caso, o consumidor.

---

(45) BONAVIDES, Paulo. *Curso de Direito Constitucional*, p. 399.

(46) *Idem, ibidem.*

(47) CADEMARTORI, Luiz Henrique. *Temas de Política e Direito Constitucional Contemporâneos*, p. 12-13.

Portanto, ao contrário do Direito comum, em que há constante preocupação em assegurar a igualdade jurídica dos contratantes, no Direito do Trabalho a preocupação é proteger uma das partes, considerada hipossuficiente, em busca de uma igualdade substancial.

Cumpre salientar ainda que o Direito do Trabalho, embora seja reconhecido como uma conquista dos trabalhadores, para alguns "também é proclamado como uma concessão do Estado Capitalista, no intuito de apaziguar o conflito social", sendo o "instrumento eleito pelo Estado como forma de garantir direitos mínimos à classe trabalhadora, através da imposição de limites à exploração da força de trabalho".[48]

Diante deste quadro, "o legislador não pôde mais manter a ficção de igualdade existente entre as partes do contrato de trabalho e inclinou-se para uma compensação dessa desigualdade econômica desfavorável ao trabalhador com uma proteção jurídica a ele favorável".[49]

Retornando aos princípios constitucionais, nos ensina *Celso Ribeiro Bastos*[50] que são considerados como tais, "aqueles que guardam os valores fundamentais da ordem jurídica", e objetivam lançar sua força sobre todo o mundo jurídico, "a fim de dar sistematização ao documento constitucional, de servir como critério de interpretação e finalmente, o que é mais importante, espraiar os seus valores, pulverizá-los sobre todo o mundo jurídico".

Para *Ruy Samuel Espíndola*, os princípios constitucionais são preceitos jurídicos que:

> "Expressam opções políticas fundamentais, configuram eleição de valores éticos e sociais como fundantes de uma idéia de Estado e de Sociedade. Desta forma, esses princípios, então, não expressam somente uma *natureza jurídica*, mas também política, ideológica e social, como, de resto, o Direito e as demais normas de qualquer sistema jurídico."[51]

Assim, por meio de normas Constitucionais, devemos extrair Princípios norteadores dos procedimentos judiciais, pois "os preceitos Constitucionais exercem grande influência sobre todo o ordenamento jurídico, inclusive, como é curial, sobre as normas processuais".[52]

---

(48) CAMINO, Carmen. *Direito Individual do Trabalho*. 4. ed. Porto Alegre: Síntese Editora, 2004. p. 94-95.
(49) PLÁ RODRIGUES, Américo. *Princípios de Direito do Trabalho*, p. 30.
(50) BASTOS, Celso Ribeiro. *Curso de Direito Constitucional*. 21. ed. São Paulo: Saraiva, 2000. p. 153-154.
(51) ESPÍNDOLA, Ruy Samuel. *Conceitos de Princípios Constitucionais*, p. 80.
(52) TUCCI, José Rogério Cruz e (coord.). *Garantias Constitucionais do Processo Civil*. São Paulo: Revista dos Tribunais, 1999. p. 5.

No mesmo sentido pensa o jurista *Paulo Bonavides*[53], ao afirmar que os Princípios, ao serem inseridos nas Constituições,

> "[...] no ponto mais alto da escala normativa, eles mesmos, sendo normas, se tornam, doravante, as normas supremas do ordenamento. Servindo de pautas ou critérios por excelência para avaliação de todos os conteúdos constitucionais [e infraconstitucionais, acrescenta-se], os princípios, desde sua constitucionalização, que é, ao mesmo passo, positivação no mais alta grau, recebem, como instância máxima, categoria constitucional, rodeada do prestígio e da hegemonia que se confere às normas inseridas na Lei das leis."

Portanto, para ele, a grande transformação reside no caráter e no lugar da normatividade dos Princípios, pois após ser proclamada e reconhecida esta qualidade pela doutrina mais moderna, e depois pela jurisprudência, os Princípios "saltam" dos Códigos para as Constituições. E, ao serem inseridos no ápice da pirâmide normativa, deixam de ser vistos somente como fontes supletivas, e se convertem em fundamento de toda a ordem jurídica.

Embora cientificamente o Direito Processual Constitucional não seja considerado um ramo autônomo do Direito Processual[54], a partir dele se pode examinar o processo em suas relações com a Constituição. De um lado, ele abrange a tutela constitucional dos princípios fundamentais da organização judiciária e do processo, e de outro, a jurisdição constitucional.

Aliás, "a própria Constituição incumbe-se de configurar o direito processual não mais como mero conjunto de regras acessórias de aplicação do direito processual, mas, cientificamente, como instrumento público de realização da justiça"[55], atribuindo à União a competência para legislar sobre esse ramo do Direito.

Segundo *Américo Canabarro*[56],

> "Os postulados constitucionais de igualdade de todos perante a lei, expressos no inc. I do art. 5º (isonomia); do direito ao processo, estampado no inciso XXXV do mesmo artigo; e dos direitos e garantias decorrentes do regime e dos princípios adotados pela Carta Magna, ainda que não expressos (§ 2º do inciso LXXVII do art. 5º), refletem-se nos princípios gerais do processo e do procedimento."

---

(53) BONAVIDES, Paulo. *Curso de Direito Constitucional*. p. 289-290.
(54) CINTRA, Antônio Carlos de Araújo; GRINOVER, Ada Pellegrini; DINAMARCO, Cândido Rangel. *Teoria Geral do Processo*. 11. ed. São Paulo: Malheiros, 1995. p. 79.
(55) CINTRA, GRINOVER, DINAMARCO. *Teoria Geral do Processo*, p. 80.
(56) CANABARRO, Américo. *Estrutura e Dinâmica do Processo Judiciário*: Revista e atualizada de acordo com a Constituição Federal em 1988 e o Código em vigor. 5. ed. Rio de Janeiro: Renovar, 1997. p. 110.

Assim, salientada a supremacia dos Princípios constitucionais, considerada como a grande transformação jurídica dos nossos tempos de acordo com o constitucionalista *Paulo Bonavides*, passaremos a analisar aqueles que consideramos mais relevantes no Direito Processual.

1.3.1 Princípio do Acesso à Justiça

O direito de petição nasceu na Inglaterra, por meio do *right of petition*, consolidando-se no *Bill of Rights* de 1689, que permitiu aos súditos que dirigissem petições ao rei, conforme nos ensina *Alexandre de Moraes*.[57] Para o constitucionalista, o direito em análise constitui uma prerrogativa democrática, com a finalidade de "dar notícia ao fato ilegal ou abusivo ao Poder Público, para que providencie as medidas adequadas", podendo ser definido, em síntese, como o direito "que pertence a uma pessoa de invocar a atenção dos poderes públicos sobre uma questão ou situação".

No Brasil, tradicionalmente, o direito de acesso à justiça para a defesa de direitos individuais violados é reconhecido como direito de ação[58], disponibilizado pelo Estado, ao retirar do indivíduo o direito de resolver seus próprios conflitos pela autodefesa ou pela justiça privada.[59]

Para *Rui Portanova*, o *acesso à justiça* é "um princípio bem geral, pré-processual e até supraconstitucional que, em última análise, informa todos os outros princípios ligados à ação e à defesa". Assim, "erige-se o acesso à justiça como princípio informativo da ação e da defesa, na perspectiva de se colocar o Poder Judiciário como local onde todos os cidadãos podem fazer valer seus direitos individuais e sociais".[60]

A Constituição da República Federativa do Brasil de 1988[61] garante o direito de petição (acesso à justiça) aos Poderes Públicos no seu art. 5º, XXXIV, constituindo-se um instrumento jurídico-constitucional posto à disposição de qualquer interessado, sendo, desta forma, uma importante prerrogativa democrática.

Mauro Cappelletti[62] admite em sua obra que a expressão "acesso à justiça", é de difícil definição, mas

> "[...] serve para determinar duas finalidades básicas do sistema jurídico — o sistema pelo qual as pessoas podem reivindicar seus direitos e/ou resolver

---

(57) MORAES, Alexandre de. *Constituição do Brasil Interpretada e Legislação Constitucional*. 5. ed. São Paulo: Editora Atlas, 2005. p. 290.

(58) CINTRA, GRINOVER, DINAMARCO. *Teoria Geral do Processo*, p. 81.

(59) PORTANOVA, Rui. *Princípios do Processo Civil*. 6. ed. Porto Alegre: Livraria do Advogado, 2005. p. 109.

(60) PORTANOVA, Rui. *Princípios do Processo Civil*, p. 113.

(61) BRASIL. *Constituição da República Federativa do Brasil de 1988*, será referida no trabalho como CRFB.

(62) CAPPELLETTI, Mauro; BRYANT, Garth. *Acesso à Justiça*. Tradução de Ellen Gracie Northfleet. Porto Alegre: Sérgio Antônio Fabris Editor, 2002. p. 8.

seus litígios sob os auspícios do Estado. Primeiro, o sistema deve ser igualmente acessível a todos; segundo, ele deve produzir resultados que sejam individual e socialmente justos."

Para o professor italiano[63], o conceito de acesso à justiça tem sofrido uma transformação decorrente da mudança no estudo do processo civil, pois nos Estados liberais *burgueses* "os procedimentos adotados para solução dos litígios civis refletiam a filosofia essencialmente individualista dos direitos, então vigente", e embora fosse assegurado ao indivíduo o direito "formal" de propor ou contestar uma ação, vigia a teoria de que "os direitos naturais não necessitavam de uma ação do Estado para sua proteção".

Mas, prossegue *Cappelletti*, à medida que as relações sociais cresceram e se tornaram mais complexas, o conceito de direitos humanos começou a sofrer uma transformação radical, e as ações e relacionamentos passaram a assumir cada vez mais um caráter mais coletivo que individual, e "as sociedades modernas deixaram para trás a visão individualista dos direitos, refletida nas *declarações de direitos*, típicas dos séculos dezoito e dezenove".[64]

Com esse movimento, conclui o professor italiano, além dos direitos dos indivíduos, passaram a ser reconhecidos os direitos e deveres sociais dos governos, das comunidades e das associações, sendo necessária a *atuação positiva* do Estado para assegurar o gozo dos direitos sociais básicos garantidos nas modernas constituições, como os direitos ao trabalho, à saúde, à segurança material e à educação. Portanto,

> "À medida que os direitos fundamentais vão evoluindo de uma concepção formal e individual para outra democrática e substancial; na proporção em que o Direito começa a inter-relacionar-se com outras ciências sociais, como a Sociologia, a Ciência Política e a Economia, admitindo a existência de desigualdades que se fazem sentir no plano econômico, social, cultural e técnico; conforme o Estado foi abandonando aquele viés liberal abstencionista, evoluindo para um Estado gerador de políticas públicas niveladoras das desigualdades econômicas, geradoras de homogeneidade social, sem dúvida, a possibilidade de acesso efetivo à justiça firmou-se como direito fundamental do cidadão na perspectiva individual ou coletiva, que o Estado Democrático de Direito deve garantir, como decorrência inarredável do contrato social."[65]

Na sua visão instrumentalista, "que relativiza o binômio direito-processo e procura ver o instrumento pela ótica da tarefa que lhe compete", *Cândido*

---

(63) CAPPELLETTI, Mauro, BRYANT, Garth. *Acesso à Justiça*, p. 9.

(64) *Idem*, p. 10.

(65) PORTO, Pedro Rui da Fontoura. *Direitos Fundamentais Sociais*. Porto Alegre: Livraria do Advogado, 2006. p. 189.

Dinamarco⁽⁶⁶⁾ entende que o *acesso à Justiça* não pode ser resumido ao tema do ingresso em juízo ou admissão ao processo, pois vai além dessa conceituação, devendo ser considerado principalmente como "modo de buscar eficientemente, na medida da razão de cada um, situações e bens da vida que por outro caminho não se poderiam obter".

Ao final de seu livro, quando trata da instrumentalidade do processo, *Dinamarco* concluiu que, em síntese, tudo o que disse na sua obra, volta-se ao que a literatura moderna dá o nome de *acesso à justiça*. E arremata:

> "Falar em instrumentalidade do processo ou em sua efetividade significa, no contexto, falar dele como algo posto à disposição das pessoas com vista a fazê-las mais felizes (ou menos felizes), mediante a eliminação dos conflitos que as envolvem, com decisões justas. Mais do que um princípio, o acesso à justiça é a síntese de todos os princípios e garantias do processo, seja a nível constitucional ou infraconstitucional, seja em sede legislativa ou doutrinária e jurisprudencial."⁽⁶⁷⁾

Nesta perspectiva, propõe o autor um novo "método de pensamento", que se liberte da visão interna do sistema processual e que reconheça a importantíssima missão do processo perante a sociedade e suas instituições políticas, "rompendo o isolamento da jurisdição exercida para a tutela exclusivamente individual e referente apenas a casos rigorosamente individualizados", não sendo mais possível pensar nos inúmeros litígios, e em processos que se multiplicam às centenas (e até aos milhares, poderíamos dizer), todos eles girando em torno da mesma tese.

Conclui *Dinamarco* que é necessário ampliar a idéia da tutela coletiva, constituindo "imposição dos tempos e das modernas tendências metodológicas do direito processual a admissão de demandas bem amplas, capazes de pacificar para o presente e para o futuro e de evitar as incertezas de julgados conflitantes em torno de uma tese jurídica só".⁽⁶⁸⁾

É preciso ainda, conforme apregoa *Cappelletti*⁽⁶⁹⁾, que cada vez mais se busque "procedimentos que sejam conducentes à proteção dos direitos das pessoas comuns", pois a preocupação fundamental deve ser a "justiça social", e para garantir o "acesso à justiça" a essas pessoas, o sistema "deve ser caracterizado pelos baixos custos, informalidade e rapidez, por julgadores ativos e pela utilização de conhecimentos técnicos bem como jurídicos".

---

(66) DINAMARCO, Cândido Rangel. *A Instrumentalidade do Processo*. 12. ed. São Paulo: Malheiros Editores, 2005. p. 347.
(67) *Idem*, p. 372-373.
(68) *Idem*, p. 371-372.
(69) CAPPELLETTI, Mauro; GARTH, Bryant. *Acesso à Justiça*, p. 93-94.

1.3.2 Devido Processo Legal

De acordo com os ensinamentos de *Rui Portanova*[70], o conceito em análise teve origem na Carta Magna inglesa de 1215, mas a idéia que representa este Princípio se tornou consagrada com a expressão *due process of law,* inscrita numa emenda à Constituição americana, em 1789, que se converteu na Quinta Emenda: *no person shall be ... deprived of life, liberty or property, without due process of law,* ou seja, nenhuma pessoa será privada de sua vida, liberdade ou propriedade sem o devido processo legal.

Este Princípio encontra-se consagrado no inciso LIV do art. 5º da Constituição da República Federativa do Brasil, ao dispor que "ninguém será privado da liberdade ou de seus bens sem o devido processo legal". O dispositivo compreende

"[...] o conjunto de garantias constitucionais que, de um lado, asseguram às partes o exercício de suas faculdades e poderes processuais e, do outro, são indispensáveis ao correto exercício da jurisdição. Garantias que não servem apenas aos interesses das partes, como direitos públicos subjetivos (ou poderes e faculdades processuais) destas, mas que configuram, antes de mais nada, a salvaguarda do próprio processo, objetivamente considerado, como fator legitimante do exercício da jurisdição."[71]

Dinamarco[72] aduz que a garantia do *devido processo legal,* por um dos seus possíveis aspectos, "é a expressão particularizada do princípio constitucional da legalidade, enquanto voltado ao processo", pois o "sistema de limitações ao exercício do poder pelo juiz, de deveres deste perante as partes e de oportunidades definidas na lei e postas à disposição delas", constitui segurança para todos e são inerências da legalidade do Estado-de-direito. Portanto, todo poder se exerce mediante um *procedimento*[73], que é considerado o penhor da *legalidade* do seu exercício no Estado-de-direito:

"A lei traça o modelo dos atos do processo, sua seqüência, seu encadeamento, disciplinando com isso o exercício do poder e oferecendo a todos a garantia de que cada procedimento a ser realizado em concreto terá conformidade com o modelo preestabelecido; desvio ou omissões quanto a esse plano de trabalho e participação constituem violações à garantia constitucional do *devido processo legal.*"[74]

---

(70) PORTANOVA, Rui. *Princípios do Processo Civil,* p. 145.
(71) CINTRA; GRINOVER; DINAMARCO. *Teoria Geral do Processo,* p. 82.
(72) DINAMARCO, Cândido Rangel. *A Instrumentalidade do Processo,* p. 374.
(73) No conceito de Dinamarco, *procedimento* é um sistema de atos interligados numa relação de dependência sucessiva e unificados pela finalidade comum de preparar o ato final de consumação do exercício do poder (no caso da jurisdição, sentença de mérito ou entrega do bem ao exeqüente). (DINAMARCO, Cândido Rangel. *A Instrumentalidade do Processo,* p. 159).
(74) DINAMARCO, Cândido Rangel. *A Instrumentalidade do Processo,* p. 154.

Mas, embora numa visão restrita, este Princípio confunde-se com o princípio da legalidade. *Rui Portanova*[75] adverte que o seu significado não é estático, pois ele "é produto da história, da razão, do fluxo das decisões passadas e da inabalável confiança na força da fé democrática que professamos". Assim, segundo o autor, o devido processo legal é um processo, e não um instrumento mecânico, estático.

E ao falar sobre as garantias estabelecidas pelo presente Princípio, *Rui Portanova* refere ainda que "pelo devido processo legal, a Constituição garante a todos os cidadãos que a solução de seus conflitos obedecerá aos mecanismos jurídicos de acesso e desenvolvimento do processo, conforme previamente estabelecido em leis".

Todavia, este direito não pode ser entendido como um procedimento qualquer, com simples ordenação de atos, pois para que legitime o exercício da função jurisdicional, este procedimento "há de realizar-se em contraditório, cercando-se de todas as garantias necessárias para que as partes possam sustentar as suas razões, produzir provas, influir sobre a formação do convencimento do juiz".[76]

No entanto, apesar de o Princípio ter nascido com a preocupação de garantir ao cidadão um processo ordenado, hoje o seu objetivo é maior, ante a idéia de que, adaptado à instrumentalidade, o processo legal é devido, segundo *Rui Portanova*[77], "quando se preocupa com a adequação substantiva do direito em debate, com a dignidade das partes, com preocupações não só individualistas e particulares, mas coletivas e difusas, com, enfim, a efetiva igualização das partes no debate judicial". Para ele, o princípio é tão amplo e significativo que legitima a jurisdição e se confunde com o próprio Estado de Direito, pois "no devido processo legal estão enfeixadas garantias representadas principalmente pelos princípios do contraditório, ampla defesa, duplo grau, publicidade, juiz natural, assistência judiciária gratuita".

Destes Princípios, merece destaque o do juiz natural, por impedir a criação de tribunais de exceção, conforme disposto no art. 5º, LIII, da CRFB, ora transcrito: "ninguém será processado nem sentenciado senão pela autoridade competente". Em síntese, "compreende-se nesta expressão tanto a impossibilidade de criação de tribunais extraordinários após a ocorrência de fato objeto de julgamento, como a consagração constitucional de que só é juiz o órgão investido de jurisdição".[78]

Também para o constitucionalista *Alexandre de Moraes*[79], "o devido processo legal tem como corolários a ampla defesa e o contraditório, que deverão

---

(75) PORTANOVA, Rui. *Princípios do Processo Civil*, p. 145-147.
(76) CINTRA, GRINOVER, DINAMARCO, Cândido. *Teoria Geral do Processo*, p. 84.
(77) PORTANOVA, Rui. *Princípios do Processo Civil*, p. 147.
(78) *Idem*, p. 63.
(79) MORAES, Alexandre de. *Constituição do Brasil Interpretada e Legislação Constitucional*. 5. ed. São Paulo: Editora Atlas, 2005. p. 366.

ser assegurados aos litigantes, em processo judicial criminal e civil ou em processo administrativo, inclusive nos militares, e aos acusados em geral, conforme o texto constitucional expresso".

O princípio do contraditório foi erigido como princípio constitucional pela CRFB de 1988, ao dispor no seu inciso LV do art. 5º que "aos litigantes, em processo judicial ou administrativo, e aos acusados em geral são assegurados o contraditório e ampla defesa, com os meios e recursos a ela inerentes".

Para *Rui Portanova*[80] este Princípio "dinamiza a dialética processual e vai tocar, como momento argumentativo, todos os atos que preparam o espírito do juiz." Mas, para tanto, adverte que o contraditório tem que ser pleno e efetivo, e não apenas formal, o que somente será possível se for permitido que as partes possam influir efetivamente no convencimento do juiz.

O princípio da ampla defesa também está previsto no inciso LV do art. 5º da CRFB, e através dele, segundo *Alexandre de Moraes*[81], é assegurado ao réu "condições que lhe possibilitem trazer para o processo todos os elementos tendentes a esclarecer a verdade ou mesmo de calar-se, se entender necessário". Já o contraditório, continua o constitucionalista, "é a própria exteriorização da ampla defesa, impondo a condução dialética do processo (*par conditio*), pois a todo ato produzido caberá igual direito da outra parte de opor-se-lhe ou de dar-lhe a versão que lhe convenha."

No mesmo sentido, o entendimento de *Rui Portanova*[82], ao referir que o princípio da ampla defesa é uma conseqüência do contraditório, embora este último princípio tenha características peculiares, já que "ninguém pode obrigar o cidadão a responder às alegações da outra parte, mas também nada e ninguém pode impedi-lo de se defender."

1.4 Princípios do Direito Processual do Trabalho

A doutrina diverge sobre a existência de Princípios específicos do Direito Processual do Trabalho, tendo em vista que na esfera trabalhista também são aplicados Princípios do Processo Civil comum.

Sobre a questão, assim se manifesta *Renato Saraiva*:

"A divergência citada é natural, pois o processo do trabalho é neófito, incompleto, e assistemático, ainda utilizando, subsidiariamente, boa parte das normas do processo civil, carecendo de uma legislação mais abrangente e complexa que defina seus próprios princípios, o que acaba por

---

(80) PORTANOVA, Rui. *Princípios do Processo Civil*, p. 161.
(81) MORAES, Alexandre de. *Constituição do Brasil Interpretada e Legislação Constitucional*, p. 366.
(82) PORTANOVA, Rui. *Princípios do Processo Civil*, p. 125.

fazer com que os autores transportem para o campo trabalhista os princípios gerais do processo civil, adequando-os às peculiaridade e particularidades do processo do trabalho."[83]

Em sentido contrário, pensa *Bezerra Leite*[84], ao defender a existência de Princípios próprios do Direito Processual do Trabalho, que o diferenciam do Direito Processual comum, entendendo ser "de suma importância reconhecer e comprovar a existência ou não de princípios próprios do direito processual do trabalho, pois isso constitui um dos critérios para justificar a própria autonomia desse segmento da ciência processual".

Na mesma linha doutrinária é o entendimento de *Wagner Giglio*[85], ao sustentar a autonomia do Direito Processual do Trabalho do ponto de vista científico, por possuir princípios próprios, inconfundíveis com os de outros ramos do Direito.

Mas, segundo *Eduardo Gabriel Saad*[86], a doutrina não confunde as normas ideais do processo, que traduzem um anseio de aperfeiçoamento do direito processual, com os princípios informadores deste, que fixam os lindes das atividades processuais e lhes dão harmonia com o regramento constitucional, pondo-as em linha propícia ao aprimoramento. Para o autor,

"Tais normas ideais e princípios informadores são seguidos em nosso direito processual com funções idênticas no processo civil e no processo trabalhista. Neste último, há peculiaridades que acarretam a maior ou menor significação de um ou outro princípio geral."

Para *Coqueijo Costa*, prevalece a tese da unidade processual, embora com diferentes matizes, "convergindo para uma magistratura do trabalho especializada: um processo do trabalho estruturado de acordo com determinados princípios, sem romper a unidade do Direito Processual nem da magistratura judicial, que apenas se especializa".[87]

Assim, como já ensinava *Coqueijo Costa*[88], "os *princípios* que governam o processo trabalhista são também os básicos do processo civil", mas, "com

---

(83) SARAIVA, Renato. *Curso de Direito Processual do Trabalho*. 2. ed. São Paulo: Método, 2005. p. 33.
(84) LEITE, Carlos Henrique Bezerra. *Curso de Direito Processual do Trabalho*. 3. ed. São Paulo: LTr, 2005. p. 69.
(85) GIGLIO, Wagner. *Direito Processual do Trabalho*. 9. ed. São Paulo: LTr, 1995. p. 102.
(86) SAAD, Eduardo Gabriel. *Direito Processual do Trabalho*. 2. ed. São Paulo: LTr, 1998. p. 87.
(87) COSTA, Coqueijo. *Direito Processual do Trabalho*. 3. ed. Rio de Janeiro: Editora Forense, 1986. p. 15.
(88) COSTA. Coqueijo. *Direito Processual do Trabalho*, p. 21-22.

nuanças e característicos próprios" (grifo do autor). Dentre os predominantes no Direito Processual do Trabalho, arrola os princípios da oralidade, da celeridade, do impulso processual e da busca incessante da conciliação entre as partes.

Na mesma linha é o pensamento de *Manoel Carlos Toledo Filho*[89], pois apesar das peculiaridades do Direito Processual do Trabalho, entende que não há como desvinculá-lo da teoria geral do processo, lembrando que a transformação das relações sociais aos poucos também atingiu o Processo Civil, "o qual foi assim se apercebendo da premente necessidade de aprimorar seus institutos, de torná-los mais efetivos, de se fazer mais eficaz", podendo ambos ser considerados uma só coisa nos dias de hoje.

Para o autor[90], uma das causas motivadoras da identificação entre o Processo Civil e o Processo Trabalhista é "a mudança de panorama verificada no plano do Direito Material comum, que também aos poucos se foi desapegando do conceito liberal clássico, reconhecendo que as relações sociais, especialmente aquelas vinculadas ao consumo, desenvolvem-se entre sujeitos *desiguais*".

A respeito dessa inversão histórica, já falava *Mozart Victor Russomano*[91], ao admitir que, em certos momentos, é difícil traçar-se nítida e rígida distinção entre os princípios peculiares do Direito Processual do Trabalho e as idéias do Direito Processual Civil.

Nosso entendimento também vai neste sentido, ou seja, que apesar das peculiaridades do Direito Processual do Trabalho, não há como desvinculá-lo da teoria geral do processo, embora tais peculiaridades acarretem maiores significação e importância a determinados Princípios Jurídicos.

Feitas estas considerações, passaremos a analisar, dentre os vários Princípios que orientam o Direito Processual do Trabalho, aqueles que consideramos dos mais relevantes, que predominam neste processo, com aplicação inclusive na fase da Execução Trabalhista, que é o objeto do nosso trabalho: o Princípio da Proteção e o Princípio do Impulso Processual.

Cumpre lembrar que a execução, segundo *Francisco Antônio de Oliveira*,

"[...] é informada por princípios vários que têm por escopo, de um lado, evitar excessos contra o devedor, permitindo a vingança pessoal, incompatível com a condição da pessoa humana; de outro lado, não pode ser tolerada a timidez que acabaria por obstar o sucesso da própria execução.

---

(89) TOLEDO FILHO, Manoel Carlos. *Fundamentos e Perspectivas do Processo Trabalhista Brasileiro*. São Paulo: LTr, 2006. p. 46-47.
(90) *Idem*. p. 49.
(91) RUSSOMANO, Mozart Victor. *O Decálogo do Processo Trabalhista*. Rio de Janeiro: Forense, 1986. p. 4-5.

A Constituição, o CPC e a CLT preceituam a respeito. E a doutrina e a jurisprudência, exercem atividades complementares de interpretação em casos concretos, adequando à realidade."[92]

Portanto, assim como a fase de conhecimento, também a fase de execução é informada por Princípios que, se aplicados pelo juiz ao analisar um caso concreto, certamente contribuirão para a busca da tão almejada Efetividade da Execução Trabalhista.

1.4.1 Princípio da Proteção

Dos Princípios que informam o Direito Processual do Trabalho, merece destaque o princípio da proteção, pois, segundo *Wagner Giglio*[93], "o caráter tutelar do Direito Material do Trabalho se transmite e vigora também no Direito Processual do Trabalho". Desta forma, prossegue o autor, "as características do Direito Material do Trabalho imprimem suas marcas no direito instrumental, particularmente quanto à proteção do contratante mais fraco, cuja inferioridade não desaparece, mas persiste no processo".

No mesmo sentido, é o entendimento de *Renato Saraiva*:

"Pelo princípio da proteção, o caráter tutelar, protecionista, tão evidenciado no direito material do trabalho, também é aplicável no âmbito do processo do trabalho, o qual é permeado de normas, que, em verdade, objetivam proteger o trabalhador, parte hipossuficiente na relação jurídica laboral."[94]

Portanto, considerando a hipossuficiência do obreiro também no plano processual, a própria legislação processual trabalhista contém normas que objetivem proteger o contratante mais fraco (empregado).

Em sua obra, o autor[95] aponta várias normas existentes na legislação processual trabalhista que visam proteger o contratante mais fraco, destacando-se a destinação da gratuidade da justiça e a assistência judiciária apenas aos trabalhadores, e o impulso oficial nas execuções trabalhistas, autorizado pelo art. 878 da Consolidação das Leis do Trabalho[96], que evidentemente favorece o credor (geralmente trabalhadores).

---

(92) OLIVEIRA, Francisco Antônio de. *A Execução na Justiça do Trabalho*: Doutrina, Jurisprudência, Enunciados e Súmulas. 4. ed. São Paulo: Revista dos Tribunais, 1999. p. 43.
(93) GIGLIO, Wagner D. *Direito Processual do Trabalho*, p. 105-106.
(94) SARAIVA, Renato. *Curso de Direito Processual do Trabalho*, p. 48.
(95) *Ibidem*.
(96) BRASIL. *Consolidação das Leis do Trabalho, aprovada pelo Decreto-lei n. 5.452, de 1º de maio de 1943* — será referida no trabalho como CLT.

Além destas, ainda é citada por *Wagner Giglio*[97], como norma processual de proteção ao trabalhador, a inversão do ônus da prova que, através das presunções, favorece o trabalhador, e nunca, ou raramente, o empregador.

Segundo o jurista uruguaio *Plá Rodriguez*[98],

"[...] enquanto no direito comum uma constante preocupação parece assegurar a igualdade jurídica entre os contratantes, no Direito do Trabalho a preocupação central parece ser a de proteger uma das partes com o objetivo de, mediante essa proteção, alcançar-se uma igualdade substancial e verdadeira entre as partes."

Bezerra Leite vai além, ao referir que "o princípio protetor deriva da própria razão de ser do Direito do Trabalho, pois esta disciplina foi criada para compensar a desigualdade real existente entre empregado e empregador, que são, na verdade, os mesmos litigantes do processo laboral".[99]

Assim, para *Wagner Giglio*[100], é justo "tratar desigualmente os desiguais, na mesma proporção em que se desigualam, e o favorecimento é qualidade da lei e não defeito do juiz, que deve aplicá-la com objetividade, sem permitir que suas tendências pessoais influenciem seu comportamento". Em suma, conclui que o trabalhador é protegido pela lei, e não pelo juiz.

Ademais, a necessidade de proteção do trabalhador se justifica pela sua dependência do empregador, pois além de ter que responder às suas ordens, depende do emprego para garantir sua subsistência. Portanto, seus créditos possuem natureza alimentar, o que representa a essência do Direito do Trabalho.

E se o processo não é um fim em si mesmo, mas um instrumento de composição de lides que garante a efetividade do direito material, como já nos dizia *Coqueijo Costa*[101], "o direito processual, por seu caráter instrumental, deve saber adaptar-se a essa natureza diversa".

Todavia, segundo *Mozart Russomano*[102], essa finalidade da lei trabalhista (proteção ao trabalhador) "força o juiz do trabalho a tomar, ante a vida, postura diferente da que o juiz civil pode assumir perante os mesmos fatos", mediante adoção de meios processuais que assegurem o cumprimento dessa lei.

---

(97) GIGLIO, Wagner. *Direito Processual do Trabalho*, p. 106.
(98) PLÁ RODRIGUEZ, Américo. *Princípios de Direito do Trabalho*, p. 28.
(99) LEITE, Carlos Henrique Bezerra. *Curso de Direito Processual do Trabalho*, p. 71.
(100) GIGLIO, Wagner D. *Direito Processual do Trabalho*, p. 107.
(101) COSTA, Coqueijo. *Direito Processual do Trabalho*, p. 5.
(102) RUSSUMANO, Mozart Victor. *Direito Processual do Trabalho*. 2. Ed. São Paulo: LTr, 1977. p. 23.

Para o alcance desta finalidade — já em 1977 — advertia *Russomano*[103] que era difícil, mas necessário, remover antigas praxes judiciárias, e que, acima destes procedimentos, existem alguns Princípios fundamentais básicos, considerados universais, que devem prevalecer.

Portanto, embora todo cidadão espere rápida solução de qualquer ação judicial, tais ideais devem ser buscados com mais afinco no Processo Trabalhista, na medida em que o retardamento do processo pode significar, muitas vezes, a fome do trabalhador, pois se foi compelido a buscar guarida no Poder Judiciário, é porque não teve respeitados seus direitos básicos.

E para tornar efetivo o processo,

"[...] é preciso imprimir celeridade e priorizar a execução, pois só assim se pode dizer completa a entrega da prestação jurisdicional. Não é suficiente a legislação, nem a doutrina abundante ou a iterativa jurisprudência. Não basta o advogado atuante, ou a parte leal aos princípios éticos; é necessário que a própria Justiça do Trabalho e os juízes, como seus agentes, assumam a meta, não como mero exercício de suas funções, mas objetivando superar os obstáculos e enfrentar os desafios da execução."[104]

Não podem os operadores do direito, portanto, permanecer resignados com a realidade que se apresenta, esperando uma revisão legislativa, como se fosse uma solução mágica para os problemas da Execução. É necessário, antes disso, uma mudança de postura, que começa pela adoção de meios processuais que assegurem o cumprimento da lei já existente, como já nos ensinava o saudoso Ministro *Russomano*, que devem ser manejados sob a orientação de alguns Princípios básicos da Execução Trabalhista, que difere da Execução comum.

E assim como o Direito do Trabalho é orientado pelo megaprincípio da proteção, pelo qual as regras são interpretadas mais favoravelmente ao trabalhador, visando com isso alcançar uma igualdade substancial entre partes desiguais, no Direito Processual do Trabalho também deve prevalecer este Princípio.

Ademais, no Processo de Execução não há mais equilíbrio entre as partes, já que o devedor se encontra em estado de sujeição, devendo ser adequado a essa situação de sujeição o princípio constitucional que assegura a igualdade de todos perante a lei (CRFB, art. 5º, *caput*).

E ao serem executados créditos alimentares, com mais razão para que também nesta fase processual seja observado o princípio da proteção, que favorece o credor (geralmente trabalhador), não podendo assim ser transposta para o Processo do Trabalho, pura e simplesmente, a recomendação do art. 620 do

---

(103) RUSSOMANO, Mozart Victor. *Direito Processual do Trabalho*, p. 39.
(104) ARANTES, Delaíde Alves Miranda; DUARTE, Radson Rangel Ferreira. *Execução Trabalhista Célere e Efetiva:* Um Sonho Possível. São Paulo, LTr, 2002. p. 32.

Código de Processo Civil de que a execução se processe pelo modo menos gravoso ao devedor, sem ser considerado que tal regra tem como pressuposto a igualdade das partes na fase de conhecimento, o que não acontece, no entanto, no Direito do Trabalho.

Isto por que, enquanto no Direito Material do Trabalho o legislador procura proteger o empregado que, em regra, é o credor do Processo de Execução, no Processo comum acontece o contrário, ou seja, procura tutelar o devedor, por ser considerada a parte mais fraca na relação de direito material.

1.4.2 Princípio do Impulso Oficial

Rui Portanova[105] também denomina este Princípio como o "do impulso processual"; princípio "dos poderes jurisdicionais do juiz"; princípio "da oficialidade ou da impulsão", por força do qual "o juiz deve impulsionar o processo até sua extinção, independentemente da vontade das partes", já que através dele o Estado demonstra que tem interesse em resolver os conflitos, o que obriga o juiz a ser "atento e interessado no atendimento dos escopos da efetividade do processo".

No entanto, apesar de também orientar o Processo Civil, demonstraremos que é no Direito Processual do Trabalho que este Princípio aparece com mais força, conferindo ao juiz do trabalho grande *poder diretivo* do processo, pois além de a lei permitir ao juiz trabalhista iniciar a execução, dá-lhe ampla liberdade na direção do processo para o andamento rápido das causas, podendo determinar qualquer diligência necessária ao esclarecimento delas.

Dispõe o art. 2º do Código de Processo Civil[106] que "nenhum juiz prestará a tutela jurisidional senão quando a parte ou o interessado a requerer, nos casos e formas legais". Este dispositivo processual consagra o princípio da demanda, também denominado princípio da inércia da jurisdição.

Segundo *Júlio César Bebber*[107], ao defender a autonomia do Processo de Execução Trabalhista, existem algumas situações que provocam a quebra deste princípio, citando como único exemplo destas exceções, no âmbito do processo trabalhista, quando se permite ao juiz iniciar a execução *ex officio*, ante o disposto no art. 878 da CLT, *in verbis*: "A execução poderá ser promovida por qualquer interessado, ou *ex officio*, pelo próprio juiz ou presidente ou tribunal competente, nos termos do artigo anterior".

Mas, em sentido inverso, *Manoel Antônio Teixeira Filho*[108] entende que essa particularidade não é exceção ao princípio da demanda, "mas simples

---

(105) PORTANOVA, Rui. *Princípios do Processo Civil*. p. 153-155.
(106) BRASIL. *Código de Processo Civil, Lei n. 5.869, de 11 de janeiro de 1972* — será referido no trabalho como CPC.
(107) BEBBER, Júlio César. *Princípios do Processo do Trabalho*. São Paulo: LTr, 1997. p. 293.
(108) TEIXEIRA FILHO, Manoel Antônio. *A Sentença no Processo do Trabalho*. São Paulo: LTr 1994. p. 75-76.

manifestação do princípio do impulso processual, uma vez que a execução trabalhista, sob o ponto de vista ontológico não é autônoma, posto que exige um processo de conhecimento". Portanto, para ele, apesar de o processo, em regra, se formar por iniciativa da parte, e se desenvolver por impulso judicial, não pode o princípio ser interpretado, entretanto, como autorização para o juiz substituir as partes no tocante aos atos que devem ser praticados por ela, com exclusividade.

No entanto, apesar desta divergência doutrinária, também *Teixeira Filho* concorda que a Execução Trabalhista é presidida por este princípio legal, denominado por ele como da incoação do juiz[109], ou da iniciativa judicial[110], e que mediante essa peculiaridade notável, pode o juiz trabalhista, por sua iniciativa, tratando-se de sentença transitada em julgado ou acordo não cumpridos, ordenar a citação do devedor para cumprir a obrigação, sob pena de penhora.

Assim, por força do art. 841 da CLT, a citação do devedor é automática, nos mesmos autos, ao contrário do que acontecia até pouco tempo no Processo Civil, no qual a execução se processava em autos autônomos e por iniciativa do credor, salvo exceções (art. 566, I e II, do CPC).

Todavia, mediante a Lei n. 11.232/05, sancionada em 7.2.06 pelo presidente da República, Luiz Inácio Lula da Silva, juntamente com outras leis criadas a partir das várias propostas de alteração das leis processuais que compõem a reforma infraconstitucional, também no Processo Civil foram unidas as fases de conhecimento e de execução em um único processo, dando assim mais agilidade a sua tramitação.

Conforme doutrina[111], uma das principais mudanças proporcionadas por essa lei refere-se à eliminação do Processo de Execução autônomo para as sentenças que "condenam" ao pagamento de quantia certa, reunindo-se, assim, "em apenas um processo (de conhecimento), o juízo de reprovação, a exortação ao pagamento e, a requerimento do credor, a tomada de atos executivos em caso de recalcitrância do devedor".

Para os críticos desta inovação, que fortaleceu a posição do credor e reduziu a área de defesa do devedor, *Humberto Theodoro Júnior*[112] lembra que essa mudança "se deveu à constatação ampla no seio doutrinário e jurisprudencial de que o sistema primitivo apresentava-se deplorável justamente por frustrar os desígnios da instituição da execução forçada". E o aprimoramento do processo

---

(109) TEIXEIRA FILHO, Manoel Antonio. *Execução no Processo do Trabalho*. 9. ed. São Paulo: LTr, 2005. p. 103.
(110) TEIXEIRA FILHO, Manoel Antonio. *Execução no Processo do Trabalho*, p. 123.
(111) AMARAL, Guilherme Rizzo. In OLIVEIRA, Carlos Alberto Alvaro (coord.). *A Nova Execução*. Rio de Janeiro: Editora Forense, 2006. p. 100-101.
(112) THEODORO JÚNIOR, Humberto. *Curso de Direito Processual Civil*: Processo de Execução e Cumprimento de Sentença. 40. ed. v. 2. Rio de Janeiro: Editora Forense, 2006. p. 16.

visando alcançar a efetividade, prossegue o autor, "somente poderia ser feito à custa de redução das faculdades excessivas que o regime pretérito assegurava ao devedor", que propiciavam ao devedor inadimplente postergar maliciosa e indefinidamente a realização do direito do exeqüente.

No mesmo sentido é o pensamento de *Teresa Arruda Alvim Wambier*[113], ao dizer que as críticas ao Processo de Execução, em especial na esfera cível, devem-se ao fato de que não se está respeitando o equilíbrio entre duas tendências: a de que a execução seja efetiva e a de que a execução não seja injusta. Para ela, como a "execução parte da *certeza da titularidade do direito e de sua exata configuração* — deve ser privilegiado o *status* do título executivo", não podendo assim o devedor ser visto como uma vítima, a quem se abrem "*portas e mais portas para embaraçar a execução*, pois "o inadimplente tem de ser como tal tratado". (grifo da autora)

Contudo, apesar de a nova lei ter concebido um sistema processual unitário para a cognição e a execução, ainda é necessário no processo comum requerimento do credor para que seja dado início à execução do comando de sentença condenatória, conforme se observa pelo disposto no art. 475-I do CPC[114], o que não acontece na Execução Trabalhista, já que pode ser promovida de ofício, peculiaridade que voltaremos a tratar mais adiante.

E além de ser conferido ao Juiz do Trabalho o poder de iniciar a Execução, de ofício, também lhe é dada ampla liberdade na direção do processo, na forma do art. 765 da CLT, ao preceituar que: "Os juízos e Tribunais do Trabalho terão ampla liberdade na direção do processo e velarão pelo andamento rápido das causas, podendo determinar qualquer diligência necessária ao esclarecimento delas."

Coqueijo Costa[115] já nos dizia que "o processo não pode ser, como o antigo, propriedade das partes, sobretudo do autor, ficando o Juiz na posição de espectador do duelo que se travava entre os litigantes". Para ele, o princípio dispositivo é reflexo da concepção acentuadamente privatista e individualista do século XIX e de sua ideologia liberal.

No mesmo sentido, pensa *Júlio César Bebber*[116], ao aduzir que no Processo Civil é dada ênfase ao princípio do dispositivo, que é a regra nos Estados

---

(113) WAMBIER, Tereza Arruda Alvim. In DALLEGRAVE NETO, José Affonso (coord.). *Execução Trabalhista*: Estudos em homenagem ao Ministro João Oreste Dalazen. São Paulo: LTr, 2002. p. 364-365.

(114) BRASIL, CPC. Art. 475-I — Caso o devedor, condenado ao pagamento por quantia certa ou já fixada em liquidação, não o efetue no prazo de quinze dias, o montante da condenação será acrescido de multa no percentual de dez por cento e, *a requerimento do credor* e observado o disposto no art. 614, inciso II, desta Lei, expedir-se-á mandado de penhora e avaliação. (grifo nosso)

(115) COSTA, Coqueijo. *Direito Processual do Trabalho*. 3. ed. Rio de Janeiro: Editora Forense, 1986. p. 142-143.

(116) BEBBER, Júlio César. *Princípios do Processo do Trabalho*, p. 437.

Liberais, resumindo sinteticamente este Princípio como "aquele em que às partes litigantes cabe a iniciativa da formação do material de cognição", ou seja, cabe a elas a iniciativa quanto à produção das provas. No entanto, prossegue no seu raciocínio, no Processo do Trabalho predomina, assim como no Processo Penal, o princípio do inquisitório, que "se expressa na completa liberdade dada ao juiz, na instrução do processo, para buscar a verdade real, não se subordinando à iniciativa das partes".

Bebber denomina o Princípio expresso pelo art. 765 da CLT como "princípio da livre investigação das provas"[117], e lembra que também a Lei n. 9.099/95 estabeleceu princípio nesta linha, ao dispor a regra de que "O juiz dirigirá o processo com liberdade para determinar as provas a serem produzidas, para apreciá-las e para dar especial valor às regras de experiência comum e técnica" (art. 5º). Desta forma, mesmo não predominando no processo comum, como ocorre no Processo do Trabalho, este Princípio não pode ser considerado de aplicação restrita na seara trabalhista.

Mozart Victor Russomano[118] já assinalava que embora o impulso processual *ex officio* seja prerrogativa de todos os juízes modernos, é o juiz do trabalho que possui, em alto grau, o *poder diretivo* do processo. E acrescenta que:

> "Essa idéia, estruturalmente vinculada ao processo trabalhista, conta-se, por um lado, com o princípio de que o juiz possui poderes legais para recolher provas, recusar testemunhas, buscar informações que considere indispensáveis; por outro lado, resulta da necessidade, não apenas jurídica, também social e humana, do cumprimento imediato da condenação."

Mas, embora exista norma expressa conferindo ao juiz trabalhista ampla liberdade na direção e condução do processo, visando ao andamento rápido das causas, a "execução trabalhista padece ainda da falta de ousadia de muitos Juízes, que se apegam em demasia às formalidades, não analisando a especificidade de cada caso e não atentando para as inúmeras manobras do devedor".[119]

E se o devedor já dispõe de inúmeros meios para ocultar seus bens, mais dificilmente será alcançada a efetividade da execução com o apego às formalidades e com a interpretação literal da norma processual, e sem que o juiz se valha do amplo poder diretivo do processo que lhe é conferido pelo art. 765 da CLT.

Somente este apego desmedido às formalidades explica as resistências de alguns para aplicação de uma das ferramentas mais revolucionárias de que se tem notícia para tornar mais rápidas e efetivas as execuções trabalhistas — a

---

(117) BEBBER, Júlio César. *Princípios do Processo do Trabalho*, p. 440.
(118) RUSSOMANO, Mozart Victor. *O Decálogo do Processo Trabalhista*. Rio de Janeiro: Forense, 1986. p. 35-37.
(119) ARANTES, Delaíde Alves Miranda; DUARTE, Radson R. Ferreira. *Execução Trabalhista Célere e Efetiva*. São Paulo: LTr, 2002. p. 63.

penhora *on-line* — decorrente da assinatura de convênio de cooperação técnico-institucional firmado pelo Tribunal Superior do Trabalho com o Banco Central do Brasil, o que merecerá estudo mais detalhado logo a seguir.

Por meio deste instrumento, os juízes trabalhistas têm acesso, pela *internet*, ao Sistema de Solicitação do Poder Judiciário ao Banco Central, para a efetivação de penhora sobre créditos bancários dos devedores em ações trabalhistas, ou seja, sobre dinheiro, bem que aparece em primeiro lugar na gradação legal prevista no art. 655 do CPC.

Assim, se a efetividade da execução deve ser o objetivo de todos, este esforço conjunto deve ser exercitado com mais afinco pela Justiça do Trabalho, tendo em vista

"[...] a natureza alimentar das verbas trabalhistas em execução, os princípios norteadores do Direito do Trabalho, que o Processo do Trabalho visa aplicar, além do dever da execução de ofício. O empenho na execução deve ter a mesma ênfase da cognição. Se os Tribunais do Trabalho costumam empenhar-se para a rápida tramitação dos processos na fase de conhecimento e na célere tramitação dos recursos em segundo grau, tanto devem os Tribunais envidar esforços no sentido de tornar célere e eficiente a execução."[120]

Ademais, a efetividade do processo executório resultará em maior credibilidade da própria Justiça do Trabalho, sendo necessário para tanto uma mudança de mentalidade dos operadores do direito, para que seja desmentida a conhecida frase do *"ganhou mas não levou"*, que significa o atendimento da pretensão deduzida em juízo, sem, no entanto, ser efetivado o direito. Afinal,

"[...] o bom profissional da advocacia é o que emprega os seus conhecimentos, a sua experiência e esforços para alcançar o objetivo de seu constituinte de receber a pretensão aduzida em juízo. Da mesma maneira, o Juiz eficiente, cumpridor de seus deveres, é o que ousa tomar as decisões necessárias e ter atitudes firmes, eficazes o bastante para vencer as barreiras e os obstáculos à sua frente, livrando-se das armadilhas dos adversários da efetividade da justiça, os quais maquinam dia e noite para atingir o objetivo contratado com o seu cliente, de evitar o cumprimento da obrigação trabalhista, na ação em que figura como parte."[121]

E conforme adverte o professor italiano *Mauro Cappelletti*[122], "em muitos países, as partes que buscam uma solução judicial precisam esperar dois ou

---

(120) ARANTES, Delaíde Alves Miranda; DUARTE, Radson R. Ferreira. *Execução Trabalhista Célere e Efetiva*, p. 36.

(121) *Idem*, p. 38.

(122) CAPPELLETTI, Mauro; BRYANT, Garth. *Acesso à Justiça*. Tradução de Ellen Gracie Northfleet. Porto Alegre: Sérgio Antônio Fabris Editor, 2002. p. 20.

três anos, ou mais, por uma decisão exeqüível", e os efeitos dessa delonga podem ser devastadores, além de a demora aumentar "os custos para as partes e pressionar os economicamente fracos a abandonar suas causas, ou a aceitar acordos por valores muito inferiores àqueles a que teriam direito".

Em síntese, viu-se neste primeiro capítulo que no início no século XIX os Princípios de Direito tinham papel secundário, eram lembrados somente quando havia lacuna na lei, já que seu papel restringia-se a suprir lacunas. Mas, no decorrer do século XX, especialmente depois da 2ª Grande Guerra, passaram a ter importância e efetividade, pois o mundo passou a se preocupar com normas que servissem como parâmetros de valores ético-políticos universais.

Neste novo contexto, os Princípios passam a ser o fundamento da ordem jurídica-constitucional[123], e servem como parâmetros para a aferição de validade e de interpretação das leis, tendo em vista que a hermenêutica não pode mais negar a eficácia dos princípios constitucionais, já que passaram a ter um papel preponderante.

No entanto, veremos nos capítulos seguintes que o Poder Judiciário não está dando resposta satisfatória para garantir os direitos sociais exigidos por uma sociedade de massas, pois sua estrutura e procedimentos estão voltados para compor conflitos individuais: do *João* contra o *José*.

Para mudar esse quadro, devemos resgatar a importância dos Princípios que orientam o Direito do Trabalho e o Direito Processual do Trabalho, já que são eles, afinal, os grandes sinalizadores das metas a serem alcançadas, o que somente será atingido, entretanto, se os operadores do direito, aí incluídos os juízes do trabalho, procuradores do trabalho e advogados, assumirem seu papel de protagonistas desta história.

---

(123) ESPÍNDOLA, Ruy Samuel. *Conceitos de Princípios Constitucionais*, p. 77.

CAPÍTULO 2

DA JUSTIÇA TRABALHISTA NO BRASIL

Neste Capítulo, é apresentado inicialmente um breve histórico do trabalho humano e da Justiça do Trabalho, que foi criada no Brasil para julgar conflitos de trabalho.

Após ser resgatada a história da Justiça Trabalhista, será estudada sua competência material, delimitada no art. 114 da CRFB/88, a qual foi ampliada significativamente com a promulgação da Emenda Constitucional n. 45, em dezembro de 2004.

Dentro deste contexto, será analisado, com base na doutrina e jurisprudência, e principalmente com base nos dados estatísticos divulgados pelos Tribunais Trabalhistas, como estão sendo executadas as decisões envolvendo conflitos de trabalho.

2.1 Histórico

Uma breve explanação da evolução histórica da Justiça do Trabalho, a quem inicialmente foi conferida atribuições de natureza meramente administrativa pela Constituição Federal de 1934, e que somente passou a integrar o Poder Judiciário com a Constituição de 1946, contribuirá para a análise e compreensão da sua competência. Ademais, percorrendo a sua história,

> "[...] poderemos ver as várias tentativas de se estruturar um aparelhamento estatal de solução dos conflitos trabalhistas, compreendendo melhor por quê determinados modelos foram consagrados e por quê outros não devem ser adotados, já que demonstraram sua ineficácia ou deficiência no passado."[1]

Deste modo, uma recuperação da história pode nos auxiliar a compreender os problemas da atualidade, na medida em que nos esclarece como as instituições que conhecemos foram construídas.

---

(1) FERRARI, Irany; NASCIMENTO, Amauri Mascaro; MARTINS FILHO, Ives Gandra da Silva. *História do Trabalho, do Direito do Trabalho e da Justiça do Trabalho.* São Paulo: LTr 1998. p. 167.

2.1.1 Breve histórico do trabalho humano

Convém lembrar inicialmente que este ramo do Poder Judiciário se especializou no conhecimento de conflitos que tenham como objeto o trabalho humano, que nos primórdios da humanidade era visto como um castigo, "*coisa de escravos, os quais, no fundo, pagavam seu sustento com o suor de seus rostos*", (grifos do *Ferrari*) já que, basicamente, escravos e servos, historicamente sucedidos, eram os que podiam dedicar-se ao trabalho.[2]

Segundo *Carmen Camino*[3], na Antigüidade "a idéia de trabalho era ligada à submissão, ao castigo, à dor e à fadiga, a relegar a pessoa do trabalhador à condição degradante", tanto que o regime de escravidão somente foi declarado indigno ao final do século XVIII, com a Revolução Francesa (1789).

E conforme *Irany Ferrari*[4], com a lenta passagem da escravidão para a servidão, também foram sendo debilitadas as relações de domínio, e o servo, que era visto como coisa, passou a ser considerado pessoa, com capacidade de ser sujeito de relações jurídicas. Assim, a evolução desse processo permitiu que o trabalho passasse a ser objeto de locações de obras e serviços, e o contrato de locação de serviços, que tinha como objeto a cessão do próprio trabalho, deu origem ao trabalho contratado ou subordinado.

E enquanto a economia agrária se organizava sob o regime da escravidão, sucedido pela servidão da gleba nos feudos, a economia urbana na Idade Média girava em torno dos ofícios, que limitava a liberdade de trabalho, já que o trabalho profissional somente podia ser exercido por um reduzido grupo que compunha a Corporação.

Cumpre referir, no entanto, que, no Brasil, este "processo de transição do trabalho escravo para o livre foi lento e permeado por situações de resistências"[5], pois somente em 13 de maio de 1888, por meio da Lei Áurea[6], foi declarada extinta a escravidão no país.

Mas, foi com a manufatura e com a Revolução Industrial, entre os séculos XVI e XVIII, que se passou "do trabalho humano para o trabalho da máquina, ou do trabalhador junto a ela"[7], dando origem ao trabalho como hoje se conhece.

---

(2) FERRARI, Irany; NASCIMENTO, Amauri Mascaro; MARTINS FILHO, Ives Gandra da Silva. *História do Trabalho, do Direito do Trabalho e da Justiça do Trabalho*. p. 14.

(3) CAMINO, Carmen. *Direito Individual do Trabalho*. 4. ed. Porto Alegre: Ed. Síntese, 2004. p. 82.

(4) FERRARI, Irany; NASCIMENTO, Amauri Mascaro; MARTINS FILHO, Ives Gandra da Silva. *História do Trabalho, do Direito do Trabalho e da Justiça do Trabalho*. p. 32-33.

(5) BIAVASCHI, Magda Barros. *O Direito do Trabalho no Brasil — 1930-1942*. p. 177.

(6) BRASIL. Lei n. 1.645, de 4 de janeiro de 1888.

(7) FERRARI, Irany; NASCIMENTO, Amauri Mascaro; MARTINS FILHO, Ives Gandra da Silva. *História do Trabalho, do Direito do Trabalho e da Justiça do Trabalho*. p. 47.

Essa evolução socioeconômica permitiu a divisão e a especialização do trabalho, que deixou de ser visto como castigo, mas como "direito-dever, porque não só individualmente ele é importante, mas, sobretudo, no seio da família e da comunidade de que faz parte"[8], tanto que nos dias de hoje,

"[...] o trabalho é enaltecido como forma de engrandecimento e valorização da condição humana, principal fator de realização e progresso econômico, cultural e científico da humanidade, mas também apontado como o centro de conflitos e de lutas de classes e de ideologias diversas."

É nesse contexto, ora de confronto, ora de convergência, entre capital e trabalho, que se situa o direito, em uma das suas mais nervosas e importantes áreas: o direito do trabalho.[9]

Portanto, foi no processo de formação do capitalismo — que implicou a separação do trabalho humano de seu produtor e o transformou em mercadoria a ser vendida — que se criaram as condições para a emergência do Direito do Trabalho, que segundo *Magda Barros Biavaschi*[10], é fruto das lutas sociais e da compreensão de uma profunda desigualdade na relação capital e trabalho. E justamente dentro deste contexto, nascia

"[...] um ramo do Direito preocupado, desde a sua gênese, em instituir mecanismos legais para compensar a assimetria nas relações de poder na indústria. Rompendo com a lógica liberal da igualdade das partes e contrapondo-se ao primado da autonomia das vontades, o Direito do Trabalho passou a disciplinar as relações de trabalho, protegendo os mais desiguais. Daí porque seu princípio nuclear é o da proteção."[11]

E assim como o Direito do Trabalho surgiu, como nova disciplina jurídica, do desmembramento de uma parte do Direito Civil — relativa aos contratos de locação de serviços —, a Justiça do Trabalho, no Brasil, surgiu como conseqüência desta independência.

2.1.2 Histórico da Justiça do Trabalho

A doutrina é unânime ao reconhecer que os *Conseils de Prud'hommes*, instituídos na França em 1806, de composição paritária, foram os primeiros organismos especializados visando solucionar conflitos entre patrões e empregados decorrentes

---

(8) FERRARI, Irany; NASCIMENTO, Amauri Mascaro; MARTINS FILHO, Ives Gandra da Silva. *História do Trabalho, do Direito do Trabalho e da Justiça do Trabalho*. p. 49.

(9) CAMINO, Carmen. *Direito Individual do Trabalho*. p. 83.

(10) BIAVASCHI, Magda Barros. *O Direito do Trabalho no Brasil — 1930-1942*. São Paulo: LTr, 2007. p. 65.

(11) Idem, p. 66.

do contrato de trabalho, que por terem sido bem-sucedidos, passaram a ser adotados por outros países europeus, que foram "instituindo organismos independentes do Poder Judiciário, inseridos como *órgãos especializados* do mesmo, para a apreciação das causas trabalhistas, buscando, primariamente, a *conciliação*, mais do que a imposição de uma solução pelo Estado".[12]

No Brasil, antes do surgimento da Justiça do Trabalho, competia à Justiça Comum a apreciação das controvérsias decorrentes desses contratos regidos pelas leis civis e comerciais. E as primeiras tentativas de criar organismos independentes para a solução desses conflitos somente se deram nos primórdios da República.

Pelo que se tem notícia, a primeira experiência de constituição de órgãos especiais encarregados de decidir conflitos entre o capital e o trabalho veio com o Decreto n. 1.637, de 5 de janeiro de 1907, que no art. 8º previa os Conselhos Permanentes de Conciliação e Arbitragem.[13] Mas, como deveriam ser constituídos no âmbito dos sindicatos, basicamente rurais na época, não organizados para este fim, a tentativa sequer saiu do papel.

Com inspiração nos *Conseils de Prud'hommes,* foi instituído em 1911 no âmbito do Estado de São Paulo, pela Lei Estadual n. 1.299-A, o denominado *Patronato Agrícola,* com objetivo de prestar assistência jurídica ao trabalhador agrícola.[14] E em 1922, também em São Paulo, foram criados os *Tribunais Rurais,* através da Lei Estadual n. 1.869, "com a finalidade específica de julgar as questões originárias da *interpretação e execução de contratos de locação de serviços agrícolas* com colonos estrangeiros, fixando-se a alçada em 500 mil réis, equivalente a 2 salários mínimos".[15]

Para *Russomano*[16], estes Tribunais Rurais, embora sob a presidência do Juiz de Direito, marcaram o primeiro esforço de criação da Justiça do Trabalho no Brasil. Mas, apesar de simplificado o procedimento previsto para esses tribunais (oral, célere e econômico), a experiência não foi adiante pela dificuldade de locomoção dos colonos na época, e porque "os próprios litigantes teriam que indicar, até o início da audiência, aqueles que os representariam como juízes classistas, exigência que poderia ser simples para o locador (o proprietário rural), mas não o era para o locatário (o camponês)".[17]

---

(12) FERRARI, Irany; NASCIMENTO, Amauri Mascaro; MARTINS FILHO, Ives Gandra da Silva. *História do Trabalho, do Direito do Trabalho e da Justiça do Trabalho.* p. 172.
(13) ALBUQUERQUE, Francisca Rita Alencar. *A Justiça do Trabalho na Ordem Judiciária Brasileira.* São Paulo: LTr, 1993. p. 81-82.
(14) FERRARI, Irany; NASCIMENTO, Amauri Mascaro; MARTINS FILHO, Ives Gandra da Silva. *História do Trabalho, do Direito do Trabalho e da Justiça do Trabalho.* p. 179.
(15) *Ibidem.*
(16) RUSSOMANO, Mozart Victor. *Curso de Direito do Trabalho.* 5. ed. Curitiba: Juruá Editora, 1995. p. 18.
(17) ALBUQUERQUE, Francisca Rita Alencar. *A Justiça do Trabalho na Ordem Judiciária Brasileira.* p. 84.

No âmbito do Poder Executivo Federal, só em 1923 foi criado o primeiro órgão do Estado com atribuições em matéria trabalhista: o Conselho Nacional do Trabalho[18], instituído pelo Decreto n. 16.027, dentro da esfera do então Ministério da Agricultura, Indústria e Comércio, merecendo ser lembrado, ainda, que somente a revisão constitucional de 1926, "com justificativa no Tratado de Versalhes que firmáramos"[19], retirou dos Estados-membros a competência legislativa em matéria trabalhista.

O Presidente Getúlio Vargas, que subiu ao poder com a Revolução de 1930, e que, segundo *Ives Grandra*[20], se notabilizaria por sua *tutela paternalista ao trabalhador*, criou o Ministério do Trabalho através do Decreto n. 19.433 daquele ano, separando-o do Ministério da Agricultura, embora mantendo-o ainda unido ao da Indústria e Comércio.

E visando solucionar os conflitos coletivos de trabalho, com o Decreto n. 21.396, de 12 de maio de 1932, instituiu as Comissões Mistas de Conciliação[21], que, no entanto, não eram órgãos julgadores de conflitos, mas tão-somente de conciliação. Contudo, como não tinham poder de impor às partes uma solução ao conflito, a atuação destas comissões foi irrelevante, tendo sido instaladas apenas 38 delas em todo o território nacional.

Pelo Decreto n. 22.132, de 25 de novembro de 1932, foram criadas as Juntas de Conciliação e Julgamento[22] para tratar dos conflitos individuais. Embora não tivessem caráter jurisdicional, já que eram órgãos administrativos, podiam impor a solução do conflito às partes litigantes. Todavia, não tinham poder para executar suas decisões, atribuição que competia aos procuradores do Departamento Nacional do Trabalho — DNT perante a Justiça Comum.

As Juntas eram instaladas por município e para sua criação dependiam de solicitação de sindicato. Até 1937, haviam sido instaladas 75 no país. Mas, segundo a magistrada *Francisca Albuquerque*[23], "tinham atuação cerceativa e discriminatória", pois exigiam a sindicalização dos empregados como pressuposto para apreciar suas demandas, enquanto os demais, "que constituíam a maioria da massa trabalhadora, teriam que recorrer à Justiça Comum, lenta e

---

(18) FERRARI, Irany; NASCIMENTO, Amauri Mascaro; MARTINS FILHO, Ives Gandra da Silva. *História do Trabalho, do Direito do Trabalho e da Justiça do Trabalho*. p. 180.

(19) ALBUQUERQUE, Francisca Rita Alencar. *A Justiça do Trabalho na Ordem Judiciária Brasileira*. p. 85.

(20) FERRARI, Irany; NASCIMENTO, Amauri Mascaro; MARTINS FILHO, Ives Gandra da Silva. *História do Trabalho, do Direito do Trabalho e da Justiça do Trabalho*. p. 181.

(21) ALBUQUERQUE, Francisca Rita Alencar. *A Justiça do Trabalho na Ordem Judiciária Brasileira*. p. 85-87.

(22) FERRARI, Irany; NASCIMENTO, Amauri Mascaro; MARTINS FILHO, Ives Gandra da Silva. *História do Trabalho, do Direito do Trabalho e da Justiça do Trabalho*. p. 182.

(23) ALBUQUERQUE, Francisca Rita Alencar. *A Justiça do Trabalho na Ordem Judiciária Brasileira*. p. 88-89.

dispendiosa". E ainda, prossegue a autora, havia a possibilidade de rediscussão dos julgados das Juntas nos embargos à execução opostos perante a Justiça Comum, e era facultado ao Ministério do Trabalho avocar processos das Juntas, cuja faculdade foi tão utilizada que as decisões deixaram de ser definitivas.

Tostes Malta[24] também faz referência que as decisões de tais órgãos careciam de efetividade, pois "ensejavam recurso (avocatória) para o Ministério do Trabalho e eram demoradamente executadas na Justiça Comum", onde freqüentemente eram anuladas.

Somente através da Assembléia Nacional Constituinte, convocada por Getúlio Vargas em 1934, foi formulada proposta de que fosse instituída a Justiça do Trabalho, tendo em vista que "o sistema administrativo que vinha sendo seguido, com as decisões das JCJs sendo alteradas a seu talante pelo Ministério do Trabalho ou revistas integralmente pela Justiça Comum, tornavam ineficazes as decisões proferidas pelos órgãos existentes".[25]

Na ocasião, foram apresentadas duas emendas constitucionais, a primeira sustentando que a Justiça do Trabalho deveria ser inserida no quadro do Poder Judiciário, e a segunda ligada ao Poder Executivo, sendo esta a vencedora, que considerava inadequada a mentalidade judiciária para solução dos conflitos trabalhistas, e "que os juízes leigos, despidos de senso jurídico e de formalismos decidiriam mais prontamente as controvérsias laborais".[26]

Assim nascia a Justiça do Trabalho, subordinada ao Poder Executivo, não contando seus juízes com as garantias da magistratura, com a marca da representação classista paritária e inspirada no modelo fascista italiano, a qual foi instalada oficialmente, em todo o País, no dia 1º de maio de 1941, por meio do Decreto n. 1.237, regulamentado pelo de n. 6.596, de 12 de dezembro de 1941.[27]

Como a legislação laboral se avolumava de forma desordenada, constatou-se ser necessária sua consolidação, e através do Decreto-lei n. 5.452, de 1º de maio de 1.943[28], surgia a Consolidação das Leis do Trabalho — CLT, composta de 922 artigos, contendo normas, entre outras, para regular as relações de emprego, organização sindical, convenção coletiva de trabalho, e também sobre o processo judiciário do trabalho.

---

(24) MALTA, Christovão Piragibe Tostes. *Prática do Processo Trabalhista*. 33. ed. São Paulo: LTr, 2006. p. 151.
(25) FERRARI, Irany; NASCIMENTO, Amauri Mascaro; MARTINS FILHO, Ives Gandra da Silva. *História do Trabalho, do Direito do Trabalho e da Justiça do Trabalho*. p. 183.
(26) *Ibidem*.
(27) SAAD, Eduardo Gabriel. *Direito Processual do Trabalho*. 2. ed. São Paulo: LTr, 1998. p. 310.
(28) ALBUQUERQUE, Francisca Rita Alencar, *A Justiça do Trabalho na Ordem Judiciária Brasileira*. p. 103.

Mas, somente depois da derrocada dos regimes totalitários de direita e com o fortalecimento das democracias ocidentais, ao final da 2ª Guerra Mundial, que no Brasil resultou na queda da ditadura de Getúlio Vargas e na convocação da Assembléia Constituinte de 1946, que a Justiça do Trabalho foi definitivamente incluída entre os órgãos do Poder Judiciário.[29] Também somente naquele ano seus juízes foram contemplados com as garantias inerentes à magistratura[30], com a edição do Decreto n. 9.797, de 9 de setembro de 1946.[31]

Cumpre lembrar ainda que, externamente, o Tratado de Versalhes, assinado em 1919, contribuiu significativamente para a evolução dos mecanismos visando à solução dos conflitos do trabalho no Brasil, que com seus nove princípios fundamentais[32], passou a informar a regulamentação do trabalho. A partir daí, segundo a professora *Carmen Camino*[33], a "constitucionalização do direito do trabalho se generalizou, desencadeando intensa atividade legislativa de tutela do trabalho", cabendo à OIT — Organização Internacional do Trabalho[34] normatizar o direito internacional do trabalho mediante tratados, declarações, recomendações e resoluções.

---

(29) FERRARI, Irany; NASCIMENTO, Amauri Mascaro; MARTINS FILHO, Ives Gandra da Silva. *História do Trabalho, do Direito do Trabalho e da Justiça do Trabalho*. p. 196.

(30) BRASIL, CRFB/88. Art. 95. Os juízes gozam das seguintes garantias: I — vitaliciedade, que, no primeiro grau, só será adquirida após dois anos de exercício, dependendo a perda do cargo, nesse período, de deliberação do tribunal a que o juiz estiver vinculado, e, nos demais casos, de sentença judicial transitada em julgado; II — inamovibilidade, salvo por motivo de interesse público, na forma do art. 93, VIII; III — irredutibilidade de subsídio, ressalvado o disposto nos arts. 37, X e XI, 39, § 4º, 150, II, 153, III, e 153, § 2º, I.

(31) SAAD, Eduardo Gabriel. *Direito Processual do Trabalho*. p. 310.

(32) São os seguintes os princípios do Tratado de Versalhes: 1) o trabalho não há de ser considerado mercadoria ou artigo de comércio; 2) tanto patrões como empregados têm o direito de associação visando a alcançar qualquer objetivo lícito; 3) o salário a ser pago aos trabalhadores deverá assegurar um nível de vida conveniente, em relação à época e ao seu país; 4) o trabalho será limitado a oito horas por jornada e quarenta e oito horas semanais; 5) o descanso semanal será de, no mínimo, vinte e quatro horas, preferencialmente, aos domingos; 6) supressão do trabalho das crianças e imposição de limitações ao trabalho dos menores de ambos os sexos, necessárias para permitir-lhes continuar a instrução e assegurar seu desenvolvimento físico; 7) salário igual sem distinção de sexo, por um trabalho de igual valor; 8) tratamento econômico eqüitativo nas leis relativas a condições de trabalho, promulgadas em cada país, para trabalhadores que nele residem legalmente; 9) organização, em cada Estado, de um serviço de inspeção, que inclua mulheres, a fim de assegurar a aplicação das leis para a proteção dos trabalhadores. (CAMINO, Carmen. *Direito Individual do Trabalho*. 4. ed. Porto Alegre: Síntese, 2004. p. 35)

(33) CAMINO, Carmen. *Direito Individual do Trabalho*. p. 35.

(34) A OIT foi fundada em 1919, sendo a única das Agências do Sistema das Nações Unidas com estrutura tripartite, na qual os representantes dos empregados e dos trabalhadores têm os mesmos direitos que os do governo. Disponível em: <www.oitbrasil.org.br>.

A Constituição de 1988 não trouxe grandes inovações na estrutura da Justiça do Trabalho, estabelecendo apenas que em cada unidade da Federação deveria haver pelo menos um Tribunal Regional do Trabalho.[35] E até 1999 sua estrutura hierárquica não teve alterações significativas.

Até então, sua composição era chamada "paritária", ou seja, as Juntas de Conciliação e Julgamento (órgãos de 1º grau) eram formadas por um juiz togado (representante do Estado), que a presidia, e dois juízes classistas, sendo um representante dos empregadores e outro dos empregados, que eram nomeados para cumprir um mandato temporário. A composição paritária também se fazia presente nos órgãos superiores, ou seja, nos Tribunais Regionais do Trabalho e no Tribunal Superior do Trabalho.

Além de temporários, os representantes classistas dependiam das indicações sindicais e da nomeação pelos presidentes dos tribunais ou pelo governo federal, conforme o caso.

No entanto, a Emenda Constitucional n. 24, de 9 de dezembro de 1999, extinguiu a representação classista em todas as instâncias da Justiça do Trabalho, e os órgãos do Poder Judiciário Trabalhista passaram a ser ocupados somente por juízes de carreira. A Emenda também transformou as Juntas de Conciliação e Julgamento em Juizados Singulares, que passaram a se chamar de Varas do Trabalho.

O fim da representação classista representou a primeira grande transformação da Justiça do Trabalho, pois "a alteração constitucional extinguiu definitivamente essa perniciosa modalidade de atrelamento do sindicato ao Estado".[36] Portanto, representou o fim das ingerências externas na condução administrativa dos tribunais e na formulação de uma política judicial, já que permitiu aos magistrados de carreira assumir o papel de protagonistas de sua história.

A segunda grande inovação veio com a promulgação da Emenda Constitucional n. 45, em dezembro de 2004, que representou em aumento significativo de sua competência material, conforme será estudado mais adiante, além de instituir um Conselho Superior da Justiça do Trabalho e uma Escola Nacional de Formação e Aperfeiçoamento de Magistrados do Trabalho.

2.2 Jurisdição

Na Antigüidade, antes de o homem se organizar em sociedade, estava livre para usar a força privada para tentar satisfazer seus interesses. Segundo o pensador *John Locke*[37], para que fossem preservadas a paz e a própria humanidade,

---

(35) GIGLIO, Wagner. *Direito Processual do Trabalho*. 9. ed. São Paulo: LTr, 1995. p. 30.
(36) SÜSSEKIND, Arnaldo; MARANHÃO, Délio; VIANNA, Segadas; TEIXEIRA, Lima. *Instituições de Direito do Trabalho*. 20. ed. v. 2. São Paulo: LTr 2002. p. 1287.
(37) LOCKE, John. *Segundo Tratado Sobre o Governo*: ensaio relativo à verdadeira origem, extensão e objetivo do governo civil. Tradução de Alex Martins. São Paulo: Martin Claret, 2002. p. 25.

qualquer pessoa podia executar a lei da natureza, ou seja, qualquer um podia castigar os transgressores dessa lei, já que não havia, por natureza, superioridade ou jurisdição de um sobre o outro.

Mas, nas palavras do filósofo,

"Sempre que, pois, certo número de indivíduos se reúne em sociedade, de tal modo que cada um abra mão do próprio poder de executar a lei de natureza, transferindo-a à comunidade, nesse caso, e somente nele, haverá uma sociedade civil ou política. E tal ocorre sempre que certo número de homens, no estado da natureza, se associa para constituir um povo, um corpo político sob um governo supremo, ou quando um indivíduo se junta ou se incorpora a uma comunidade já constituída; com isso autoriza a sociedade ou, o que vem a dar no mesmo, o poder legislativo dela, a elaborar leis para ele, dentro da exigência do bem da sociedade, sendo que poderá ser solicitado seu auxílio para sua execução, como se fossem decretos dele mesmo. Dessa forma os homens saem do estado de natureza para entrarem no de comunidade, estabelecendo um juiz no mundo com autoridade para delinear todas as demandas e reparar os danos que atinjam a qualquer membro da comunidade; juiz esse que é o legislativo, ou os magistrados por ele nomeados."[38]

No entanto, embora teorizada por *Locke*, a análise das funções do Estado moderno foi desenvolvida na doutrina de *Montesquieu* sobre a separação dos poderes, exposta e desenvolvida na clássica obra "O Espírito das Leis", que consiste, sucintamente, em distinguir três funções básicas do Estado: a legislativa, a executiva e a jurisdicional.

Assim, visando garantir a convivência entre os membros da sociedade, foi criado o Estado, a quem foi entregue o monopólio da função jurisdicional. Portanto, a jurisdição é uma das funções do Estado moderno,

"[...] mediante a qual este se substitui aos titulares dos interesses em conflito para, imparcialmente, buscar a pacificação do conflito que os envolve, com justiça. Essa pacificação é feita mediante a atuação da vontade do direito objetivo que rege o caso apresentado em concreto para ser solucionado; e o Estado desempenha essa função sempre mediante o processo, seja expressando imperativamente o preceito (através de uma sentença de mérito), seja realizando no mundo das coisas o que o preceito estabelece (através da execução forçada)."[39]

---

[38] LOCKE, John. *Segundo Tratado Sobre o Governo*: ensaio relativo à verdadeira origem, extensão e objetivo do governo civil. p. 70.
[39] CINTRA, Antônio Carlos de Araújo; GRINOVER, Ada Pellegrini; DINAMARCO, Cândido R. *Teoria Geral do Processo*. 11. ed. São Paulo, Malheiros Editores, 1995. p. 125.

E de acordo com o art. 1º do Código de Processo Civil[40] (Lei n. 5.869, de 11 de janeiro de 1973), no Brasil, a jurisdição é exercida pelos juízes em todo o território nacional.

Embora esse poder estatal seja unitário, pois a soberania não comporta divisões, por conveniência a doutrina costuma falar em *espécies de jurisdição*, classificadas pelos seguintes critérios: a) pelo critério do seu objeto, jurisdição *penal* ou *civil*; b) pelo critério dos organismos judiciários que a exercem, em *especial* ou *comum*; c) pelo critério da posição hierárquica dos órgãos dotados dela, *superior* ou *inferior;* d) pelo critério da fonte do direito com base no qual é proferido o julgamento, jurisdição *de direito* ou *de eqüidade*.[41]

Essa divisão de funções, com a criação de jurisdições especiais ao lado da ordinária (comum), também se justifica pela diversidade dos conflitos sociais, possibilitando condições ao Estado de atender adequadamente as mais variadas pretensões deduzidas em juízo.

Em síntese, embora seja uma a jurisdição, o exercício desta função do Estado é dividida e distribuída entre os vários órgãos do Poder Judiciário, aos quais a Constituição da República Federativa do Brasil e as leis ordinárias conferem uma porção de jurisdição (ou de competência), como se estudará a seguir. De acordo com o art. 92 da CFRB, são órgãos do Poder Judiciário:

"I — o Supremo Tribunal Federal;

I-A. o Conselho Nacional de Justiça *(Acrescentado pela EC n. 45/2004);*

II — o Superior Tribunal de Justiça;

III — os Tribunais Regionais Federais e os Juízes Federais;

IV — os Tribunais e Juízes do Trabalho;

V — os Tribunais e Juízes Eleitorais;

VI — os Tribunais e Juízes Militares;

VII — os Tribunais e Juízes dos Estados e do Distrito Federal e Territórios."

Finalmente, conforme os arts. 111 e 111-A da CRFB, são órgãos da Justiça do Trabalho, objeto do nosso estudo, os Juízes do Trabalho (Varas do Trabalho — órgãos de primeiro grau), os Tribunais Regionais do Trabalho (órgãos de segundo grau) e o Tribunal Superior do Trabalho (órgão de terceiro grau), com sede em Brasília, composto por 27 ministros, tendo jurisdição sobre todo o território nacional.

---

(40) BRASIL. *Código de Processo Civil, Lei n. 5.869,* de 11 de janeiro de 1973 — será referida no trabalho como CPC.

(41) CINTRA, Antônio Carlos de Araújo; GRINOVER, Ada Pellegrini; DINAMARCO, Cândido R. *Teoria Geral do Processo.* p. 137.

2.3 Competência

2.3.1 Conceito e critérios para sua distribuição

Como vimos anteriormente, apesar de ser una a função jurisdicional do Estado, o exercício desta função é dividido e distribuído entre os vários órgãos que compõem o Poder Judiciário, sendo outorgado a cada um deles uma determinada área de atuação.

Em suma, "o poder jurisdicional é amplo e abstrato, e dele estão investidos todos os órgãos jurisdicionais, mas cada um deles tem a sua jurisdição delimitada pela competência".[42]

Francesco Carnelutti[43] define a competência como "o poder pertencente ao órgão judicial ou ao oficial considerados no singular". Esclarece o professor italiano que competência "é a extensão de poder pertencente (compete) a cada órgão judicial ou a cada componente do órgão, em comparação com os demais", enquanto jurisdição é o poder pertencente a todos os órgãos em conjunto.

A respeito, *Athos Gusmão Carneiro* faz as seguintes considerações:

> "Todos os juízes exercem jurisdição, mas a exercem numa certa medida, dentro de certos limites. São, pois, 'competentes', somente para processar e julgar determinadas causas. A 'competência', assim, 'é a medida da jurisdição', ou ainda, é a jurisdição na medida em que pode e deve ser exercida pelo juiz".[44]

Portanto, diante da diversidade dos conflitos sociais, dando origem a pretensões de todo tipo que são levadas para apreciação do Poder Judiciário, é conveniente que se instituam organismos distintos e que haja uma divisão racional do trabalho entre eles. E esta distribuição pode ser efetuada entre os órgãos do Poder Judiciário sob vários critérios, conforme conveniências da conjuntura social e política de cada país.

Nas palavras de *Gilmar Cavalheri*[45], na sua dissertação para obtenção do título de Mestre em Ciência Jurídica pelo Programa de Mestrado em Ciência Jurídica do Curso de Pós-Graduação *Strictu Sensu* em Ciência Jurídica da Universidade do Vale do Itajaí:

> "A enorme complexidade das pretensões e a variedade das demandas surgidas dos conflitos numa dada Sociedade, leva à existência de enorme

---

(42) ALVIM, J. E. Carreira. *Teoria Geral do Processo.* Rio de Janeiro: Ed. Forense, 2004. p. 101.

(43) CARNELUTTI, Francesco. *Sistema de Direito Processual Civil.* v. 2. São Paulo: Classic Book Editora, 2000. Traduzido por Hiltomar Martins Oliveira. p. 360.

(44) CARNEIRO, Athos Gusmão. *Jurisdição e Competência.* 13. ed. São Paulo: Saraiva, 2004. p. 61.

(45) CAVALHERI, Gilmar. *Competência da Justiça do Trabalho para Ação de Indenização Decorrente de Acidente do Trabalho:* Avanços e Resistências, 2006. (Mestrado em Ciência Jurídica) — Universidade do Vale do Itajaí — UNIVALI, 2006. p. 73.

heterogeneidade de casos a serem examinados pelos órgãos encarregados da função jurisdicional. Diante desse quadro, resta evidentemente necessária a 'divisão de trabalho' ou a distribuição dos casos aos vários juízes. Tal distribuição deve atender o melhor interesse público, direcionado, sempre, à melhor realização da Justiça."

Geralmente, para fazer essa distribuição, o legislador se apóia em três operações lógicas, a saber:

a) constituição diferenciada de órgãos judiciários;

b) elaboração da massa de causas em grupos, levando em conta certas características da própria causa e do processo mediante o qual é ela apreciada pelo órgão judiciário;

c) atribuição de cada um dos diversos grupos de causas ao órgão mais idôneo para conhecer destas, segundo uma política legislativa que leve em conta aqueles caracteres e os caracteres do próprio órgão.[46]

Na obra de *Chiovenda*[47] pode-se extrair os critérios clássicos para a distribuição da competência entre os órgãos jurisdicionais, que se agrupam pelos critérios *objetivo, funcional* e *territorial*.

O critério objetivo é extraído da natureza da causa e refere-se, em geral, ao conteúdo especial da relação jurídica em lide. O critério funcional extrai-se da natureza especial e das exigências especiais das funções que chamam o magistrado a exercer num processo. Finalmente, o critério funcional relaciona-se com a circunstância territorial designada à atividade de cada órgão jurisdicional.

Em síntese, as diversas teorias jurídicas procuram assentar suas bases nos seguintes elementos para distribuição da jurisdição:

a) valor da causa — segundo o valor econômico da relação jurídica, objeto da demanda; *b) matéria* — segundo a natureza da relação jurídica, objeto da causa; *c) pessoas* — segundo a condição dos sujeitos *em lide; d) território* — segundo o lugar onde se encontram os sujeitos ou o objeto da relação jurídica que constitui objeto do processo; *e) função* — segundo a função que o órgão jurisdicional é chamado a exercer em relação a determinada demanda.[48]

No ordenamento jurídico brasileiro são encontradas normas tratando da competência na Constituição Federal, nas Constituições Estaduais, nas leis federais, nas leis estaduais (códigos de organização judiciária dos Estados-Mem-

---

(46) CINTRA, Antonio Carlos de Araújo, GRINOVER, Ada Pellegrini, DINAMARCO, Cândido R. *Teoria Geral do Processo*. p. 229.
(47) CHIOVENDA, Giuseppe. *Instituições de Direito Processual Civil*. Campinas: Bookseller Editora, 1998. p. 184-185.
(48) ALVIM, J. E. Carreira. *Teoria Geral do Processo*. Rio de Janeiro: Forense, 2004. p. 102.

bros) e ainda nos regimentos internos dos Tribunais. No entanto, as normas infraconstitucionais devem observar as regras de competência fixadas pela Constituição Federal.

E apesar de a jurisdição ser exercida em vários graus, normalmente compete aos juízes que estão na base do Poder Judiciário conhecer dos processos, pois os juízos de segundo grau geralmente apreciarão os recursos interpostos contra as decisões proferidas pelos juízos de primeiro grau, embora em determinados casos, por conveniência, "o legislador prefere subtrair certas causas à competência dos juízes ou juízos que estão na base".[49]

2.3.2 Competência na Constituição da República Federativa do Brasil

A Constituição da República Federativa do Brasil de 1988, considerada a fonte primária de normas sobre competência, trata especificamente do Poder Judiciário no seu Capítulo III, na qual distribui a competência entre os seus vários órgãos.

No art. 102, dispõe sobre a competência do órgão de cúpula do Poder Judiciário, ou seja, do Supremo Tribunal Federal. No art. 105, trata da competência do Superior Tribunal de Justiça; no art. 108, dos Tribunais Regionais Federais e no art. 109, dos Juízes Federais. No art. 114 e seus incisos, dispõe sobre a competência da Justiça do Trabalho, que é objeto do nosso estudo. Finalmente, no art. 121 remete para ser regulada por Lei Complementar a competência da Justiça Eleitoral, enquanto a Justiça Militar tem sua competência definida no art. 124.

Já as causas que não se encontram contempladas nas regras de competência fixadas na CRFB, atribuídas às *Justiças Especiais* ou *Especializadas*, serão, por exclusão, dirimidas pela Justiça Estadual, também denominada *Justiça Comum*, cabendo a cada Estado organizar sua Justiça, observados os princípios estabelecidos na CRFB, como previsto expressamente no art. 125 desta.

2.3.3 A competência material da Justiça do Trabalho no Brasil

Conforme referido anteriormente, a doutrina tem entendido que a competência material é delimitada segundo a natureza da relação jurídica, objeto da causa deduzida em juízo. Portanto, a competência em razão da matéria da Justiça do Trabalho depende daquilo que o autor da demanda deduz em juízo, ou seja, é fixada de acordo com a causa de pedir e do pedido.

---

(49) OVÍDIO, A. Batista da Silva. *Teoria Geral do Processo Civil*. Porto Alegre: Letras Jurídicas Editora Ltda., 1983. p. 77.

Cumpre lembrar que a incompetência em razão da matéria é de natureza absoluta, podendo por isso ser declarada de ofício pelo juiz caso não seja argüida pelas partes do processo, não se submetendo assim à preclusão[50], por ser matéria de ordem pública, de interesse do Estado.[51]

A competência da Justiça do Trabalho, também chamada de Justiça Especializada, encontra-se delimitada expressamente pelo art. 114 da CRFB, a qual foi ampliada significativamente com a Emenda Constitucional n. 45, promulgada no final do ano de 2004.

Antes desta Emenda, a CRFB de 1988 já havia alargado a competência da Justiça do Trabalho em relação à Constituição de 1967, ao substituir no seu *caput* a expressão *empregados* por *trabalhadores*, possibilitando com isso, que fosse ampliada sua competência para apreciar outras controvérsias decorrentes da *relação de trabalho*, e não apenas das relações de emprego, que é uma espécie do gênero relação de trabalho.

Assim, antes da Emenda Constitucional n. 45/2004, o art. 114 da CRFB de 1988 encontrava-se redigido da seguinte forma:

> "Art. 114. Compete à Justiça do Trabalho conciliar e julgar os dissídios individuais e coletivos entre *trabalhadores* e empregadores, abrangidos os entes de direito público externo e da administração pública direta e indireta dos Municípios, do Distrito Federal, dos Estados e da União, e, na forma da lei, outras controvérsias decorrentes da relação de trabalho, bem como os litígios que tenham origem no cumprimento de suas próprias sentenças, inclusive coletivas.
>
> § 1º Frustrada a negociação coletiva, as partes poderão eleger árbitros.
>
> § 2º Recusando-se qualquer das partes à negociação ou à arbitragem, é facultado aos respectivos sindicatos ajuizar dissídio coletivo, *podendo a Justiça do Trabalho estabelecer normas e condições*, respeitadas as disposições convencionais e legais mínimas de proteção ao trabalho.
>
> § 3º Compete ainda à Justiça do Trabalho executar, de ofício, as contribuições sociais previstas no art. 195, I, *a* e II, e seus acréscimos legais, decorrentes das sentenças que proferir." (grifos nossos)

Como vimos anteriormente, por trabalho pode-se entender "toda energia humana, física ou intelectual, empregada com um fim produtivo".[52] Mas, embora seja necessária a prestação de trabalho para configuração da relação de emprego, não necessariamente será ela considerada uma relação de trabalho. A respeito, nos ensina a professora *Carmen Camino*:

> "Por relação de trabalho pode-se entender toda relação jurídica na qual alguém se obriga a trabalhar, seja para obter um determinado resultado espe-

---

(50) O conceito operacional de preclusão será visto mais adiante, no item 3.1.
(51) MONTENEGRO FILHO, Misael. *Curso de Direito Processual Civil*. 3. ed. v. 1. São Paulo: Editora Atlas, 2006. p. 115.
(52) SÜSSEKIND, Arnaldo Lopes. *Curso de Direito do Trabalho*. Rio de Janeiro: Renovar, 2002. p. 3.

rado (a consecução de uma obra), seja para a entrega da própria força do trabalho consubstanciada no ato de trabalhar. Os romanos já cogitavam dessa dicotomia, ao classificarem a locação de serviços em *locatio operis,* no primeiro caso, e, em *locatio operarum,* no segundo."[53]

Desta forma, assim como o trabalho autônomo, a empreitada e a locação de serviços, entre outras formas de prestação do trabalho, também a relação de emprego é uma das espécies da relação de trabalho.

A relação de emprego tem natureza contratual e apresenta traços singulares que a diferencia das outras espécies de relações de trabalho. Para que se configure, pressupõe inicialmente que exista num dos pólos da relação a figura do empregador, definido no art. 2º da CLT como "[...] a empresa, individual ou coletiva, que, assumindo os riscos da atividade econômica, admite, assalaria e dirige a prestação pessoal de serviço".

Embora por definição legal seja considerado como empregador somente a empresa, evidentemente o conceito legal abarca ainda toda e qualquer pessoa física ou jurídica, de direito público ou privado, que venha a contratar empregados para atingir os fins do seu empreendimento econômico ou atividade não-lucrativa.

E a definição legal do empregado também é encontrada na CLT, que no seu art. 3º assim dispõe: "Considera-se empregado toda pessoa física que prestar serviços de natureza não-eventual a empregador, sob dependência deste e mediante salário".

Portanto, a relação de trabalho tem por objeto o trabalho humano subordinado, não-eventual e assalariado, sendo extraído da obra de *Carmen Camino* o seguinte conceito:

> "Relação de emprego é a relação de trabalho de natureza contratual, realizada no âmbito de uma atividade econômica ou a ela equiparada, em que o empregado se obriga a prestar trabalho pessoal, essencial à consecução dos fins da empresa e subordinado, cabendo ao empregador suportar os riscos do empreendimento econômico, comandar a prestação pessoal do trabalho e contraprestá-lo através do salário."[54]

Mas, apesar de a CRFB de 1988 ter ampliado a competência da Justiça do Trabalho em relação à Constituição de 1967 para apreciar outras controvérsias decorrentes da *relação de trabalho,* e não apenas das relações de emprego, parte da doutrina e da jurisprudência não acolheram essa modificação da legislação constitucional, como se observa pelos comentários do jurista *Wagner Giglio*[55], ao afirmar que o texto constitucional não estabelecia a competência da Justiça

---

(53) CAMINO, Carmen. *Direito Individual do Trabalho.* p. 200.
(54) *Idem,* p. 235.
(55) GIGLIO, Wagner. *Direito Processual do Trabalho.* p. 73-74.

do Trabalho em razão da matéria, pois ao se referir apenas aos litígios entre empregadores e empregados, a Constituição estaria invocando a competência em razão das pessoas, o que constrangia o intérprete a buscar os limites dessa competência pelas pessoas da relação processual, sendo necessário ser expressa em lei ordinária a extensão da competência para incluir outras relações de trabalho.

No entanto, mesmo antes da EC n. 45/2004, a jurisprudência já vinha ampliando paulatinamente a competência material da Justiça do Trabalho para outras controvérsias oriundas da relação de emprego, como, por exemplo, as que diziam respeito a dano moral, conforme reconhecido inclusive pelo Supremo Tribunal Federal (CJ 6.959.6, Rel. Min. Sepúlveda Pertence, j. 23.5.90, DJU 22.2.91, p. 1.259), e pelo Tribunal Superior do Trabalho, por meio da Orientação Jurisprudencial n. 327 da SDI-I[56], de 9.12.03, convertida na Súmula n. 392 em 20.4.05.

Aliás, já antes da EC n. 45/2004, a lei ordinária previa a competência da Justiça do Trabalho para apreciar outras controvérsias decorrentes da relação de trabalho, nas quais não houvesse relação de emprego, nas seguintes hipóteses: a) para dirimir os dissídios oriundos entre os trabalhadores avulsos e seus tomadores de serviços; as ações entre trabalhadores portuários e os respectivos operadores ou o Órgão Gestor de Mão-de-Obra e os litígios entre operadores portuários ou gestores de mão-de-obra e os trabalhadores portuários (*caput* do art. 643, e seu § 3º, da CLT); b) os dissídios resultantes de contratos de empreitadas em que o empreiteiro seja operário ou artífice (art. 652, *a*, III, da CLT); c) a execução de termos de ajuste de conduta, firmados perante o Ministério Público do Trabalho (Lei n. 9.958/00) e a execução das contribuições previdenciárias resultantes das sentenças proferidas por seus órgãos (EC n. 20/1998; Lei n. 10.035/00); d) os dissídios que tenham origem no cumprimento de convenções ou acordos coletivos de trabalho, mesmo quando ocorram entre sindicatos ou entre sindicatos de trabalhadores e empresas, para cobrança de contribuições sindicais (Lei n. 8.984/95).

Com a Emenda Constitucional n. 45, de 8 de dezembro de 2004, a competência material da Justiça do Trabalho foi significativamente ampliada ao alterar o art. 114 da CRFB, que passou a ter a seguinte redação:

"Art. 114. Compete à Justiça do Trabalho processar e julgar:

I — as ações oriundas da relação de trabalho, abrangidos os entes de direito público externo e da administração pública indireta da União, dos Estados, do Distrito Federal e dos Municípios;

II — as ações que envolvam exercício do direito de greve;

---

(56) OJ n. 327 da SDI-I do TST: "Dano moral. Competência da Justiça do Trabalho. Nos termos do art. 114 da CF/1988, a Justiça do Trabalho é competente para dirimir controvérsias referentes à indenização por dano moral, quando decorrente da relação de trabalho." (DJ 9.12.03 — Parágrafo único do art. 168 do Regimento Interno do TST)

III — as ações sobre representação sindical, entre sindicatos, entre sindicatos e trabalhadores, e entre sindicatos e empregadores;

IV — os mandados de segurança, *habeas corpus* e *habeas data,* quando o ato questionado envolver matéria sujeita à sua jurisdição;

V — os conflitos de competência entre órgãos com jurisdição trabalhista, ressalvado o disposto no art. 102, I, *o;*

VI — as ações de indenização por dano moral ou patrimonial, decorrentes da relação de trabalho;

VII — as ações relativas às penalidades administrativas impostas aos empregadores pelos órgãos de fiscalização das relação de trabalho;

VIII — a execução, de ofício, das contribuições sociais previstas no art. 195, I, *a,* e II, e seus acréscimos legais, decorrentes das sentenças que proferir;

IX — outras controvérsias decorrentes da relação de trabalho, na forma da lei.

§ 1º Frustrada a negociação coletiva, as partes poderão eleger árbitros.

§ 2º Recusando-se qualquer das partes à negociação coletiva ou à arbitragem, é facultado às mesmas, de comum acordo, ajuizar dissídio coletivo de natureza econômica, podendo a Justiça do Trabalho decidir o conflito, respeitadas as disposições mínimas legais de proteção ao trabalho, bem como as convencionadas anteriormente;

§ 3º Em caso de greve em atividade essencial, com possibilidade de lesão de interesse público, o Ministério Público do Trabalho poderá ajuizar dissídio coletivo, competindo à Justiça do Trabalho decidir o conflito."

Portanto, a EC n. 45/2004 transferiu para serem apreciadas e julgadas pela Justiça do Trabalho várias matérias que anteriormente cabiam a outros órgãos do Poder Judiciário, como, por exemplo, as ações que envolvam exercício do direito de greve, sobre representação sindical, relativas às penalidades administrativas impostas aos empregadores pelos órgãos de fiscalização das relações de trabalho, entre outras.

Além disso, ao compararmos a nova redação do dispositivo constitucional, foi suprimida a menção aos *dissídios individuais e coletivos entre trabalhadores e empregadores*, e no seu lugar foi inserido que compete à Justiça do Trabalho processar e julgar *as ações oriundas da relação de trabalho*, conforme salientado anteriormente.

Assim, a competência material da Justiça do Trabalho passa a ter como seu eixo principal a relação de trabalho *lato sensu* e não mais a relação de emprego *stricto sensu*. Ou seja, deixa de ter como eixo principal "o exame dos litígios relacionados com o contrato de trabalho, para julgar os processos associados ao trabalho de pessoa natural em geral."[57]

---

(57) MALLET, Estêvão. Apontamentos sobre a Competência da Justiça do Trabalho após a EC n. 45. In COUTINHO, Grijalbo Fernandes; FAVA, Marcos Neve (coord.). *Justiça do Trabalho: competência ampliada.* São Paulo: LTr, 2005. p. 72.

Com a nova redação do artigo, desaparece a menção à qualidade das partes que, segundo *Wagner Giglio*, importava em invocar a competência em razão das pessoas, e não da matéria, e a Justiça do Trabalho também deixou de ser uma Justiça prevalentemente conciliatória, ao ser suprimida do texto anterior a expressão *conciliar*[58], pois com a ampliação da competência, a ela caberá processar e julgar múltiplas relações jurídicas, de naturezas distintas da relação de emprego, em muitas das quais a conciliação é inviável ou até incompatível, como, por exemplo, nos mandados de segurança.

Mas, mesmo com a inovação do texto constitucional, somente em meados de 2005 restou pacificada pela jurisprudência que a competência para apreciar e julgar as ações com pedido de reparação de danos morais e/ou materiais decorrentes de *acidente de trabalho* é da Justiça do Trabalho, quando o Supremo Tribunal Federal definiu a questão em favor desta Justiça Especializada, apesar de, antes disso, já ter o Tribunal Superior do Trabalho se inclinado a acolher essa competência, como, por exemplo, no julgamento do Recurso de Revista n. 2295/2002, em 18 de maio de 2005.[59]

Ao julgar o Conflito de Competência 7.204/MG, em 29 de junho de 2005, o Plenário do STF reformulou sua anterior orientação jurisprudencial para reconhecer, a partir da Emenda Constitucional n. 45/2004, a competência da Justiça do Trabalho para o julgamento das ações de indenização por danos morais e patrimoniais decorrentes de acidente de trabalho, desde que ajuizadas contra o empregador.[60]

Deve ser lembrado também que as causas instauradas entre o poder público e os servidores com vínculo estatutário continuam sob competência da Jus-

---

(58) Texto anterior do art. 114 da CRFB: *Compete à Justiça do Trabalho conciliar e julgar os dissídios...* Texto atual, modificado pela EC n. 45/2004: *Compete à Justiça do Trabalho processar e julgar....* (grifos nossos).

(59) BRASIL. *Tribunal Superior do Trabalho*. Acórdão RR 2295/2002-029-12-00.5, 1ª Turma; Relator Min. João Oreste Dalazen, DJU de 1º.7.05.
COMPETÊNCIA MATERIAL. JUSTIÇA DO TRABALHO. DANO MORAL E MATERIAL. ACIDENTE DE TRABALHO.
1. A Constituição Federal inscreveu na competência da Justiça do Trabalho as lides em que se controverte sobre dano moral e patrimonial decorrentes da relação de trabalho, consoante disposição contida no art. 114, inciso VI, com a redação dada pela Emenda Constitucional n. 45/2004.

(60) BRASIL. *Supremo Tribunal Federal*. Conflito de Competência n. 7.204-1 Minas Gerais, Tribunal Pleno: Min. Relator Carlos Brito.
COMPETÊNCIA JUDICANTE EM RAZÃO DA MATÉRIA. AÇÃO DE INDENIZAÇÃO POR DANOS MORAIS E PATRIMONIAIS DECORRENTES DE ACIDENTE DO TRABALHO, PROPOSTA PELO EMPREGADO EM FACE DE SEU (EX-)EMPREGADOR.
COMPETÊNCIA DA JUSTIÇA DO TRABALHO. ART. 114 DA MAGNA CARTA. REDAÇÃO ANTERIOR E POSTERIOR À EMENDA CONSTITUCIONAL N. 45/04. EVOLUÇÃO DA JURISPRUDÊNCIA DO SUPREMO TRIBUNAL FEDERAL. PROCESSOS EM CURSO NA JUSTIÇA COMUM DOS ESTADOS. IMPERATIVO DE POLÍTICA JUDICIÁRIA.

tiça Comum, diante da liminar concedida na Ação Direta de Inconstitucionalidade (ADI) n. 3.395-6 proposta perante o STF pela Associação dos Juízes Federais do Brasil (AJUFE), em janeiro de 2005.[61]

Necessário, finalmente, analisar o alcance da alteração legislativa promovida pela EC n. 45/2005 em relação ao Poder Normativo atribuído à Justiça do Trabalho por todas as Constituições brasileiras, a partir de 1946, já que o novo texto não traz mais explícita a competência para julgar dissídios coletivos, ou seja, para *"estabelecer normas e condições de trabalho"*, conceito sucinto formulado por *Arion Romita*[62] para definir este Poder, que, para ele, continua preservado, apesar de limitado, tendo em vista que a nova redação do § 2º do art. 114 da CRFB fala que é faculdade das partes de, "em comum acordo", provocar os Tribunais do Trabalho para "decidir o conflito" coletivo.

Na mesma linha pensa *Bezerra Leite*[63], ao aduzir que a nova redação dada pela EC n. 45/2004 ao § 2º do art. 114 da CRFB criou um novo pressuposto para o cabimento do Dissídio Coletivo de natureza jurídica: o "comum acordo" das partes para o ajuizamento do dissídio.

Edilton Meireles[64] entende que ao exigir que o dissídio coletivo, salvo de greve, só pode ser ajuizado "de comum acordo" entre as partes em conflito, a intenção do legislador foi limitar, "de forma extraordinária", a competência normativa da Justiça do Trabalho. Portanto, também entende que houve sensível redução da competência da Justiça do Trabalho para criar direito.

Luiz Alberto de Vargas e Ricardo Carvalho Fraga[65], consideram, inclusive, que as mais relevantes modificações introduzidas pela EC n. 45/2005 no âmbito trabalhista são justamente as que dizem respeito ao Direito Coletivo, pois embora a reforma tenha dado competência para a Justiça do Trabalho para julgar

---

(61) BRASIL. *Supremo Tribunal Federal*. ADIn n. 3.395-6 proposta pela Associação dos Juízes Federais do Brasil — AJUFE. DJ 4.2.05.

Nesta ação foi acolhido o pedido de liminar pelo Ministro Nelson Jobim, do Supremo Tribunal Federal, ficando suspenso, *ad referendun*, toda e qualquer interpretação dada ao inciso I do art. 114 da CF, na redação dada pela EC n. 45/2004, que inclua, na competência da Justiça do Trabalho, a "apreciação... de causas que... sejam instauradas entre o Poder Público e seus servidores, a ele vinculados por típica relação de ordem estatutária ou de caráter jurídico-administrativo."

(62) ROMITA, Arion Sayão. *Competência da Justiça do Trabalho*. Curitiba: Genesis Editora, 2005. p. 99-100.

(63) LEITE, Carlos Henrique Bezerra. *Curso de Direito Processual do Trabalho*. 3. ed. São Paulo: LTr, 2005. p. 806.

(64) MEIRELES, Edilton. *Competência e Procedimento na Justiça do Trabalho*. São Paulo: LTr 2005. p. 81.

(65) VARGAS, Luiz Alberto de; FRAGA, Ricardo Carvalho. Relações Coletivas e Sindicais — Novas Competências após a EC n. 45. In: ARAUJO, Francisco Rossal (coord.). *Jurisdição e Competência da Justiça do Trabalho*. São Paulo: LTr, 2006. p. 169-172.

todas as ações que envolvam o exercício de greve, quase extinguiu o Poder Normativo, o que, para eles, era previsível ante a orientação implementada pelo Tribunal Superior do Trabalho, de franca hostilidade ao exercício deste poder.

Carlos Sampaio Garcia[66] vai além, ao pregar que uma das mais importantes modificações produzidas pela Emenda Constitucional foi a extinção do chamado Poder Normativo da Justiça do Trabalho, o que, para ele, deve ser festejado, "pois livrou a Justiça do Trabalho de um entulho autoritário que a descaracterizava, que lhe impunha o exercício de uma função incompatível com suas finalidades".

No entanto, sua tese não está encontrando guarida na jurisprudência, que vem entendendo, majoritariamente, que a EC n. 45/2004 apenas estabeleceu novo pressuposto processual para ajuizamento de dissídio coletivo de natureza econômica, ou seja, a necessidade de que haja comum acordo entre as partes envolvidas no conflito para ajuizamento do dissídio. Neste sentido, decidiram, à unanimidade, os Juízes da Seção Especializada em Dissídios Coletivos do TRT da 12ª Região, conforme ementa do acórdão transcrito a seguir:

"PRÉVIO ACORDO. PRESSUPOSTO QUE ANTECEDE A INSTAURAÇÃO DO DISSÍDIO. O Constituinte Derivado, ao fixar a nova competência da Justiça do Trabalho por meio da Emenda Constitucional n. 45/2004, estabeleceu, de forma taxativa, que, na hipótese de exaurimento da via negocial, haverá a necessidade de acordo para o ajuizamento do dissídio coletivo de natureza econômica. Assim, considerando que o preenchimento desse requisito processual antecede ao seu ajuizamento, por se tratar de pressuposto para a constituição e desenvolvimento válido e regular do processo, impõe-se a extinção, sem resolução do mérito, do dissídio coletivo que não o suplanta, nos termos do art. 267, IV, do CPC." (DO-ORI 00851-2005-000-12-00-0, Juiz-Relator Geraldo José Balbinot)

Da mesma forma, também já se manifestou o TST:

"PRELIMINAR DE INOBSERVÂNCIA DO DISPOSTO NO § 2º, DO ART. 114, DA CONSTITUIÇÃO FEDERAL. AUSÊNCIA DE IMPUGNAÇÃO À MULTITUDE DE FUNDAMENTOS DA DECISÃO RECORRIDA. NÃO CONHECIMENTO. INTELIGÊNCIA DA SÚMULA N. 422 DO TST.

[...]

2. Mérito.

[...]

A Lei proíbe a concessão de reajuste salarial em índices inflacionários, tendo em vista o princípio da desindexação da economia, mas não impede exercite a

---

(66) GARCIA, Pedro Carlos Sampaio. O Fim do Poder Normativo. In: COUTINHO, Grijalbo Fernandes; FAVA, Marcos Neves (coord.). *Justiça do Trabalho:* competência ampliada. São Paulo: LTr, 2005. p. 395-396.

Justiça do Trabalho o *poder normativo* que lhe é assegurado pelo art. 114, § 2º, da Constituição." (Proc. RODC — 1052/2005-000-21-00, publicado no DJ de 10.11.2006 — grifo do Relator, Ministro Barros Levenhagen)

Portanto, as decisões acima reforçam a posição doutrinária que defende que a nova redação dada pela EC n. 45/2004 ao § 2º do art. 114 da CRFB não implicou a extinção do Poder Normativo da Justiça do Trabalho, mas criou um novo pressuposto dificultador para o ajuizamento do Dissídio Coletivo de natureza jurídica: o "comum acordo" das partes.

2.4 A Execução na Justiça do Trabalho

Como estudamos anteriormente, a jurisdição é uma das funções do Estado moderno e é exercida pelo juiz, que por sua vez tem duas funções: a primeira, de conhecimento, ou seja, de saber quais são os fatos e o direito, e a segunda, de execução, de transformar o que o direito manda em realidade.

Segundo *Cândido Rangel Dinamarco, conhecer,* na linguagem processualista, "significa tomar contato com a realidade do caso concreto, fatos invocados, norma pertinente, investigando a verdade dos fatos se for o caso, para finalmente emitir um juízo axiológico através da decisão".[67]

Mas, para o autor de uma demanda judicial, não basta apenas que seja reconhecido o seu direito e que o réu seja condenado a uma prestação, pois o que realmente lhe importa é que esta prestação seja cumprida pelo devedor.

Mas, na hipótese de a condenação judicial não ser cumprida voluntariamente pelo devedor, como esperado pelo credor, é através da execução que o Estado, por meio do órgão jurisdicional autorizado a empregar medidas coativas, efetiva e realiza a sanção.

Em síntese:

O resultado do processo de conhecimento é uma *decisão* que, por emanar do Estado, pólo do poder, impõe-se imperativamente aos destinatários; o resultado do processo executivo é uma satisfação que, por sua vez, repousa na *decisão* do órgão estatal no sentido de produzi-la (embora careça de caráter cognitivo o resultado da execução, os atos que no seu processo se realizam correspondem a decisões tomadas).[68]

Portanto, somente o Estado tem legitimidade para decidir e mandar fazer cumprir essa decisão, "e com base no que ela contém *(aplicação da vontade sancionatória),* se legitima a sucessiva invasão da esfera de direitos e da própria liberdade da pessoa, mediante a execução forçada".[69]

---

(67) DINAMARCO, Cândido Rangel. *A Instrumentalidade do Processo.* p. 108.
(68) *Idem,* p. 131.
(69) *Idem,* p. 117.

E é a sentença condenatória transitada em julgado que confere ao autor da ação um título executivo judicial, que permite a execução forçada contra o vencido na hipótese de não cumprir voluntariamente a condenação imposta, mediante a qual o Estado invade a esfera legítima da propriedade do devedor, e expropria seus bens para satisfação dos créditos do credor.

E se assim não for, de nada valeria o título judicial, pois nem sempre o comando existente nas decisões judiciais é cumprido espontaneamente. Para que isso não ocorra, existe a ação de execução, que "sintetiza a adoção dos meios necessários para que seja determinado ao réu o cumprimento de certa obrigação".[70] A respeito, merecem ser transcritas as apropriadas palavras de *Manoel Antonio Teixeira Filho*:

"Se a lei não atribuísse ao Estado poderes para apreender bens do devedor — com o escopo de submetê-los, no momento oportuno, à expropriação judicial —, as sentenças condenatórias estariam, hoje, convertidas em meras peças literárias e, o que é mais, em instrumentos de desprestígio das decisões emitidas pelo Poder Judiciário."[71]

Desta forma, também a execução é atividade jurisdicional do Estado Moderno, que detém o monopólio da administração da justiça, sendo proibido ao credor "exigir, pelas próprias mãos, que o devedor satisfaça a obrigação constante do título executivo obtido".[72] Assim, ao não ser cumprida espontaneamente a obrigação declarada numa sentença judicial, cabe ao credor pedir ao Estado-juiz que exija do devedor o adimplemento, que pode-se valer para tanto de todos os meios e medidas coercitivas previstas em lei.

Ainda na obra de *Teixeira Filho*, extraímos um conceito de execução forçada, específico para o âmbito do Processo do Trabalho:

"(1) é atividade jurisdicional do Estado, (2) de índole essencialmente coercitiva, (3) desenvolvida por órgão competente, (4) de ofício ou mediante iniciativa do interessado, (5) com o objetivo de compelir o devedor (6) ao cumprimento da obrigação (7) contida em sentença condenatória transitada em julgado (8) ou em acordo judicial inadimplido (9) ou em título extrajudicial, previsto em lei."[73]

Pelo art. 877-A da CLT, a competência para a execução das decisões trabalhistas é do juiz ou presidente do tribunal que tiver conciliado ou julgado originariamente o dissídio, ou seja, daquele órgão que julgou originariamente a ação.

---

(70) JORGE NETO, Francisco Ferreira; CAVALCANTE, J. Q. Pessoa. *Manual de Direito Processual do Trabalho*. Tomo I. Rio de Janeiro: Editora Lumen Juris. 2004. p. 268.
(71) TEIXEIRA FILHO, Manoel Antonio. *Execução no Processo do Trabalho*. 9. ed. São Paulo: LTr, 2005. p. 434.
(72) *Idem*, p. 36.
(73) *Idem*, p. 33-34.

E como salientamos anteriormente, uma das mais significativas particularidades da execução trabalhista consiste na faculdade que o art. 878 da CLT confere ao juiz para promover a execução, *ex officio,* já que a execução fundada em título judicial trabalhista não é autônoma, pois é apenas uma das fases do processo, que tem início com o protocolamento da petição inicial.

Recentemente, com a Lei n. 11.232, de 22.12.05, também no Processo Civil foram unidas as fases de conhecimento e de execução num único processo, dando mais agilidade à sua tramitação, acabando com a necessidade de se fazer nova citação pessoal do réu no momento da cobrança. Para *Júlio César Bebber,* a modificação de maior relevo dessa Lei diz respeito, exatamente,

"[...] ao estabelecimento, para as obrigações de pagar, de um processo sincrético, ou seja, de um processo com funções cognitiva e executiva. Criou-se, então, a fase de cumprimento das sentenças no processo de conhecimento, com subseqüente revogação de dispositivos relativos à execução fundada em título judicial."[74]

Portanto, antes das modificações do CPC produzidas por essa Lei, havia uma divisão radical no Processo Civil, com a existência dos processos de conhecimento e de execução. A esse respeito, esclarece *Misael Montenegro Filho*:

"A lei em exame quebra a classificação clássica da jurisdição, tornando o processo *bifásico,* sendo formado por uma *fase inicial,* para *certificação do direito (fase de conhecimento),* após plena investigação probatória realizada pelo magistrado, e por outra *fase posterior,* de mero *cumprimento da decisão judicial,* não mais de execução, como processo judicial autônomo, a reclamar nova citação do vencido, o pagamento de custas processuais, etc."[75] (grifos do autor)

Entretanto, apesar das alterações, ainda há necessidade de a parte vencedora requerer que seja executada a sentença, embora não mais em peça autônoma, o que não ocorre no Processo Trabalhista, em que a execução pode ser promovida *ex officio* se o interessado assim não requerer. Todavia, também em sede civil a execução deixou de ser um processo autônomo, passando a ser uma nova fase no processo já em curso, regulada no Capítulo X do CPC, sob o título "Do Cumprimento da Sentença".

Constata-se assim que a Lei n. 11.232/05 eliminou alguns tecnicismos e formalismos inúteis do Processo Civil, que apenas retardavam o cumprimento das sentenças judiciais. Dos 26 projetos encaminhados pelo Poder Executivo

---

(74) BEBBER, Júlio César. Reforma do CPC — Processo Sincrético e Repercussões no Processo do Trabalho. *Revista LTr 70-02/139,* São Paulo, v. 70, n. 02, p. 139, fev. 2006.
(75) MONTENEGRO FILHO, Misael. *Cumprimento da Sentença e Outras Reformas Processuais.* São Paulo: Editora Atlas, 2006. p. 4.

ao Congresso Nacional, em dezembro de 2004, de propostas de alteração das leis processuais civil, trabalhista e penal, o projeto que deu origem a essa Lei é considerado pela ANAMATRA[76] uma das mais importantes da reforma infraconstitucional em curso, pois ataca justamente um dos grandes responsáveis pelo congestionamento dos tribunais brasileiros: o sistema de execução civil.

Lembre-se que o Processo de Execução Trabalhista busca institutos do Processo Comum para tornar realidade o comando da sentença, o que é permitido pelo art. 769 da CLT, ao dispor que, nos casos omissos, o Direito Processual Comum será fonte subsidiária do Direito Processual do Trabalho, exceto naquilo em que for incompatível com as normas próprias.

E como é referido expressamente na Exposição de Motivos do Código de Processo Civil, no Capítulo IV, "DO PLANO DA REFORMA", III — Das Inovações, n. 18, enquanto o processo de conhecimento se desenvolve num sistema de igualdade entre as partes, em que ambas procuram alcançar uma sentença de mérito, na execução, ao contrário, há desigualdade entre o exeqüente e o executado, pois o primeiro tem posição de preeminência, e o segundo, por ser o devedor, passa a ter estado de sujeição.

É justamente em decorrência dessa situação que se realizam atos de execução forçada contra o devedor, que não pode impedi-los, nem subtrair-se a seus efeitos, embora na própria Exposição de Motivos do CPC seja reconhecido que a execução também se presta a manobras protelatórias, que arrastam os processos por anos, sem que o Poder Judiciário possa adimplir a prestação jurisdicional.

Por isso que, segundo *Wagner Giglio*[77] que o Código de Processo Civil reforçou "a autoridade do Poder Judiciário, armando-o de poderes para prevenir ou reprimir qualquer ato atentatório à dignidade da Justiça, na fase de execução, por que esta se presta a manobras protelatórias". Para coibir os abusos tipificados no art. 600 do CPC[78], o legislador deu poderes ao juiz para compelir o devedor a pagar, em favor do autor, multa de até 20% do valor atualizado do débito em execução.

Manoel Teixeira Filho[79] também observa que, enquanto no processo de conhecimento impera a incerteza quanto ao direito material disputado pelas

---

(76) ANAMATRA — Associação Nacional dos Magistrados Trabalhistas. *Informativo ANAMATRA*, Brasília. p. 8, fev. 2006.

(77) GIGLIO, Wagner D. *Direito Processual do Trabalho*. 9. ed. São Paulo: LTr, 1995. p. 516.

(78) CPC. Art. 600. Considera-se atentatório à dignidade da justiça o ato do executado que: I — frauda a execução; II — se opõe maliciosamente à execução, empregando ardis e meios artificiosos; III — resiste injustificadamente às ordens judiciais; IV — intimado, não indica ao juiz, em 5 (cinco) dias, quais são e onde se encontram os bens sujeitos à penhora e seus respectivos valores. (nova redação dada pela Lei n. 11.383/06).

(79) TEIXEIRA FILHO, Manoel Antonio. *Execução no Processo do Trabalho*. p. 40.

partes, na execução se tem "uma certeza respeitante ao direito, materializada na sentença exeqüenda". Todavia, acrescenta que "embora a lei advirta que a execução se realiza no interesse do credor (CPC, art. 612), sua supremacia não pode constituir razão para autorizar a prática de atos executivos que atentem contra a *dignidade humana* do devedor".

Segundo o art. 876 da CLT, são passíveis de execução na Justiça do Trabalho as sentenças condenatórias transitadas em julgado e os acordos não cumpridos, assim como os termos de ajuste de conduta firmados perante o Ministério Público do Trabalho. E, ainda, os termos de conciliação firmados perante as Comissões de Conciliação Prévia, reconhecidos como títulos executivos extrajudiciais no parágrafo único do art. 625-E da CLT.

E por força do parágrafo único do art. 831 da CLT, o termo de conciliação judicial, considerado pela doutrina trabalhista como uma sentença homologatória da transação realizada entre as partes, valerá como decisão irrecorrível para as partes que o firmaram, salvo para a Previdência Social quanto às contribuições que lhe forem devidas.

No entanto, assevera *Bezerra Leite*[80] que a prática forense revela que a maior parte das sentenças condenatórias proferidas pela Justiça do Trabalho são ilíquidas, ou seja, "não contém valor certo e determinado, qualitativa e quantitativamente, que permitam, desde logo, a execução forçada". Necessário portanto, prossegue o autor, que seja procedida a liquidação da sentença, "que consiste num procedimento prévio à execução propriamente dita, destinado à quantificação do conteúdo obrigacional reconhecido no título judicial".

Após tornada líquida a sentença, o juiz ou o Presidente do Tribunal mandará expedir, na forma do art. 880 da CLT, mandado de citação ao executado, a fim de que cumpra a decisão ou o acordo, ou em se tratando de pagamento de dinheiro, para que pague em 48 horas, ou garanta a execução, sob pena de penhora dos bens integrantes do seu patrimônio.

Por meio do mandado citatório é dada ciência ao devedor de que a execução teve início e ordenado que cumpra o comando da sentença transitada em julgado, sob pena de constrição de seus bens visando satisfazer a obrigação.

Portanto, se não cumprir voluntariamente a obrigação, o Estado está autorizado a agredir o patrimônio do devedor. E conforme nos ensina *Humberto Theodoro Júnior*, essa agressão, na execução por quantia certa, se inicia pela penhora, que

"[...] tem como objetivo imediato destacar um ou alguns bens do devedor para sobre eles fazer concentrar e atuar a responsabilidade patrimonial. A

---

(81) LEITE, Carlos Henrique Bezerra. *Curso de Direito Processual do Trabalho*. p. 685-686.

partir da penhora, portanto, começa-se o procedimento expropriatório através do qual o órgão judicial obterá recursos necessários ao pagamento forçado do crédito do exeqüente."[81]

Acrescenta *Teixeira Filho*, que a penhora é ato executivo "indispensável à individualização dos bens do devedor, que responderão à execução e à posterior satisfação do direito do credor, mediante expropriação forçada".[82] Penhora, pelo conceito formulado por *Wagner Giglio*,

> "[...] significa apreensão judicial de determinados bens do executado, para que, transformados em dinheiro através de venda em praça ou leilão (salvo o caso da penhora já recair sobre dinheiro), ou adjudicados ao exeqüente ou a ele outorgados seus rendimentos (CPC, art. 647), seja satisfeita a condenação."[83]

É justamente o que manda fazer o art. 883 da CLT, ao dispor que: "Não pagando o executado, nem garantindo a execução, seguir-se-á penhora dos bens, tantos quantos bastem ao pagamento da importância da condenação".

A lei trabalhista faculta ainda ao devedor nomear bens à penhora para garantir a execução, devendo observar, no entanto, a ordem[84] preferencial estabelecida no art. 655 do Código de Processo Civil — como determinado expressamente no final do art. 882 da CLT —, dentre os quais, o dinheiro (em espécie ou em depósito ou aplicação em instituição financeira) prefere a todos os outros bens.

Contudo, a Fazenda Pública "não fica sujeita a penhora e praceamento dos bens, embora também goze do direito de opor embargos à execução".[85] Caso não sejam opostos os embargos, será requisitado o pagamento através de precatório, o que, no entanto, não será abordado no nosso estudo.

---

(81) THEODORO JÚNIOR, Humberto. *Curso de Direito Processual Civil:* Processo de Execução e Cumprimento de Sentença. 40. ed. v. II. Rio de Janeiro: Forense, 2006. p .224.
(82) TEIXEIRA FILHO, Manoel Antonio. *Execução no Processo do Trabalho.* p. 444.
(83) GIGLIO, Wagner. *Direito Processual do Trabalho.* p. 547.
(84) BRASIL, CPC. Art. 655. A penhora observará, preferencialmente, a seguinte ordem: I — dinheiro, em espécie ou em depósito em instituição financeira; II — veículos de via terrestre; III — bens móveis em geral; IV — bens imóveis; V — navios e aeronaves; VI — ações e quotas de sociedades estrangeiras; VII — percentual do faturamento de empresas devedoras; VIII — pedras e metais preciosos; IX — títulos da dívida pública da União, Estados e Distrito Federal com cotação em mercado; X — títulos e valores mobiliários com cotação em mercado; XI — outros direitos. (nova redação dada pela Lei n. 11.382, de 9 dez. 2006)
(85) GIGLIO, Wagner. *Direito Processual do Trabalho.* p. 555.

2.5 Dados Estatísticos

2.5.1 Dados Estatísticos dos Processos de Conhecimento e de Execução do Tribunal Regional do Trabalho da 12ª Região

Inicialmente, serão apresentados os dados estatísticos dos processos ajuizados perante o Tribunal Regional do Trabalho da 12ª Região, que abrange todo o Estado de Santa Catarina, e que, no nível de primeiro grau, é composto por 54 (cinqüenta e quatro) Varas do Trabalho, nas quais estão lotados 106 (cento e seis) juízes e 774 (setecentos e setenta e quatro) servidores. O Tribunal Regional do Trabalho, órgão de segundo grau, é composto por 18 (dezoito) juízes distribuídos em três Turmas, que também formam duas Seções, uma Especializada em Dissídios Individuais, e outra em Dissídios Coletivos, sendo que, ao total, se encontram lotados no Tribunal 701 (setecentos e um) servidores.[86]

Os dados coletados a respeito dos processos restringem-se aos anos de 2002 a 2006, e para entendimento dos quadros estatísticos que seguem é necessário informar que, na fase de conhecimento, o termo *"solucionados"* compreende os processos arquivados na audiência inicial quando ausente o autor, como determinado pelo art. 844 da CLT, ou por desistência do autor os remetidos a outro órgão quando acolhida argüição de incompetência, bem como os processos com sentenças publicadas e os acordos homologados. Portanto, embora estatisticamente tais processos sejam considerados *"solucionados"* pelos Tribunais Trabalhistas, isto não quer dizer que o devedor cumpriu o acordo ou o comando da sentença.

Já na fase de execução, objeto do nosso estudo, a expressão execuções *"encerradas"* significa finalizadas, ou seja, que os créditos em execução foram satisfeitos pelo devedor, enquanto a expressão *"remetidos para o arquivo provisório"* indica os processos de execução suspensos porque não foi localizado o devedor, ou porque não foram encontrados bens sobre os quais possa recair a penhora, conforme previsto pelo art. 40 da Lei n. 6.830, de 22 de setembro de 1980[87], de aplicação subsidiária no Processo do Trabalho.

---

(86) Fonte: www.trt12.gov.br/portal/areas/secor/extranet/estatísticas/movimento processual.jsp www.trt12.gov.br, acessado em nov. 2006.
(87) BRASIL. Lei n. 6.830, de 22.9.80. Art. 40 O Juiz suspenderá o curso da execução, enquanto não for localizado o devedor ou encontrados bens sobre os quais possa recair a penhora, e, nesses casos, não correrá o prazo da prescrição. § 1º [...]. § 2º Decorrido o prazo máximo de 1 (um) ano, sem que seja localizado o devedor ou encontrados bens penhoráveis, o Juiz ordenará o arquivamento dos autos. § 3º Encontrados que sejam, a qualquer tempo, o devedor ou os bens, serão desarquivados os autos para prosseguimento da execução.

Contudo, como nestes casos não corre prazo de prescrição, assim que forem encontrados o devedor ou os bens, a qualquer tempo, serão desarquivados os autos para prosseguimento da execução, na forma do disposto no § 3º da Lei n. 6.830/80.

Total da Movimentação Processual das Varas do Trabalho do Tribunal Regional do Trabalho da 12ª Região

Quadro n. 1.1 — Fase de conhecimento

Anos	Processos					
	Do Período Anterior	Recebidos no Período	Solucionados	Em Tramitação	Acordos Homologados	Sentenças Publicadas
2002	18.085	46.420	43.445	21.060	21.706	16.147
2003	21.060	51.743	44.459	28.074	20.376	18.330
2004	27.962	45.759	49.419	24.302	22.318	21.386
2005	24.845	56.357	54.459	26.743	23.016	26.533
2006	26.743	57.426	55.573	28.596	25.745	24.398

Quadro n. 1.2 — Fase de Execução

Anos	Processos						
	Do Período Anterior	Iniciadas no Ano	Outros*	Total em Execução	Execuções Encerradas	Arquivo Provisório	Pendentes de Execução
2002	47.275	19.377	-	-	14.005	-	52.647
2003	56.647	17.831	-	-	14.344	-	56.134
2004	53.864	18.560	154	75.413	20.605	6.510	48.298
2005	48.593	23.048	4.255	77.509	24.855	8.221	44.433
2006	44.433	21.517	4.493	70.443	16.561	8.613	45.269

Fonte: TRT 12ª Região — (www.trt12.gov.br).

(*) Nestes totais estão condensados os números dos processos da fase de execução: desarquivados para continuação da execução, recebidos de outros órgãos para execução, títulos executivos extrajudiciais com execução e os processos remetidos a outras Varas para execução. Esses dados somente passaram a ter relevância a partir de 2005, principalmente em função da ampliação da competência da Justiça do Trabalho por meio da EC n. 45/2004. No ano de 2005, foram recebidos 2.244 processos de outros órgãos do Judiciário para execução, e foram desarquivados 2.065 processos para continuação da execução. No ano de 2006, foram recebidos somente 35 processos de outros órgãos; desarquivados 2.505, e iniciadas 1.958 execuções de títulos extrajudiciais.

Ao serem analisados os dados da coluna de processos "recebidos no período" do Quadro n. 1.1, referente à movimentação processual da fase de conhecimento, percebe-se que a partir de 2005, já na vigência da EC n. 45/2004, houve um incremento de ações ajuizadas perante as Varas do Trabalho no Estado de Santa Catarina, e que o número de processos "solucionados" acompanhou este aumento de demandas, concluindo-se que houve também um aumento de produtividade nesta fase.

Em relação ao Quadro n. 1.2, da fase de execução, é importante informar que antes de 2004 não havia registro do "total de processos em execução" e, muito menos, de quantos eram "remetidos para o arquivo provisório" a cada ano, podendo-se concluir, portanto, que a Justiça do Trabalho não sabe quantos processos de execução se encontram suspensos nos seus arquivos, sem solução verdadeiramente, pois não podem ser considerados "solucionados" os processos julgados na fase de conhecimento ou que tenham sido conciliados pelas partes, como apontado no Quadro n. 1.1. Logo, não se sabe em quantos processos não foi encontrado o devedor ou bens para penhora. Mas, se considerarmos que nos anos de 2004, 2005 e 2006 foram remetidos 23.344 processos nessas condições ao arquivo, numa média de 7.782 por ano, pode-se imaginar quantos processos deixaram de ser resolvidos anteriormente no Estado de Santa Catarina.

Por outro lado, nos anos de 2004 e 2005 houve aumento expressivo de "execuções encerradas", ou seja, de processos que chegaram a um bom termo, com a satisfação dos créditos dos respectivos autores, o que não se repetiu, entretanto, no ano de 2006. Enquanto no ano de 2005 foram encerradas 24.855 execuções, no seguinte, só 16.561.

E se compararmos os dois quadros, é possível constatar que na fase de conhecimento praticamente é "solucionado" o mesmo número de processos "recebidos" a cada ano, mantendo-se constante o número de "processos em tramitação", gerando um resíduo pouco significativo para o período posterior. Ou seja, os processos pendentes de solução do "período anterior" representam menos da metade dos processos "recebidos" em cada período. Por exemplo: ao final do ano de 2005, havia 24.845 processos pendentes do ano anterior, e naquele ano foram recebidos 56.357 processos, sendo que, deste total, foram "solucionados" 54.459, remanescendo um saldo de 26.743 processos ainda sem "solução", que foram computados no ano seguinte.

Já na fase da execução, o resíduo de processos do "período anterior" sempre foi bem maior (mais que o dobro) das execuções "iniciadas no ano". No início do ano de 2005, havia um resíduo de 48.593 processos, e no decorrer daquele ano foram iniciadas mais 23.048 execuções, tendo sido encerradas naquele exercício, com sucesso, 24.855. Mas, apesar de ter diminuído nos últimos três anos o número das execuções em tramitação pendentes ao final de cada exercício, percebe-se que a cada ano — com base nos dados disponíveis a partir de 2004 — tem sido remetido maior número de processos ao arquivo provisório, sem solução portanto. Assim, a redução do número de processos de execuções pendentes nas Varas poderia ser explicado pela maior remessa de processos nessas condições ao arquivo provisório.

2.5.2 Dados Estatísticos dos Processos de Conhecimento e de Execução da Justiça do Trabalho do Brasil

A seguir, serão apresentados os dados estatísticos totais dos processos ajuizados e em tramitação perante a Justiça do Trabalho do Brasil, ou seja, nas 1.358 Varas do Trabalho instaladas[88] no país, nos 24 Tribunais Regionais do Trabalho, e no Tribunal Superior do Trabalho, entre os anos de 2002 a 2006.

Cumpre esclarecer também, que somente a partir do ano de 2005 foram computados pelo TST os quantitativos dos dissídios coletivos ajuizados em todo o país, bem como dos processos que se encontravam em execução nas Varas do Trabalho. Antes daquele ano, só eram apresentados dados da movimentação processual da fase de conhecimento, e apenas dos dissídios individuais, como se poderá verificar a seguir.

Total da Movimentação Processual da Justiça do Trabalho no Brasil

Quadro n. 2.1 — Movimentação Processual do Ano de 2002					
		TST	TRT	VT	Total
Movimentação Processual	Resíduo de 2001	159.400	177.296	725.645	1.062.341
	Recebidos	115.694	383.584	1.614.255	2.113.533
	Julgados	87.635	415.962	1.601.269	2.104.866
	Resíduo Atual	195.917	137.606	738.872	1.072.395
Dissídios Coletivos	Recebidos	-	-	-	-
	Julgados	-	-	-	-
Processos em Execução		-	-	-	-

Fonte: TST (www.tst.gov.br)

(88) BRASIL. Tribunal Superior do Trabalho. Disponível em <www.tst.gov.br.> Situação em: 3 out. 2006. Acessado em: 29 jan. 2007.

Quadro n. 2.2 — Movimentação Processual do Ano de 2003

		TST	TRT	VT	Total
Movimentação Processual	Resíduo de 2002	195.917	137.606	738.872	1.072.395
	Recebidos	123.397	469.593	1.706.774	2.299.764
	Julgados	97.455	457.124	1.640.891	2.195.470
	Resíduo Atual	216.257	167.431	796.836	1.180.524
Dissídios Coletivos	Recebidos	-	-	-	-
	Julgados	-	-	-	-
Processos em Execução		-	-	-	-

Fonte: TST (www.tst.gov.br)

Quadro n. 2.3 — Movimentação Processual do Ano de 2004

		TST	TRT	VT	Total
Movimentação Processual	Resíduo de 2003	216.257	167.431	796.836	1.180.524
	Recebidos	130.712	470.660	1.596.966	2.198.338
	Julgados	116.653	434.373	1.629.748	2.180.774
	Resíduo Atual	246.743	221.947	754.063	1.222.753
Dissídios Coletivos	Recebidos	-	-	-	-
	Julgados	-	-	-	-
Processos em Execução		-	-	-	-

Fonte: TST (www.tst.gov.br)

Quadro n. 2.4 — Movimentação Processual do Ano de 2005

		TST	TRT	VT	Total
Movimentação Processual	Resíduo de 2004	236.120	221.947	756.119	1.214.186
	Recebidos	116.294	554.828	1.739.242	2.400.364
	Julgados	134.2	503.955	1.630.055	2.268.279

	Resíduo Atual	227.424	215.922	871.296	1.314
Dissídios Coletivos	Recebidos	11	703	-	714
Dissídios Coletivos	Julgados	04	714	-	718
Processos em Execução	-	-	-	1.684.617	1.684.617

Fonte: TST (www.tst.gov.br)

| Quadro n. 2.5 — Movimentação Processual do Ano de 2006 |

		TST	TRT	VT	Total
Movimentação Processual	Resíduo de 2004	227.424	215.922	871.296	1.314.642
Movimentação Processual	Recebidos	154.463	534.809	1.757.966	2.447.238
Movimentação Processual	Julgados	135.718	531.758	1.692.825	2.360.301
Movimentação Processual	Resíduo Atual	244.331	209.648	928.392	1.382.371
Dissídios Coletivos	Recebidos	12	737	-	749
Dissídios Coletivos	Julgados	6	561	-	567
Processos em Execução		-	-	-	1.629.376	1.629.376

Fonte: TST (www.tst.gov.br)

Os demonstrativos acima apontam que as Varas do Trabalho (órgãos de 1º grau) instaladas no país receberam 1.614.255 processos novos no decorrer do ano de 2002, e julgaram 1.601.255; em 2003, foram recebidos 1.706.774 e julgados 1.640.891; em 2004, recebidos 1.596.966, e julgados, 1.629.748, enquanto no ano de 2005, recebidos 1.739.242 processos novos, e julgados 1.630.055, e no ano de 2006, foram recebidos 1.757.966, e julgados, 1.692.825, o que indica que até a promulgação da Emenda Constitucional n. 45, ao final do ano de 2004, eram recebidos em média, 1.640.000 novos por ano, e que a partir de 2005 essa média aumentou para 1.750.000,00.

Importante esclarecer que o total de processos "julgados", na movimentação processual da fase de conhecimento, também compreende os processos arquivados na audiência inicial, quando ausente o autor, ou quando ele requer a desistência do processo; os remetidos a outro órgão quando acolhida argüição de incompetência, bem como os processos com sentenças publicadas e os acordos homologados, assim como acontece nos demonstrativos do TRT da 12ª Região, embora naqueles demonstrativos seja utilizada a expressão "solucionados", em vez de "julgados".

Já a movimentação processual dos "processos em execução" restringe-se a apontar, e somente a partir de 2005, o total dos processos em tramitação nas Varas do Trabalho, sem, contudo, indicar a quantidade de processos que foram remetidos e/ou encontram-se no arquivo, sem solução.

Ao analisarmos a história da Justiça do Trabalho, é possível constatar que foram necessários mais de 50 anos de sua existência para que também fossem apontados em seus dados estatísticos os processos em execução, pois até então dava a entender que os processos se resolviam ao final da fase de conhecimento.

Portanto, assim como ocorreu com a criação das Comissões Mistas de Conciliação e das Juntas de Conciliação e Julgamento — órgãos administrativos criados por Getúlio Vargas em 1932, sem poder para executar suas decisões —, também é sintomático que a Justiça do Trabalho — que foi criada oficialmente no país em1941 — tenha se preocupado em divulgar o número dos processos em tramitação na fase da execução somente a partir de 1995.

Para o Juiz *Luciano Athayde Chaves*, historicamente a Justiça do Trabalho vem ignorando ser necessário destinar parte considerável dos recursos orçamentários para a fase da execução, pois

> "[...] o foco maior das atividades das Varas do Trabalho está centrado nas pautas de audiências, nos prazos para a prolação de sentenças, no cumprimento das diligências da fase de conhecimento. Afinal, são tais aspectos que se sobressaem nas estatísticas da Justiça. A execução, já ausente nos debates sobre acesso à justiça e padecendo de possibilidades que se situam na esfera extraprocessual, como vimos, nem sempre é percebida como pólo carecedor de investimentos em logística."[89]

Lembre-se que, em regra, a competência para a execução, como nos ensina *Teixeira Filho*[90], "é do próprio juízo que proferiu a sentença exeqüenda (ou lançou a sentença homologatória da transação)", e, por isso, é processada "nos mesmos autos em que foi prolatada a decisão que pôs fim ao processo de conhecimento — agora convertida em título executivo".

Desta forma, além dos novos processos recebidos a cada ano pelas Varas do Trabalho — na média aproximada de 1.680.000 (um milhão e seiscentos e oitenta mil), entre os anos de 2002 e 2006 —, compete aos juízes de 1º grau dar andamento aos processos de execução, que no ano de 2006 somavam 1.629.376, ou seja, quase o mesmo número de processos novos recebidos a cada ano.

---

(89) CHAVES, Luciano Athayde. *A Recente Reforma no Processo Comum e seus Reflexos no Direito Judiciário do Trabalho*. 2. ed. São Paulo: LTr, 2006. p. 222.
(90) TEIXEIRA FILHO, Manoel Antonio. *Execução no Processo do Trabalho*. p. 162.

No entanto, essa carga de trabalho não é considerada quando se faz a distribuição dos servidores entre as instâncias dos tribunais, como se pode perceber pelos dados fornecidos pelo TRT da 12ª Região e apontados no item anterior, pois enquanto nas 54 Varas do Trabalho do Estado de Santa Catarina estavam lotados 106 (cento e seis) juízes e 774 (setecentos e setenta e quatro) servidores no final do ano de 2006, no Tribunal Regional, órgão de segundo grau composto por 18 (dezoito) juízes, encontravam-se lotados 701 (setecentos e um) servidores.

Embora no presente trabalho não se tenha pesquisado a respeito nos outros tribunais espalhados pelo país, é bem provável que se encontrem situações mais desproporcionais em outros tribunais neste imenso país em que a lotação de servidores esteja ainda mais concentrada na cúpula do judiciário, em detrimento do primeiro grau de jurisdição.

Portanto, mesmo não tendo a carga de trabalho que envolve a fase de execução, processada na maior parte nas Varas do Trabalho, encontra-se lotada no Tribunal do Trabalho de Santa Catarina quase metade do quadro de servidores. Embora estejam centralizados nos Tribunais os serviços administrativos, como os afetos ao departamento de pessoal, por exemplo, tais atribuições, nos dias de hoje, não explicam nem justificam a concentração de pessoal nesses órgãos ante as inovações da informática.

Mas esta realidade poderá mudar com as providências que estão sendo adotadas pelo Conselho Nacional de Justiça — CNJ, que através da Resolução n. 4, de 24 de agosto de 2005, instituiu o Sistema de Estatística do Poder Judiciário, incumbido de concentrar e analisar os dados a serem obrigatoriamente encaminhados por todos os órgãos judiciários do país.

E através da Resolução n. 15, de 20 de abril de 2006, o CNJ criou a Comissão Permanente de Estatística (art. 12) com a função de orientar e supervisionar a geração, recebimento, análise crítica dos dados estatísticos do Poder Judiciário, com poderes, inclusive, de propor ao Conselho alterações conceituais e estruturais nos indicadores estatísticos e no sistema de recebimento, armazenamento e divulgação desses dados, bem como recomendar inspeções com o propósito de verificar, *in loco*, a consistência metodológica de sua geração.[91]

Após feitas estas considerações, entendemos ser relevante apresentar, ainda, os números das Ações Civis Públicas ajuizadas pelo Ministério Público do Trabalho perante a Justiça do Trabalho, também entre os anos de 2002 e 2006, por considerarmos este instrumento processual de fundamental importância para ser alcançada a efetividade da prestação jurisdicional, o que será analisado com mais profundidade no capítulo seguinte.

---

(91) As Resoluções ns. 4 e 15 do CNJ poderão ser examinadas nos anexos, ao final deste trabalho.

Total Geral de Ações Civis Públicas Ajuizadas Pelo Ministério Público do Trabalho

Quadro n. 3.1		
Ano	No TRT da 12ª Região	Em Todo o País
2002	14	628
2003	42	762
2004	24	1032
2005	40	-
2006	30	-

Fonte: Procuradoria Regional do Trabalho da 12ª Região-SC.

Obs.: Os quantitativos "EM TODO O PAÍS" de 2005 e 2006 ainda não haviam sido divulgados na época da conclusão deste trabalho.

As informações acima foram prestadas pela Procuradoria Regional do Trabalho da 12ª Região, já que, de regra, é o Ministério Público que ajuíza este tipo de ação na Justiça do Trabalho, apesar de a legislação estender esta legitimidade a outras entidades[92].

Cumpre salientar que somente foram encontrados registros a respeito nas estatísticas da Justiça do Trabalho referente aos anos de 2005 e 2006, no Boletim Estatístico interno da "Situação Processual Segundo a Natureza das Ações" elaborado pelo Tribunal Regional do Trabalho da 12ª Região, onde se encontra indicado que foram recebidas pelo Tribunal 20 Ações Civis Públicas em 2005 (enquanto os dados do TRT apontam o dobro), e em 2006, 29 ações (uma a menos que a quantidade informada pela PRT).

Mas, apesar de este Boletim detalhar a natureza das 56.678 ações recebidas pelo Tribunal durante o ano de 2006, não especifica quantas ações foram ajuizadas por entidades sindicais na qualidade de substitutos processuais das respectivas categorias profissionais, embora seja informado o número de Ações de Cumprimento (320); de Ações de Cobrança de Contribuição Sindical (1.775) e de Ações de Representação Sindical (12). Da mesma forma no Boletim de 2005.

---

(92) BRASIL. Art. 5º da Lei n. 7.347/85, com a redação dada pela Lei n. 11.448, de 15 jan. 2007. Art. 5º Têm legitimidade para propor a ação principal e a ação cautelar: I — o Ministério Público; II — a Defensoria Pública; II — a União, os Estados, o Distrito Federal e os Municípios; IV — a autarquia, empresa pública, fundação ou sociedade de economia mista; V — a associação que, concomitantemente: a) esteja constituída há pelo menos 1 (um) ano nos termos da lei civil; b) inclua, entre suas finalidades institucionais, a proteção ao meio ambiente, ao consumidor, à ordem econômica, à livre concorrência ou ao patrimônio artístico, estético, turístico e paisagístico.

No Capítulo seguinte, veremos que esses números, que retratam a falta da efetividade do Processo de Execução Trabalhista e contribuem para o desprestígio do Poder Judiciário, podem ser alterados pelos operadores do direito, mesmo se não forem feitas reformas legislativas mais profundas.

No entanto, para que isso ocorra é preciso, antes de tudo, mudar a mentalidade da nossa cultura jurídica, marcada pelo formalismo e pelo individualismo. E, ainda, é necessário estender também a fase de execução, a ênfase dada à fase de conhecimento pelos juízes do trabalho e pelos Tribunais.

Afinal, assim como uma moeda tem duas faces — cara e coroa —, também o processo tem duas fases — de conhecimento e de execução —, não podendo, desta forma, ser considerado "solucionado" o processo ao ser encerrada apenas uma de suas fases, como se a moeda tivesse somente uma face.

Capítulo 3

Da Efetividade do Processo de Execução Trabalhista

3.1 A atuação do juiz e a efetividade

Através do sistema processual o Estado estabelece regras de conduta para realizar, pelo exercício do poder de jurisdição, objetivos seus, dentro dos limites do Estado-de-direito. Dentro deste contexto, a ordem processual deve ser vista como um sistema aberto que se integra em outro sistema maior, representado pela ordem jurídica do país, pois, conforme *Cândido Rangel Dinamarco*,

> "[...] o que justifica a própria ordem processual como um todo é a sua função de proporcionar ao Estado meios para o cumprimento de seus próprios fins, sendo que é mediante o exercício do poder que estes são perseguidos (e a ação, a defesa e o processo constituem o contorno da disciplina da jurisdição)."[1]

No entanto, as crises de hegemonia, de legitimidade e da matriz organizacional do Estado brasileiro, segundo *José Eduardo Faria*[2], exigem constantes ajustamentos, e neste contexto as dificuldades que o Poder Judiciário vem enfrentando para se adaptar a uma sociedade em transformação refletem "a crise de identidade epistemológica[3] em que hoje se debate a própria reflexão teórica e analítica sobre as funções do direito".

Na literatura jurídica, esse debate vem sendo travado em torno de duas concepções distintas, cujos traços característicos e distintivos são analisados

---

(1) DINAMARCO, Cândido Rangel. *A Instrumentalidade do Processo.* p. 98.

(2) FARIA, José Eduardo (org.). *Direito Humanos, Direitos Sociais e Justiça.* 1. ed. 4 t. São Paulo: Malheiros Editores, 2005. p. 18-20.

(3) Epistemologia — sinônimo: gnosiologia — parte da Filosofia que estuda os limites da faculdade humana de conhecimento e os critérios que condicionam a validade dos nossos conhecimentos. (*Pequeno Dicionário Brasileiro da Língua Portuguesa*, de Aurélio Buarque de Holanda Ferreira).

com propriedade por *José Eduardo Faria*[4], conforme tentaremos resumir: a primeira concebe o ordenamento jurídico como algo fixo; vê o direito como uma simples técnica de controle e organização social; reduz o direito a um sistema de normas; não valoriza a discussão sobre a natureza e as implicações éticas da função social das leis e dos códigos, mas apenas seus aspectos técnicos e procedimentais; enquanto a segunda concepção encara o ordenamento jurídico "na perspectiva de um projeto político-normativo cujos dispositivos, para serem aplicados, exigem uma interpretação capaz de adequá-los ao contexto sócio-econômico" e o direito, "como um instrumento de direção e promoção social, encarando-o numa perspectiva histórica e valorizando-o antes como um método para a correção de desigualdades e consecução de padrões mínimos de equilíbrio sócio-econômico do que como uma técnica para a consecução de certeza e segurança".

No entendimento de *José Eduardo Faria*,[5] os modelos jurídicos forjados pela primeira concepção, inspirados pelo Estado liberal — positivismo normativista —, são insuficientes para resolver os interesses conflitantes numa sociedade complexa e em permanente transformação, como a brasileira, pois limitam o papel das leis a uma mera técnica de controle da organização social, utilizado para tratar os conflitos sociais de maneira exclusivamente formal. Assim, segundo *Faria*, na medida em que o Judiciário tende a tratar os conflitos como uma questão isolada, essa dispersão acarreta a própria ampliação e a posterior fragmentação de suas funções judicantes.

Desta forma, *Faria* defende que deve ser aplicada a segunda concepção, que vê o direito como "um instrumento destinado a permitir a implementação e execução de determinados programas governamentais voltados à promoção da *justiça social*", pois:[6]

"[...] medida em que o uso do direito como instrumento de direção e promoção social tem por objetivo a consecução de um equilíbrio material entre diferentes setores, grupos e classes sociais, a idéia de 'justiça' inerente ao sistema legal acaba sendo pensada como um princípio de 'balanceamento' de interesses irredutíveis a uma medida universal e geral. Esta é a razão pela qual esse sistema destaca-se por suas normas com propósitos compensatórios, redistributivos e protetores, rompendo com o princípio da igualdade formal de todos os sujeitos de direito no mesmo ordenamento jurídico. É por esse motivo que a lei não é mais tratada como sinônimo de direito, passando a ser concebida apenas como uma peça — importante, é certo, mas ao lado de outras — do processo de realização das instituições jurídicas."

---

(4) FARIA, José Eduardo (org.). *Direito Humanos, Direitos Sociais e Justiça*. 1. ed. 4 t. São Paulo: Malheiros Editores, 2005. p. 20-21.
(5) *Idem*, p. 19-21.
(6) *Idem*, p. 23-24.

E arremata:

"[...] esta segunda concepção não se limita a relativizar apenas o momento da positivação do direito; vai muito além, relativizando igualmente a própria idéia de 'certeza jurídica' como condição básica de legitimidade de uma dada ordem geral, na medida em que as normas deixam de ser simples 'regras do jogo', convertendo-se em instrumento de gestão e direção nas mãos de um Estado que tende cada vez mais a se reger, na sua dinâmica decisória, por imperativos de eficiência funcional."[7]

Ao tratar do mesmo tema, *Celso Fernandes Campilongo*[8] apregoa que o Judiciário deve assumir papel fundamental nesse contexto, mas adverte que os descompassos entre o "tempo" do processo judicial e o "tempo" das modernas transações são indicadores da necessidade de revisão urgente dos procedimentos, da mudança da formação dos magistrados, e do incremento da operacionalidade do Poder Judiciário.

Para ele, as transformações sociais em curso, que tiveram impulso com a passagem do Estado liberal para o Estado social, exigem do julgador posturas muitas vezes incompatíveis com o rigor formalista, marcado pela ideologia da fidelidade à lei, que reforçava a imagem do juiz técnico, "esterelizado politicamente e que faz da adjudicação um silogismo capaz de garantir, dogmaticamente, a certeza do direito".[9]

E para mudar esta realidade, não bastam reformas normativas, segundo *José Renato Nalini*, que por si sós, não serão suficientes sem a edificação de um novo judiciário, para o que seria necessário implementar um projeto consistente de formação do juiz brasileiro. Nas suas palavras,

"Reformas normativas não produzem o fruto pretendido se não forem absorvidas por uma disposição de vontade e uma cultura motivada a concretizá-las. O Brasil tem tradição e experiência em propostas bem-intencionadas e ambiciosas que não surtiram qualquer efeito. A preparação do terreno para uma outra fase da magistratura — que se reclama engajada na missão de aperfeiçoar o Estado Democrático de Direito — é urgente e não se completa em poucos anos."[10]

Ao propor um novo projeto de formação, o autor critica o modelo atual de recrutamento de juízes, pois, apesar de prestigiar o mérito com a escolha

---

(7) FARIA, José Eduardo (org.). *Direito Humanos, Direitos Sociais e Justiça*. p. 24-25.
(8) CAMPILONGO, Celso Fernandes. Os Desafios do Judiciário: um enquadramento teórico. In: FARIA, José Eduardo (org.). *Direito Humanos, Direitos Sociais e Justiça*. p. 44.
(9) Idem, p. 45-49.
(10) NALINI, José Renato. A vocação transformadora de uma escola de juízes. *Revista da Escola Nacional da Magistratura*. Ano II — n. 4, outubro 2007. p. 21.

dos mais preparados, "a previsibilidade dos certames faz com que os verdadeiros agentes da seleção dos juízes sejam os cursinhos de preparação mantidos por exitosos mestres", que detectam as expectativas de conduta nutridas pelo Tribunal, e a partir daí, "ensinam o seu alunado a se vestir e a se conduzir de acordo com o esperado em relação a um juiz".[11]

Assim, para mudar o modelo atual, que ensina o Direito como instrumento de institucionalização de conflitos e prioriza o seu manejo sem qualquer reflexão crítica que permita aperfeiçoá-lo, até para prevenir litígios, *Nalini*[12] propõe o aprimoramento do recrutamento dos juízes, "mediante corajosa liberação dos certames de todos os anacronismos e deficiências que hoje são evidentes", sendo

> "[...] urgente credenciar o concurso público de condições efetivas para oferecer novo parâmetro para a Justiça. Mais ajustado às necessidades de uma sociedade complexa e heterogênea, ávida por efetiva justiça, mas reiteradamente submetida à burocracia, formalismos estéreis e exarcerbação de ritos que reforçam o fel da iniqüidade."

Isto se faz necessário, pois, conforme *Campilongo*, a magistratura ocupa uma posição singular no atual contexto, devendo por isso ser atribuída "ao magistrado uma função ativa no processo de afirmação da cidadania e da justiça substantiva" ante a tendência dos sistemas jurídicos contemporâneos "de criar novas técnicas de garantia de efetividade a sempre novos direitos vitais".

Necessário, portanto, consolidar-se nova imagem do juiz perante a sociedade: de sujeito ativo do processo político.

E no plano do direito processual, a temática da instrumentalidade do processo é reflexa, justamente, ainda segundo *Campilongo*[13], da perda da força persuasiva da ideologia do juiz subordinado à lei, para o que também contribuíram decisivamente a difusão e a incorporação de uma cultura sociológica à tradição jurídica legalista.

Nessa linha, é a nova perspectiva proposta por *Cândido Rangel Dinamarco*[14], de "abertura do sistema processual aos influxos do pensamento publicista e solidarista vindo da política e da sociologia do direito". Para ele, é preciso formar uma *nova mentalidade* entre os cultores do processo, de acordo com os

---

(11) NALINI, José Renato. A vocação transformadora de uma escola de juízes. p. 25.
(12) *Idem*, p. 26-27.
(13) CAMPILONGO, Celso Fernandes. Os Desafios do Judiciário: um enquadramento teórico. In: FARIA, José Eduardo (org.). *Direito Humanos, Direitos Sociais e Justiça*. p. 46.
(14) DINAMARCO, Cândido Rangel. *A Instrumentalidade do Processo*. p. 11-12.

tempos. Neste contexto, pelo "fio da instrumentalidade", propõe "a desmistificação das regras do processo e de suas formas e a correspondente otimização do sistema, para a busca da alcandorada *efetividade do processo*".[15]

Ao considerar o processo um *sistema aberto,* voltado à preservação dos valores postos pela sociedade e afirmados pelo Estado, assevera que o processo deve ser examinado também a partir de uma perspectiva externa, exigindo "uma tomada de consciência desse universo axiológico a tutelar e da maneira como o próprio Estado define a sua função e atitude perante tais valores", pois a idéia de poder constitui fator de aproximação do processo à *política,* "entendida esta como o *processo de escolhas axiológicas* e fixação dos *destinos do Estado*".[16]

Se em sentido mais amplo o poder pode ser conceituado como a capacidade de decidir e produzir os efeitos desejados, a partir desta concepção genérica o poder político pode ser definido como a *"capacidade de decidir imperativamente e impor decisões"*.[17]

Nesta esteira, o processo, "é instrumento predisposto ao exercício do poder, que consiste na capacidade de decidir e impor decisões".[18] Mas, segundo Dinamarco, as posições que consideram que o objetivo do processo seja apenas a produção de decisões, são desligadas de qualquer conotação instrumental, já que desconsideram a inserção do juiz na sociedade e não contribuem para o aprimoramento do sistema. Conclui, assim, que "só figurativamente tem propriedade falar na *vontade da lei"*, pois o juiz, antes de cumprir sua grande tarefa — sentenciar —, examina as provas e intui o correto enquadramento jurídico com base nas suas convicções sociopolíticas, que, para o autor, hão de refletir as aspirações da própria sociedade:

"[...] o juiz indiferente às escolhas axiológicas da sociedade e que pretenda apegar-se a um exagerado literalismo exegético tende a ser injusto, porque pelo menos estende generalizações a pontos intoleráveis, tratando os casos peculiares como se não fossem portadores de peculiaridades, na ingênua crença de estar com isso sendo fiel ao direito. O juiz moderno compreende que só se lhe exige *imparcialidade* no que diz respeito à oferta de iguais oportunidades às partes e recusa a estabelecer distinções em razão das próprias pessoas ou reveladoras de preferências personalíssimas. Não se lhe tolera, porém, a indiferença."

---

(15) O conceito operacional para *efetividade do processo,* segundo Dinamarco, "significa a sua almejada aptidão a eliminar insatisfações, com justiça e fazendo cumprir o direito, além de valer como meio de educação geral para o exercício e respeito aos direitos e canal de participação dos indivíduos nos destinos da sociedade e assegurar-lhes a liberdade. [...] é a visão dos objetivos que vem a iluminar os conceitos e oferecer condições para o aperfeiçoamento do sistema". (DINAMARCO, Cândido Rangel. *A Instrumentalidade do Processo.* p. 331)

(16) DINAMARCO, Cândido Rangel. *A Instrumentalidade do Processo,* p. 99-100.

(17) *Idem,* p. 107.

(18) *Idem,* p. 217.

Por isso é que a jurisprudência representa papel importante na evolução do direito, constatando-se casos muito expressivos em que se manifesta o exercício dessa função.[19]

Engana-se quem pensa que *Dinamarco* não exige também o respeito à legalidade no trato do processo pelo juiz, mas, mesmo assim, adverte que no processo de conhecimento o juiz tem condições de influir no teor da decisão que virá, enquanto no executivo,

> "[...] ele tem condições de influir no bom ou mau êxito dos resultados práticos visados, maior ou menor sacrifício ao devedor; em ambos, depende dele em boa parte a presteza da obtenção dos resultados. Por isso é que, se de um lado no Estado moderno não mais se tolera o juiz passivo e espectador, de outro sua participação ativa encontra limites ditados pelo mesmo sistema de legalidade. Todo o empenho que se espera do juiz no curso do processo e para sua instrução precisa, pois, por um lado, ser conduzido com consciência dos objetivos e menos apego às formas como tais ou à letra da lei; mas, por outro lado, com a preocupação pela integridade do *due process of law,* que representa penhor da segurança aos litigantes".[20]

Dalmo de Abreu Dallari observa que os juízes aceitam com muita facilidade a provocação de um incidente pelo temor de fornecer argumentos para alegação de cerceamento do direito de defesa, e que, em nome da plenitude deste direito e da garantia de uma decisão imparcial, "vêm-se sobrecarregando e complicando os mecanismos judiciários, contribuindo consideravelmente para que as ações judiciais sejam caras, demoradas e, freqüentemente, se afastem do ponto central do litígio."[21]

Portanto, o exercício da jurisdição no Estado-de-direito deve observar o procedimento que a Constituição e as leis infraconstitucionais impõem ao juiz, ou seja, deve o juiz comandar o processo respeitando as garantias do devido processo legal, mas, como adverte *Carlos Henrique Bezerra Leite*[22], o processo não pode ser visto como um fim em si mesmo, pois os procedimentos mais modernos para o exercício deste poder se caracterizam pela "liberdade das formas", ante a idéia de que o processo é instrumento de Justiça através do qual o Estado presta a jurisdição, "dirimindo conflitos, promovendo a pacificação e a segurança aos jurisdicionados".

---

(19) *Idem,* p. 239.
(20) *Idem,* p. 244.
(21) DALLARI, Dalmo de Abreu. *O Poder dos Juízes.* São Paulo: Saraiva, 1996. p. 101.
(22) LEITE, Carlos Henrique Bezerra. *Curso de Direito Processual do Trabalho.* 3. ed. São Paulo: LTr, 2005. p. 58.

Na mesma linha pensa *José Eduardo Faria*[23], quando aduz que apesar da "textura aberta" das normas pragmáticas, possibilitando um alto grau de discricionariedade por parte dos intérpretes, o Judiciário "precisa assegurar alguma uniformização em suas pautas hermenêuticas".

Assim como *José Eduardo Faria* e *Celso Fernandes Campilongo*, também *Cândido Dinamarco*[24] considera o juiz um agente político do Estado, a quem deve ser dada liberdade de movimentos, não havendo razão para enclausurá-lo "em cubículos formais de procedimento". Mas, igualmente, adverte:

> "O que precisa ficar muito claro, como fator de segurança para as partes e como perene advertência ao juiz, é a substancial exigência de preservação das fundamentais garantias constitucionais do processo, expressas no contraditório, igualdade, inafastabilidade de controle jurisdicional e na cláusula *due process of law*. Cada ato do procedimento há de ser conforme a lei, não em razão de estar descrito na lei nem na medida do rigor e exigências do processo, mas na medida da necessidade de cumprir certas funções do processo e porque existem as funções a cumprir. Daí a grande elasticidade a ser conferida ao princípio da *instrumentalidade das formas,* que no tradicional processo legalista assume o papel de válvula do sistema, destinada a atenuar e racionalizar os rigores das exigências formais; no processo marcado pela liberdade das formas, o princípio da instrumentalidade tem a importância de parâmetro da própria liberdade e serve para amparar o respeito às garantias fundamentais, como penhor da obtenção dos resultados e, portanto, da validade do ato."

O CPC consagra o princípio da instrumentalidade nos seus arts. 154[25] e 244[26], aplicáveis ao Direito Processual do Trabalho por força do art. 769 da CLT, lembrando-se que o art. 794 da mesma CLT dispõe que nos processos sujeitos à apreciação da Justiça do Trabalho, só haverá nulidade quando resultar dos atos manifesto prejuízo às partes litigantes, a quem caberá argüi-las à primeira vez que tiverem de falar nos autos, ou em audiência, que, entretanto, não será pronunciada quando for possível suprir-se a falta ou repetir-se o ato, conforme os arts. 795 e 796 da CLT.

E assim como ocorre na fase de conhecimento, também na execução são manifestados juízos de valor pelo juiz, que podem resultar na efetividade do processo, ou, então, tornar a decisão de conhecimento carente de poder para alterar a realidade.

---

(23) FARIA, José Eduardo (org.). *Direitos Humanos, Direitos Sociais e Justiça.* p. 66.

(24) DINAMARCO, Cândido Rangel. *A Instrumentalidade do Processo.* p. 157-158.

(25) BRASIL. CPC, art. 154: "Os atos e termos processuais não dependem de forma determinada senão quando a lei expressamente a exigir, reputando-se válidos os que, realizados de outro modo, lhe preencham à finalidade essencial".

(26) BRASIL. CPC, art. 244: "Quando a lei prescrever determinada forma, sem cominação de nulidade, o juiz considerará válido o ato se, realizado de outro modo, lhe alcançar a finalidade".

No entanto, para que sejam alcançados os objetivos do sistema processual, é necessário que a decisão proferida em sede jurisdicional seja estável, qualidade que é alcançada com a autoridade de coisa julgada material[27] e com a incidência da preclusão.[28]

Antes da Lei n. 11.232/2005, a doutrina ensinava que produzia coisa julgada material a sentença "que *extinguia* o processo com julgamento do pedido, acolhendo-o total ou parcialmente, transitando em julgado".[29] (grifo nosso).

Todavia, essa Lei deu nova redação ao art. 162 do CPC, adequando-se ao entendimento doutrinário defendido por *Misael Montenegro Filho*[30], de que a sentença não põe fim ao processo, mas apenas encerra a instância monocrática, sem afastar a possibilidade de a parte vencida recorrer. Neste novo contexto, acrescenta o autor, a expressão *"sentença é o ato do juiz que implica alguma das situações previstas nos arts. 267 e 269"* (do CPC), demonstrando "que o pronunciamento em exame extingue o processo, quando a sentença for terminativa, ou simplesmente resolve o mérito, sem encerrar o processo, em face da necessidade do posterior cumprimento da decisão judicial".

Assim sendo, as sentenças condenatórias, que são objeto do nosso estudo, determinam ao vencido que cumpra uma obrigação de prestação, e se ele não modelar sua conduta ao comando da sentença, "será convidado a fazê-lo *quando citado para a execução forçada*"[31], pois toda execução principia mediante essa exortação a cumprir a obrigação, quer se trate de obrigações de fazer, de obrigações pecuniárias ou relativas a coisa certa ou em espécie.

---

(27) BRASIL. CPC, art. 467. "Denomina-se *coisa julgada material* a eficácia, que torna imutável e indiscutível a sentença, não mais sujeita a recurso ordinário ou extraordinário". Segundo o Ministro do STJ Luiz Fux, "o fato de para cada litígio corresponder uma só decisão, sem a possibilidade de reapreciação da controvérsia após o que se denomina *trânsito em julgado* da decisão, caracteriza essa função estatal e a difere das demais. [...] Desta sorte, diz-se que uma decisão transita em julgado e produz coisa julgada quando não pode mais ser modificada pelos meios recursais de impugnação . [...] O *fundamento substancial* da coisa julgada é eminentemente político, posto que o institui visa à *preservação da estabilidade e segurança sociais"*. (in *A Reforma do Processo Civil*. Niterói/RJ: Editora Impetus. 2006. p. 56-57).

(28) Conforme Luiz Fux: "A impossibilidade de recorrer é ditada por uma técnica que leva em consideração vários fatores para impor a interdição recursal. Essa técnica denomina-se *preclusão,* que ontologicamente significa precluir, fechar, impedir. [...] Essa técnica preclusiva é utilizada durante todo o processo, posto que interessa ao legislador não só garantir o resultado judicial, mas também vibializá-lo. Pudesse o processo retroceder a todo instante, dificilmente se chegaria à decisão final. Assim é que, uma vez superado o prazo de alegação de determinada matéria, a lei veta a reapreciação da mesma, como se extrai do art. 473 do CPC". (in A Reforma do Processo Civil. Niterói/RJ: Editora Impetus. 2006. p. 56).

(29) LEITE, Carlos Henrique Bezerra. *Curso de Direito Processual do Trabalho*. p. 481.

(30) MONTENEGRO FILHO, Misael. *Cumprimento da Sentença e Outras Reformas Processuais*. São Paulo: Editora Atlas, 2006. p. 9.

(31) DINAMARCO, Cândido Rangel. *A Instrumentalidade do Processo*. p. 123.

Portanto, ao contrário das *sentenças constitutivas,* que não dependem da vontade do demandado para produzir os efeitos desejados, a efetividade das *sentenças condenatórias* "depende da conduta ulterior do obrigado, a ser substituída pelas atividades que integram o processo de execução", e destas, "as que contam com menor poder de impor-se mediante os meios processuais eficazes são aquelas pronunciadas *contra a Fazenda Pública*".[32]

Mesmo assim, toda e qualquer sentença e provimento executivo, "tem a sua eficácia perenemente ameaçada pelo *passar do tempo,* que realmente é inimigo declarado e incansável do processo."[33]

Mas, antes de serem utilizados os poderes que autorizam ao Poder Judiciário executar a sentença, o sistema espera que o vencido cumpra voluntariamente o seu comando, e a ameaça de privação de seus bens (e até da liberdade em certos casos), assim como as *astreintes*[34], servem para persuadi-lo neste sentido, já que a sanção somente incidirá caso não se adeque ao que determina a sentença. Desta forma:

"As sanções consistentes em ameaças de privação com vistas a obter o cumprimento da sentença, em casos onde se cogita de prestação do obrigado, constituem meio de evitar a execução forçada. [...] Chegado o momento em que já se esgotaram as esperanças de obter o adimplemento, considera-se que a ameaça foi insuficiente, ou mesmo a privação efetivamente aplicada, abrindo-se então caminho para a execução propriamente dita, onde os resultados determinados pela ordem jurídica serão perseguidos sem qualquer consideração à vontade do obrigado (sub-rogação)."[35]

Ou seja, a jurisdição, além de ser manifestação de poder, também deve ser considerada como o exercício de influência sobre a conduta das pessoas, embora *Cândido Dinamarco*[36] reconheça que nos sistemas jurídicos da família romano-germânica a influência dos precedentes jurisprudenciais reduz-se à

---

(32) *Idem,* p. 367-369.

(33) *Idem,* p. 370.

(34) As *astreintes* surgiram no direito francês, e encontram-se previstas no art. 461, § 4º, do CPC. Trata-se de multa judicial como meio de coerção em relação às obrigações de fazer e não fazer. Para o professor José Miguel Garcia Medina, "este preceito legal possibilita ao juiz estabelecer medidas coercitivas mais variadas, além da própria multa judicial", podendo inclusive ordenar "o executado a tomar esta ou aquela atitude, no que configura provimento de natureza nitidamente mandamental, com as conhecidas conseqüências negativas que o descumprimento da ordem acarreta ao executado relapso." (MEDINA, José Miguel Garcia. *Execução Civil:* Princípios Fundamentais. São Paulo: Editora Revista dos Tribunais, 2002. p. 322-323)

(35) DINAMARCO, Cândido Rangel. *A Instrumentalidade do Processo.* p. 128.

(36) Para Dinamarco, a Súmula Vinculante representa autêntico exercício de poder normativo do STF, e não de mera influência, pois além de editá-las, o STF terá o poder de impor a sua observância aos demais órgãos dos Poderes do Estado, com eficácia que transcende aos casos postos em julgamento. (DINAMARCO, C. Rangel. *A Instrumentalidade do Processo.* p. 132-135)

advertência dos riscos a que estão sujeitos os comportamentos divergentes, o que também se sucede no sistema brasileiro, ao prever que a sentença só faz coisa julgada às partes, não beneficiando nem prejudicando terceiros (CPC, art. 472).

A boa técnica processual, ainda segundo *Dinamarco*[37], impõe o equilíbrio entre duas exigências opostas, pois o conhecimento racional e ordenado segundo as regras do processo não tem valor absoluto, já que sua radicalização pode prejudicar os bons resultados do exercício da jurisdição, neutralizando a eficácia social dos resultados bem concebidos pela demora.

Logo, o ideal de fidelidade à vontade concreta da lei na busca da verdade no processo de conhecimento não deve ser fator de morosidade do serviço jurisdicional, tendo em vista que processo

> "[...] efetivo não é apenas o que rigorosamente atue a vontade concreta do direito, mas o que seja capaz de cumprir os escopos do sistema, vistos em conjunto e compensadas certas deficiências por outras vantagens. O processo que chegue ao ideal de segurança jurídica com razoável celeridade, eliminando o conflito, é eficaz e legitimado pela utilidade social, ainda que falho do ponto-de-vista jurídico."[38]

No mesmo sentido, pensa o professor *José Augusto Rodrigues Pinto*[39], ao considerar o processo como *"meio* ou *caminho* com que completa a *efetividade do direito material,* em face das normas vigentes em nosso direito positivo", acrescentando que, sob este prisma, a instrumentalidade do processo aferra-se ao princípio da celeridade, "sem o qual perderão sentido os próprios *fins do Direito Processual."* (grifos do autor). E o procedimento,

> "[...] é a amálgama que funciona como fator de coesão do sistema, cooperando na condução do processo sobre os trilhos dessa conveniente participação do juiz e das partes (aqui, incluído o Ministério Público). Compreende-se que seja relativo o valor do procedimento em face desses objetivos, sendo vital a interpretação inteligente dos princípios e a sua observância racional em cada caso; é a instrumentalidade do próprio procedimento ao contraditório e demais valores processuais a serem preservados em prol da efetividade do processo.
>
> Em razão dela, o procedimento há de afeiçoar-se às peculiaridades de cada litígio, mediante a aplicação do princípio da *adaptabilidade."*[40] (grifo do autor)

---

(37) DINAMARCO, Cândido Rangel. *A Instrumentalidade do Processo.* p. 282-283.
(38) *Idem,* p. 351.
(39) PINTO, José Augusto Rodrigues. *A Efetividade do Processo do Trabalho.* São Paulo: LTr, 1999. p. 47.
(40) DINAMARCO, Cândido Rangel. *A Instrumentalidade do Processo.* p. 356.

Para adequar o processo ao cumprimento dessa missão, espera-se dos operadores do direito uma *"mudança de mentalidade"*, rompendo "velhos formalismos e hábitos comodistas que minam o sistema", superando "atitudes privatistas e induvidualistas perante o processo"[41], refletidas pela própria lei, pois, conforme *Dinamarco*,

> "[...] o momento de decisão de cada caso concreto é sempre um momento valorativo. Como a todo intérprete, incumbe ao juiz postar-se como canal de comunicação entre a carga axiológica atual da sociedade em que vive e os textos, de modo que estes fiquem iluminados pelos valores reconhecidos e assim possa transparecer a realidade de norma que contêm no momento presente. O juiz que não assume essa postura perde a noção dos fins de sua própria atividade, a qual poderá ser exercida até de modo bem mais cômodo, mas não corresponderá às exigências de justiça."[42]

Desta forma, a efetividade das decisões somente será alcançada se forem realizados objetivos bem definidos, pois "ficar somente nas considerações sobre o acesso a ele, sobre o seu modo-de-ser e a justiça das decisões que produz significaria perder a dimensão teleológica e instrumental de todo o discurso".[43]

Nesse passo, *Luciano Athayde Chaves* também observa que a execução do processo de execução está ausente na maioria dos trabalhos a respeito do acesso à justiça, "como se fosse a realização da justiça apenas satisfeita, via de regra, com a proclamação do vencedor, apenas com a declaração do direito, apenas, portanto, com a cognição".[44]

Assim, para *Dinamarco*,

> "[...] a efetividade do processo está bastante ligada ao modo como se dá a participação dos litigantes em contraditório e a participação inquisitiva do juiz, os primeiros sendo admitidos a produzir alegações, recorrer, a comprovar os fatos de seu interesse e este sendo conclamado a ir tão longe quanto possível em sua curiosidade institucionalizada com aqueles. O grau dessa participação de todos constitui fator de aprimoramento da qualidade do produto final, ou seja, fator de efetividade do processo do ponto-de-vista do escopo jurídico de atuação da vontade concreta do direito. Por outro lado, a celeridade com que todo procedimento deve desenvolver-se [...] são fatores de maior efetividade no campo social e no político, seja para pacificar logo, seja para obter enérgico repúdio aos atos ilegais do poder público."[45]

---

(41) DINAMARCO, Cândido Rangel. *A instrumentalidade do processo*. p. 331-333.
(42) *Idem*, p. 360.
(43) *Idem*, p. 364.
(44) CHAVES, Luciano Athayde. *A Recente Reforma no Processo Comum e seus Reflexos no Direito Judiciário do Trabalho*. 2. ed. São Paulo: LTr, 2006. p. 218.
(45) DINAMARCO, Cândido Rangel. *A Instrumentalidade do Processo*. p. 359.

Portanto, a efetividade do processo é dependente da atuação do juiz, pois enquanto no processo de conhecimento ele tem condições de influir no teor da decisão que virá, no executivo ele tem condições de influir no bom ou mau êxito dos resultados práticos visados, já que depende dele, em boa parte, a presteza da obtenção dos resultados, como nos ensina *Cândido Dinamarco* que, entre as várias atitudes marcadamente instrumentalistas, em prol da efetividade do processo, cita expressamente a desconsideração da pessoa jurídica no trato da responsabilidade patrimonial, que significou a ruptura dos tradicionais esquemas da personalidade jurídica.[46]

Esta teoria, introduzida expressamente no ordenamento jurídico brasileiro através do art. 28 da Lei n. 8.078/90 (Código de Defesa do Consumidor), tem por objetivo:

> "Levantar o véu corporativo que envolve a intimidade da pessoa jurídica, para se alcançar uma visão mais cristalina e transparente do seu interior. Dessa forma, seria possível detectar as anomalias presentes na pessoa jurídica e, assim, responsabilizar o ente natural que, encobrindo-se sob o pálio da autonomia patrimonial da mesma, age com abuso de direito ou mediante fraude, a fim de obter determinada vantagem ilícita e prejudicar um terceiro."[47]

O princípio em questão permite a penhora de bens pessoais de sócios e de administradores de uma sociedade quando não há êxito na execução da pessoa jurídica, possibilidade prevista definitivamente no nosso ordenamento jurídico pelo art. 50 do Código Civil[48], aplicável no âmbito trabalhista por força do parágrafo único do art. 8º da CLT, que autoriza o acolhimento do Direito comum, como fonte subsidiária do Direito do Trabalho, quando não foi incompatível com seus princípios fundamentais.

Se há um segmento do Direito Processual ao qual a doutrina da desconsideração da pessoa jurídica se adapta, "por excelência", segundo *Hermelino de Oliveira Santos*[49], este é o Processo Trabalhista, pois a natureza alimentar do crédito exeqüendo "justifica a ampliação dos meios suscetíveis de proporcionar a efetividade da execução, entendida esta como a entrega efetiva do crédito ao exeqüente, não se podendo contentar com a frustração desse propósito, por conta dos inúmeros obstáculos postos pelo obrigado".

---

(46) DINAMARCO, Cândido Rangel. *A instrumentalidade do processo*. p. 244.

(47) SENTO-SÉ, Jairo Lins de Albuquerque (coord.). *A Efetividade do Processo do Trabalho*. São Paulo: LTr, 1999. p. 28-29.

(48) BRASIL. Código Civil, art. 50. "Em caso de abuso da personalidade jurídica, caracterizada pelo desvio de finalidade, ou pela confusão patrimonial, pode o juiz decidir, a requerimento da parte, ou do Ministério Público quando lhe couber intervir no processo, que os efeitos de certas e determinadas relações de obrigações sejam estendidos aos bens particulares dos administradores ou sócios da pessoa jurídica".

(49) SANTOS, Hermelino de Oliveira. *Desconsideração da Personalidade Jurídica no Processo do Trabalho*. São Paulo: LTr, 2003. p. 173.

E o referido autor vai além, ao defender a aplicação do instituto não somente diante da inexistência de patrimônio do responsável primário pela obrigação, mas também "quando havendo esse patrimônio, for destituído de boa liquidez, a proporcionar eficiente e célere entrega concreta da prestação jurisdicional". E acrescenta:

> "Também não será de se exigir do credor trabalhista prova de que houve abuso da estrutura formal da pessoa jurídica autorizante de sua desconsideração. Impor ao empregado esse ônus seria transformar o processo judiciário não em um instrumento a serviço do direito material trabalhista e do caráter alimentar do crédito resultante, mas sim um obstáculo ao exercício desse direito."[50]

Ao ser transferido ao trabalhador este ônus, além de se estar indo contra a efetividade do processo, estará-se-á ferindo o princípio da aptidão para a prova, por força do qual, segundo *César Machado Jr.*[51], "devemos atribuir o ônus da prova ao litigante que tenha melhores condições de provar o fato controvertido". Assim, esclarece o autor, "quando o empregado tiver grande dificuldade na produção da prova e, concomitantemente, o empregador disponha de maiores meios de realizá-la, este terá o encargo de demonstrar o fato".

Em favor da efetividade do processo também é o Provimento n. 01/2006 da Corregedoria-Geral da Justiça do Trabalho, estabelecendo os procedimentos a serem adotados nos casos de aplicação do princípio da desconsideração da pessoa jurídica, recomendando que nos processos dessa natureza conste o nome das pessoas físicas que passaram a responder pelo débito trabalhista, bem como sua inscrição no cadastro de pessoas com reclamações ou execuções trabalhistas, evitando-se assim que lhes sejam fornecidas certidões negativas da Justiça do Trabalho.

Cumpre fazer referência, finalmente, às críticas da doutrina contra a proposta defendida pelos "instrumentalistas", como *Cândido Dinamarco*, assim definidos por *Andréa Alves de Almeida*[52] para se distanciar do que ela denomina de *fetiche instrumentalista da efetividade processual*, o que, para a maioria dos processualistas, segundo a autora citada, "consiste no adequado cumprimento das sentenças judiciais e na obtenção do maior alcance prático com o menor custo possível na proteção concreta dos direitos dos cidadãos". Para ela, na busca desta efetividade, equivocadamente, "ampliam-se os poderes do Estado-juiz ao argumento de desformalizarem o direito para se atingir justiça social".

---

(50) SANTOS, Hermelino de Oliveira. *Desconsideração da Personalidade Jurídica no Processo do Trabalho*, p. 213.

(51) MACHADO JR., César P. S. *O Ônus da Prova no Processo do Trabalho*. 3. ed. São Paulo: LTr, 2001. p. 145-146.

(52) ALMEIDA, Andréa Alves. *Processualidade Jurídica & Legitimidade Normativa*. Belo Horizonte: Editora Fórum, 2005. p. 99.

A autora também lamenta que o Direito brasileiro tenha acatado a "irracionalidade" dessa concepção instrumentalista, argumentando que esse entendimento coloca os destinatários da tutela jurisdicional (decisão) como meros espectadores da ordem jurídico-política, reduzindo o direito à técnica de organização social para o progresso econômico ou político, e, ainda, que os procedimentos que abreviam a passagem da cognição para a execução, tais como antecipação de tutela, procedimentos sumaríssimos, juizados especiais, violam drasticamente o direito fundamental da ampla defesa, do contraditório e da isonomia.[53]

Entende ainda ser equivocada a argumentação dos instrumentalistas de que o processo tem escopos metajurídicos, ou seja, que possui finalidades sociais, éticas e políticas, por entender que esses escopos "são pertinentes à norma de direito material, porque são estas que possuem comandos legais de criação de direitos, poderes, faculdades e deveres no mundo objetivo".[54]

Ao analisar a obra de *Calmon de Passos*, sob o título "A Crise do Poder Judiciário e as Reformas Instrumentais", a referida autora diz que "a CR/88 impõe a isonomia processual de todos os sujeitos do processo e a motivação da sentença a fim de apurar a imparcialidade do juiz e a legalidade da decisão", não havendo razão, portanto, no seu entendimento, "para se permitir discricionariedade ou a inquisitoriedade na atividade jurisdicional". E ao acolher a abordagem de *Calmon de Passos*, de que os procedimentos adotados são a grande causa da crise do Judiciário, acrescenta que: "A inefetividade e a ilegitimidade da atividade jurisdicional do Estado são conseqüência da criação ou manutenção de procedimentos que violam o devido processo constitucional (isonomia, ampla defesa, contraditório e direito ao advogado)".[55]

Conclui, finalmente[56], que a ineficiência processual e a morosidade da atividade jurisdicional decorrem de privilégios criados pela lei para o juízo e para o Poder Público, e da omissão indesculpável do Estado de não contratar funcionários e juízes suficientes para cumprir seu dever funcional.

Por sua vez, *Calmon de Passos*[57], citado expressamente por *Andréa Alves de Almeida* em sua obra, adverte que, "ao predicarmos a *efetividade* como valiosa por si mesma, deixamos de nos preocupar com a *qualidade ou valor* do decidido, dando prevalência à concreção do que foi decidido, pouco importando sua bondade ou valia".

---

(53) ALMEIDA, Andréa Alves. *Processualidade Jurídca & Legitimidade Normativa*. p. 99-100.
(54) *Idem*, p. 108.
(55) *Idem*, p. 101-102.
(56) *Idem*, p. 113-114.
(57) PASSOS, J. J. Calmon de. Cidadania e Efetividade do Processo. In: SENTO-SÉ, Jairo Lins de Albuquerque (coord.) *A Efetividade do Processo do Trabalho*. São Paulo: LTr, 1999. p. 57-58.

O professor baiano[58] considera equivocado e socialmente perigoso deslocar-se o enfoque para o produto — efetividade da decisão do magistrado —, por considerar que a "Efetividade do processo ou efetividade da tutela jurídica não se equipara a efetividade da sentença, enquanto ato de poder, mas da sentença que atenda ao *em nome de quê* se institucionaliza uma ordem política democrática". Assevera, ainda, que advogar pura e simplesmente a efetividade do processo como equivalente à efetividade da sentença nele proferida mascara o propósito de se instituir o magistrado como um tirano; é propugnar a inefetividade da cidadania.

Assim, entende o professor que deve ser dada ênfase à cognição, ou seja, ao que precede a decisão, propugnando a efetividade da ordem jurídica positivada, "único modo pelo qual o direito nas sociedades modernas é pactuado com segurança e pode ser identificado para decidibilidade dos conflitos". Desta forma, conclui *Calmon de Passos*, que "não é o processo que reclama, enquanto tal, efetividade", mas sim a tutela prometida, para o que se torna indispensável o devido processo constitucional, observado o pressuposto da ordem jurídica formalizada e o compromisso funcional a emprestar previsibilidade e segurança, sob pena de o "processo e a decisão do magistrado se deslegitimarem intrinsecamente em temor democráticos".[59]

Entretanto, não concordamos com as críticas proferidas contra os instrumentalistas por *Andréa Alves de Almeida* e *Calmon de Passos*, pois, conforme assevera *Dinamarco*, a boa técnica processual impõe o equilíbrio entre duas exigências opostas: o conhecimento racional e ordenado segundo as regras do processo, mas, dentro de um prazo razoável, de modo a não prejudicar os bons resultados do exercício da jurisdição, sob pena de cada cidadão se achar autorizado a buscar seus direitos com as próprias mãos.

Afinal, não basta garantir formalmente o acesso à justiça ao cidadão se a sua demanda, por mais simples que possa ser, pode levar uma década, ou mais, para ser solucionada, como vem acontecendo no Brasil. E nas sábias palavras de *José Eduardo Faria*[60], toda interpretação e todo julgamento de casos concretos "sempre têm uma dimensão política; por conseguinte, a Justiça, por mais que seu discurso institucional muitas vezes enfatize o contrário, não pode ser, na prática, um poder exclusivamente técnico, profissional e neutro", como apregoam os modelos jurídicos forjados pelo positivismo normativista.

---

(58) PASSOS, J. J. Calmon de. Cidadania e Efetividade do Processo. In: SENTO-SÉ, Jairo Lins de Albuquerque (coord.). *A Efetividade do Processo do Trabalho*. p. 58-60.
(59) *Idem*, p. 60-62.
(60) FARIA, José Eduardo (org.). *Direitos Humanos, Direitos Sociais e Justiça*. p. 56.

Todavia, mesmo diante dos novos tipos de conflitos, com atores que entreabem uma nova percepção para conceitos indeterminados tradicionais, exigindo dos operadores do direito soluções rápidas e capazes de atender às expectativas dos cidadãos comuns,

> "[...] o aparelho judicial continua operando a partir de ritos, prazos e procedimentos kafkianos, absolutamente incompreensíveis para os 'rústicos', para os 'profanos' e para os 'leigos' — isto é, para os não-iniciados nos meandros insondáveis do universo jurídico."[61]

Adverte *José Eduardo Faria* que se o Judiciário quiser manter sua relevância institucional num contexto social cada vez mais complexo, como o brasileiro,

> "[...] tem, obrigatoriamente, de modificar suas funções jurisdicionais tradicionais, que o restringem somente à subsunção dos fatos às normas de conduta unívocas por meio de métodos exclusivamente formais e de caráter lógico, sistemático e dedutivo. O desafio que aqui se coloca para a instituição é o de se elevar ao nível do Executivo com funções ampliadas, forjado pelo Estado-Providência, para desenvolver em torno dele sistemas de controle mais adequados, isto é, capazes de conter, direcionar e condicionar suas ações promocionais. Da não superação desse desafio pode resultar um Judiciário enfraquecido e cada vez mais esvaziado pela emergência de mecanismos extrajudiciais de resolução dos conflitos e/ou de um sem-número de agentes e órgãos 'quase-judiciários' — árbitros, conciliadores, conselhos, tribunais administrativos, etc. — investidos de responsabilidade funcional para atuarem nas áreas mais tensas e nos setores mais problemáticos da vida social."[62]

Em artigo publicado no jornal "Folha de S. Paulo"[63], ao comentar a luta que muitos Tribunais travam para evitar a eleição de sua cúpula ou a reforma dos processos, o articulista *Vinicius Torres Freire* diz que "são os mesmos carcomidos que reclamam das calças femininas, se ocupam de tecnicismos que não passam de chicanas e que se alinham com a opinião social mais obscurantista". Para ele, somente agora o Judiciário "começa a sair da sua letargia quase medieval, de seu patriarcalismo e patrimonialismo", concluindo que, "enclausurado, o Judiciário tende a se comportar como qualquer burocracia, movido pelo próprio interesse e, no caso, interesse bancado por muito poder".

---

(61) FARIA, José Eduardo (org.). *Direitos Humanos, Direitos Sociais e Justiça*. p. 57.
(62) *Idem*, p. 65.
(63) *Folha de S. Paulo*, 20.02.2006, fl. A-2.

3.2 O princípio da duração razoável do processo e os meios que garantem a celeridade de sua tramitação

Conforme analisado anteriormente, os Princípios constituem a estrutura principal de qualquer sistema jurídico, "a lógica sob a qual se assenta o sistema, de modo que a sua violação consiste em ofensa grave ao mandamento obrigatório dos valores insculpidos na norma mestra constitucional e subversão aos seus valores fundamentais".[64]

Assim, evidenciada a relevância dos Princípios Jurídicos, passa-se a estudar aquele que foi inscrito na CRFB por meio da Emenda Constitucional n. 45/2004, ao acrescentar o inciso LXXVIII ao art. 5º, com a seguinte redação: "LXXVIII — a todos, no âmbito judicial e administrativo, são assegurados a razoável duração do processo e os meios que garantam a celeridade de sua tramitação".

Para *Francisco Carlos Duarte* e *Adriana Grandinetti*[65], um dos motivos da existência deste novo direito fundamental encontra-se no art. 8° do *Pacto de São José da Costa Rica,* ao qual o Brasil aderiu em 1992, por meio do Decreto n. 678:

> "Toda pessoa tem direito a ser ouvida, com as devidas garantia *e dentro de um prazo razoável*, por um juiz ou tribunal competente, independente e imparcial, estabelecido anteriormente por lei, na apuração de qualquer acusação penal formulada contra ela, ou para que se determinem seus direitos e obrigações de natureza civil, trabalhista, fiscal ou de qualquer outra natureza." (grifo nosso)

E mesmo antes da EC n. 45/2004, a doutrina já vinha defendendo que o princípio em questão já estava implícito na Constituição, "e que não bastava apenas garantir o acesso ao Poder Judiciário e os meios adequados para defesa, pois para satisfazer o jurisdicionado é preciso ainda que a tutela pleiteada seja conferida dentro de um razoável prazo, sob pena de ser tornar totalmente inútil".[66]

Portanto, a simples consagração constitucional deste princípio não garante que, a partir de agora, os processos judiciais serão resolvidos em tempo razoável.

Para alguns, esse objetivo somente será alcançado com a criação de leis "que evitem a proliferação de recursos destinados ao combate de toda e qualquer

---

(64) CASTRO Jr. Osvaldo Agripino. *Teoria e Prática do Direito Comparado e Desenvolvimento: Estados Unidos x Brasil.* Florianópolis: Editora Fundação Boiteux, 2002. p. 124-125.

(65) DUARTE, Carlos Francisco; GRANDINETTI, Adriana Monclaro. *Comentários à Emenda Constitucional 45/2004.* Curitiba: Juruá Editora, 2005. p 33.

(66) SPALDING, Alessandra Mendes. Direito Fundamental à Tutela Jurisdicional Tempestiva à Luz do Inciso LXXVIII do art. 5º da CF Inserido pela EC n. 45/2004. In: WAMBIER, Tereza Arruda Alvim (coord.). *Reforma do Judiciário:* primeiras reflexões sobre a Emenda Constitucional n. 45/2004. São Paulo: Revista dos Tribunais, 2005. p. 32.

decisão judicial, bem como por meio de uma maior *originalidade* do operador de direito, incluindo-se os acadêmicos de direito, os magistrados e, principalmente, os advogados".[67]

Para outros, a lentidão também se deve a problemas estruturais do Poder Judiciário, como a falta de juízes e de recursos financeiros, pois as soluções legislativas, por mais criativas que possam ser para aprimorar e modernizar o sistema processual, "pouco ou nada valerão se o Poder Judiciário não estiver aparelhado com um número mínimo de juízes [...] preparados e comprometidos com o resultado final da atividade do Estado que exercem no caso concreto".[68]

Mas, de acordo com *Osvaldo Agripino de Castro Jr.*, algumas correntes da filosofia jurídica têm negado que o conceito de eficiência seja relevante para a análise jurídica, o que ensejou, inclusive, segundo o autor, um interessante debate entre o teórico e filósofo do direito *Ronald Dworkin* e os expoentes do Direito e Economia (*Law and Economics*) *Richard Posner* e *Guido Calabresi*.

Neste debate, as razões das preocupações de *Dworkin*

"[...] são múltiplas, tendo em vista que um marco de referência próximo talvez seja a perda de legitimidade do Estado e suas instituições, em face das dificuldades, reais ou falsas, que estas enfrentam para solucionar os problemas sociais de sua competência, como o desemprego e a impunidade pela sobrecarga do sistema, de modo que é imprescindível tornar mais eficientes as instituições, através do aumento de sua produtividade, do melhor aproveitamento dos seus recursos ou da redução dos custos, o que pode ocorrer com a racionalidade instrumental da ciência e da tecnologia, aumentando a legitimidade das instituições."[69]

Contudo, embora *Castro Jr.* também entenda ser relevante a discussão filosófica e teórica sobre a justiça como valor, ressalva que "a eficiência do sistema judicial é uma das condições necessárias para a consolidação da democracia substantiva", e por isso,

"[...] investigar e trabalhar usando categorias como eficiência, custo ou equivalentes afins, é imprescindível quando se pretende avaliar através de critérios racionais o funcionamento de uma estrutura organizacional da administração pública como o sistema judicial, principalmente num Estado com déficit fiscal, o que importa numa maior seletividade nos gastos públicos, em decorrência dos recursos escassos."[70]

---

(67) MONTENEGRO FILHO, Misael. *Curso de Direito Processual Civil*. 3. ed. São Paulo: Editora Atlas, 2006. p. 69.

(68) SANTOS, Evaristo Aragão. A EC n. 45 e o Tempo dos Atos Processuais. In: WAMBIER, Teresa Arruda Alvin (coor.). *Reforma do Judiciário*: primeiras reflexões sobre a Emenda Constitucional n. 45/2004. p. 203.

(69) CASTRO Jr., Osvaldo Agripino. *Teoria e Prática do Direito Comparado e Desenvolvimento*: Estados Unidos x Brasil. p. 125.

(70) *Idem*, p. 126-127.

Também o professor *Luiz Guilherme Marinoni*[71] entende que o direito processual não pode ser reduzido a uma esfera exclusivamente técnica, pois ele deve "atender às necessidades dos jurisdicionados e, para tanto, além de problemas como o do custo, importa o significado que o tempo aí assume, em especial como o tempo repercute sobre a efetiva proteção do direito material", tendo em vista que na maior parte dos casos o autor de uma demanda judicial "pretende alterar uma situação que se estabilizou em favor do réu", ou seja, busca "reverter uma vantagem que está sendo usufruída pelo demandado", o que o leva a concluir "que o *autor com razão* é prejudicado pelo tempo da justiça na mesma medida em que o *réu sem razão* é por ela beneficiado", e o que é pior, "a morosidade do processo atinge de modo muito mais acentuado os que têm menos recursos".

Por outro lado, *Marinoni* não concorda com aqueles que pretendem atribuir aos juízes a responsabilidade pela lentidão dos processos, "uma vez que a questão da demora passa por uma dimensão muito mais profunda, ou seja, pela própria ideologia que permite que o Poder Judiciário seja o que é, pois, como é intuitivo, nada, absolutamente nada, possui uma determinada configuração sem razão ou motivo algum".[72]

Portanto, "somente a definição judicial dos direitos não legitima mais a jurisdição estatal"[73], sendo necessário que tais direitos sejam efetivados em tempo adequado, tendo em vista que a demora pode significar a fome da parte litigante menos favorecida, especialmente quando depende do salário sonegado. Conclui-se, destarte, que a demora do processo atenta contra a própria dignidade da pessoa humana.

Cândido Dinamarco[74] adverte que assim como as demais estruturas de poder do mundo ocidental, também o Poder Judiciário se defronta com uma crise de autoridade, que se deve ao custo e à duração do processo, somados ao formalismo[75] ainda dominante. E vaticina:

> "O formalismo e lentidão dos procedimentos, associados à estreiteza da via de acesso ao Poder Judiciário e à impunidade consentida pelos tribunais nestes tempos de verdadeira neurose em face da violência urbana, são fatores de degradação da legitimação do poder perante a sociedade brasileira con-

---

(71) MARINONI, Luiz Guilherme. *Teoria Geral do Processo*. v. 1. São Paulo: Editora Revista dos Tribunais, 2006. p. 187.

(72) *Idem*, p. 189.

(73) DUARTE, Carlos Francisco; GRANDINETTI, Adriana Monclaro. *Comentários à Emenda Constitucional n. 45/2004*. Curitiba: Juruá Editora, 2005. p. 21.

(74) DINAMARCO, Cândido Rangel. *A Instrumentalidade do Processo*. p. 170-171.

(75) Conforme José Eduardo Faria, o *formalismo* decorre de apego excessivo a um intricado conjunto de ritos e procedimentos burocratizados e impessoais, justificados em nome da certeza jurídica e da "segurança do processo" (FARIA, José Eduardo. *Os Novos Desafios da Justiça do Trabalho*. São Paulo: LTr, 1995. p. 38).

temporânea. São decepções que se somam a decepções e geram um estado de descrença e permanente percepção generalizada: conduzem a comportamentos rebeldes ao sistema jurídico, como os linchamentos e surgimentos de *justiceiros,* chegando a conferir à Justiça, numa pesquisa de opinião pública, conceito nada abonador (nota 3,5 em escala de 0 a 10)."

Para mudar essa realidade, o direito processual brasileiro exige uma postura participativa do juiz, sem apego ao formalismo desmedido, e que seja garantido o acesso à justiça, não apenas por ser gratuito, mas com a efetivação do Princípio Constitucional da Duração Razoável do Processo. Infelizmente, segundo *Cândido Dinamarco*,

"Essa Justiça acessível gratuita informal e rápida é, no entanto, ainda mera promessa em vias de cumprimento. Fora do âmbito das pequenas causas, tem-se ainda o processo tradicional muito caro e demorado, como fato de desgaste da legitimação do sistema. O povo sabe da lentidão da Justiça e é do conhecimento comum a utilização que os maus pagadores fazem de suas delongas, seja para adiar o momento de satisfação de suas obrigações, seja mesmo para desencorajar pretensões de credores (conceituado veículo de comunicação jornalística chegou a tachar o Poder Judiciário, sob esse prisma, de "refúgio da impunidade"); e, o que desgasta ainda mais o sistema processual e concorre com muito peso para a menor confiança nele, vale-se o próprio governo dessa relativa ineficiência, para fins igualmente imorais."[76]

Mesmo assim, conclui *Dinamarco* que esses fatores negativos, como a demora, o formalismo e a impunidade, ainda não foram capazes de retirar a legitimidade da Justiça, pois mesmo sem crer na sua eficiência, a população confia na sua idoneidade, e sabe que em nada mais poderá confiar quando não contar com ela. É justamente nisso que reside a legitimidade do seu poder, que aumentará "à medida que o próprio sistema se aperfeiçoe, com maior abertura do canal de acesso, maior celeridade na produção de resultados, menos formalismo na busca da boa solução". Portanto, para *Dinamarco*[77], é o grau de eficiência do poder jurisdicional que lhe dá legitimidade, tendo em vista que

"[...] existem objetivos a serem realizados mediante o seu exercício e a população, não abrindo mão deles, não tem dúvida em validar o *poder* jurisdicional. São objetivos individuais e coletivos, situados no plano jurídico, social e mesmo político propriamente dito, todos dependentes do correto exercício da jurisdição. Esta é legitimada pelo grau de fidelidade aos seus escopos, mercê dos quais existe e é exercida." (grifo do autor)

---

(76) DINAMARCO, Cândido Rangel. *A Instrumentalidade do Processo,* p. 173.
(77) *Idem,* p. 176.

Assim, para determinação da utilidade da jurisdição, devemos ter em mente as necessidades e aspirações do nosso povo, pois o processo deve servir para produzir os resultados esperados pela sociedade. E certamente o povo espera que os conflitos, além de serem pacificados com justiça, o sejam dentro de um prazo razoável.

Contudo, ainda não existe, tanto na lei como na doutrina, um conceito preciso do Princípio de Razoável Duração do Processo, podendo ser entendida esta expressão "como o tempo suficiente para a completa instrução processual e adequada decisão do litígio, e, da mesma forma, capaz de prevenir danos conseqüentes da morosidade da justiça, assegurando a eficácia da decisão".[78]

Apesar disso, o princípio constitucional é auto-aplicável, conforme assevera *Gisele Santos F. Góes*[79], pois "trata-se de um direito e garantia fundamental [...] inviável de estar sujeito a qualquer forma de condicionamento ou sujeição legal", não precisando ser tipificada "em inúmeros prazos processuais, visto que, como bem ponderou o legislador da reforma, deve atender à lógica do razoável". Conclui a professora Gisele:

"Com a EC n. 45/2004, introduzindo-se o princípio do Texto Constitucional, institucionalizou-se no País o direito humano da razoável duração do processo que representa o processo sem dilações indevidas, em que o magistrado como ator principal deve agir imediatamente, não ser omisso e interpretar a lei, buscando sempre o sentido mais econômico, adaptando o procedimento, quando viável. Esse é o alicerce sobre o qual deve estar assentado o processo civil brasileiro."

Fabiano Carvalho[80] defende que, por ser um conceito jurídico aberto, "o *prazo razoável* requer um processo intelectivo individual de acordo com a natureza de cada caso" (grifo do autor), e aponta os seguintes critérios para se materializar o conceito de prazo razoável: (i) natureza e complexidade do caso; (ii) comportamento das partes; (iii) comportamento das autoridades.

Todavia, os dados estatísticos demonstram que os Tribunais Trabalhistas não estão considerando o primeiro destes critérios para aferir a materialização deste Princípio, já que, em termos estatísticos, uma ação trabalhista submetida

---

(78) DUARTE, Carlos Francisco; GRANDINETTI, Adriana Monclaro. *Comentários à Emenda Constitucional 45/2004*. p. 32.

(79) GÓES, Gisele Santos Fernandes. Razoável Duração do Processo. In: WAMBIER, Teresa Arruda Alvim (coord.). *Reforma do Judiciário*: primeiras reflexões sobre a Emenda Constitucional n. 45/2004. p. 266.

(80) CARVALHO, Fabiano. EC n. 45: Reafirmação da Garantia da Razoável Duração do Processo. In: WAMBIER, Teresa Arruda Alvim (coord.). *Reforma do Judiciário*: primeiras reflexões sobre a Emenda Constitucional n. 45/2004. p. 218-219.

ao Rito Sumaríssimo, de pouca complexidade e expressão econômica[81], que por sua natureza prevê procedimentos simplificados, tem o mesmo peso de uma Ação Civil Pública, que é muito mais complexa e pode atingir direitos de inúmeras pessoas. Além disso, os Tribunais exigem dos juízes o cumprimento do mesmo prazo para julgar ambas as ações, como se fossem da mesma natureza, complexidade e importância, o que certamente acarreta no exame superficial de muitas Ações Civis Públicas, de extrema relevância para a sociedade, e o que é pior, podendo, com isso, estar incentivando, mesmo que indiretamente, o acolhimento de preliminares, como, por exemplo, de ilegitimidade ativa do Ministério Público do Trabalho, que impedem o seguimento da ação.

Afinal, se a partir da EC n. 45/2004 a promoção dos magistrados por merecimento será aferida conforme o desempenho e pelos critérios objetivos de produtividade e presteza no exercício da jurisdição, e também pela freqüência em cursos oficiais ou reconhecidos de aperfeiçoamento (CRFB, art. 93, II, *c*), é evidente que o juiz, preocupado também com sua carreira, dará a mesma atenção às duas ações, apesar de a primeira ser extremamente simples, em detrimento da segunda.

Portanto, a Ação Civil Pública, por ser normalmente complexa e trabalhosa, precisa de mais tempo para ser instruída e julgada, sob pena de restar prejudicada sua análise. Isto por que, "não será promovido o juiz que, injustificadamente, retiver autos em seu poder além do prazo legal, não podendo devolvê-los ao cartório sem o devido despacho ou decisão", conforme dispõe a alínea *e* do inciso II do art. 93 da CRFB.

Calamandrei[82] conta em sua obra — "Eles, os Juízes, vistos por um advogado" — que um jovem magistrado lhe confiava, com um suspiro, que para seu superior o que contava era a quantidade de processos que conseguia expedir todo dia, e que no fim do mês perguntava

> "[...] apenas a quantos processos dei andamento; e, quantos mais eles são, mais me elogia. É a quantidade que lhe interessa, não a qualidade; o problema que o obseda é o do trabalho atrasado, não o de fazer justiça. Para resolver seu problema, dez requisitórios apressados, em que pede a condenação de dez inocentes, valem dez vezes mais que um só requisitório longamente meditado para conseguir ser justo."

As estatísticas apontam exatamente essa preocupação dos Tribunais, pois é dada muito mais ênfase à produção em série de atos na fase de conhecimento,

---

(81) BRASIL. CLT, art. 852-A "Os dissídios individuais cujo valor não exceda a quarenta vezes o salário mínimo vigente na data do ajuizamento da reclamação ficam submetidos ao procedimento sumaríssimo."

(82) CALAMANDREI, Piero. *Eles, os Juízes, vistos por um advogado*. Tradução de Eduardo Brandão. São Paulo: Martins Fontes, 2000. p. 291-292.

independentemente do resultado final do processo, ante a idéia de que o litígio estará "solucionado" com a homologação de um acordo entre as partes litigantes, ou, então, com a publicação de uma sentença dizendo o direito. Nesta fase, é cobrado pelas Corregedorias o cumprimento de prazos estabelecidos pelos Tribunais, normalmente reduzidos, o que não acontece, entretanto, na fase de execução, onde realmente se encontram os problemas e onde há mais dificuldade para se efetivar o Princípio em análise, como demonstram os quadros estatísticos apresentados no Capítulo anterior.

O próprio Conselho Nacional de Justiça, ao festejar os resultados do "Dia Nacional da Conciliação" realizado em 8 de dezembro de 2006, em decorrência do programa criado por iniciativa da presidente do Supremo Tribunal Federal, ministra *Ellen Gracie*, em prol da conciliação, publicou artigo com a seguinte manchete: *De cada 20 casos analisados, onze chegaram a acordos*. E o texto do CJN começa assim: "Um feriado com 46.493 processos *resolvidos*".[83] (grifo nosso). Será que foram, realmente, resolvidos?

Portanto, também o CNJ considera "resolvidos" os processos quando as partes chegam a um "acordo", embora não haja qualquer estatística nos tribunais para aferir o cumprimento das condições estabelecidas nos acordos homologados judicialmente, já que somente depois disso poderão ser considerados realmente resolvidos tais processos.

Para superar esses entraves de cunho processual, conforme advertido por *Cândido Dinamarco* e referido anteriormente, espera-se dos operadores do direito uma *"mudança de mentalidade"*, rompendo "velhos formalismos e hábitos comodistas que minam o sistema", superando "atitudes privatistas e individualistas perante o processo", refletidas pela própria lei.

3.2.1 Instrumentos coletivos vistos como meio para a concretização do princípio da duração razoável do processo

Conforme exposto anteriormente, a mudança de mentalidade exigida não se restringe à valorização da execução, dando a esta fase o mesmo tratamento que a fase de conhecimento vem merecendo dos Tribunais, como se só isso bastasse para resolver a demora processual. É necessário, além disso, mudar a mentalidade dos próprios juízes e procuradores do trabalho, que pouca importância têm dado às ações coletivas cabíveis no Processo do Trabalho, como constatado no Capítulo anterior, pois somente com a utilização em larga escala destas ações será possível desafogar os Tribunais.

É justamente isso o que pensam as Juízas *Licélia Ribeiro* e *Ângela Konrath*, quando falam que, para concretizar o princípio constitucional que garante o acesso à justiça, é preciso conferir ao jurisdicionado a efetividade do direito

---

(83) CONSELHO NACIONAL DE JUSTIÇA. *Dia Nacional da Conciliação realiza 83 mil audiências*. Brasília, 18 dez. 2006. Disponível em: <Imprensa@cnj.gov.br>.

que lhe é assegurado, o que não será alcançado apenas com o aparelhamento do Poder Judiciário, tendo em vista que numa sociedade de massas, "a crescente demanda não consegue mais ser absorvida pela visão individualista do processo". É preciso buscar, portanto, "mecanismos hábeis à efetivação do acesso à justiça, por caminhos que se traduzem *na coletivização da defesa dos direitos*". (grifo das autoras)[84]

Neste sentido, também é o pensamento de *Raimundo Simão de Melo*[85], ao preconizar que, para mudar a realidade cruel para o trabalhador e desmoralizante para o Estado com a demora processual, torna-se necessária

> "[...] a implementação efetiva de instrumentos processuais coletivos criados e/ou mantidos pela Constituição Federal de 1988, capazes de prevenir parte dos conflitos trabalhistas e solucionar outra grande fração de forma coletiva, a fim de que se atinja a desejada efetivação das normas trabalhistas e a celeridade da prestação jurisdicional."

Conclui o autor ser urgente adotar-se os novos instrumentos processuais coletivos, citando entre eles o Inquérito Civil, o Ajustamento de Conduta e as Ações Coletivas, necessitando-se, para tanto, de um lado, da atuação destemida dos legitimados ativos, e de outro lado, da boa vontade dos órgãos judiciais trabalhistas.

Antes de ser ajuizada uma Ação Civil Pública, os órgãos públicos que possuem legitimidade para propô-la podem pôr fim a conflitos decorrentes da violação de interesses difusos, coletivos e individuais homogêneos, no âmbito extrajudicial, mediante o instrumento do Compromisso de Ajustamento de Conduta. De acordo com os ensinamentos de *Edson Braz Silva*:

> "O Termo de Ajustamento de Conduta é o instrumento onde os órgãos legitimados para o ajuizamento da Ação Civil Pública tomam dos interessados o compromisso de ajustamento de suas condutas às exigências legais, no tempo, modo e lugar bilateralmente ajustados, mediante cominações, com eficácia de título executivo judicial."[86]

Segundo dados da Procuradoria Regional do Trabalho da 12ª Região, foram firmados 175 Termos de Ajuste de Conduta durante o ano de 2002 dentro

---

(84) RIBEIRO, Licélia; KONRATH, Ângela. O Acesso à Justiça e a Celeridade Processual. *Revista do TRT 12ª Região*, n. 20, 2º semestre 2004. p. 49.

(85) MELO, Raimundo Simão de. *Ação Civil Pública na Justiça do Trabalho*. São Paulo: LTr, 2002. p. 37-38.

(86) SILVA, Edson Braz da. Inquérito civil trabalhista. Termo de ajuste de conduta. Execução do termo de ajuste de conduta na justiça do trabalho. *Revista do MPT*, Brasília, DF, ano 10, n. 20, set. 2000. p. 19-20.

do Estado de Santa Catarina; 341 durante o ano de 2003; 449 em 2004; 765 em 2005; e 408 no decorrer do ano de 2006, o que explica, em parte, o baixo número de ações civis públicas ajuizadas no período, conforme analisado anteriormente.

Afinal, constituindo-se em instrumento coletivo de solução extrajudicial de conflitos, a finalidade precípua do termo de ajuste de conduta consiste exatamente em evitar o ajuizamento de mais ações judiciais, conforme salientado por *Alessandra Monteiro da Cunha*,

> "[...] em buscar o cumprimento da lei, de forma espontânea, simples, rápida e eficaz, sem custo elevado para o Estado, pois firmado sobretudo no âmbito administrativo, conseqüentemente contribuindo para o desafogo do Judiciário, já extremamente sobrecarregado de processos que aguardam amargos anos para serem solucionados. Reconhece-se, pois, a extrema utilidade e economia acarretada pela prática de solução do litígio sem a necessidade de julgamento do Poder Judiciário. Essas são as grandes vantagens proporcionadas por esse instituto."[87]

Segundo *José Affonso Dallegrave Neto*[88], ao prefaciar livro que trata sobre o tema e organizado pela ANAMATRA — Associação Nacional dos Magistrados do Trabalho, e pela ANPT — Associação Nacional dos Procuradores do Trabalho, as ações coletivas constituem forma fundamental "de tutela aos direitos transindividuais e às macrolesões próprias de um tempo em que as relações se massificam, sobretudo nos grandes centros urbanos". Nas suas palavras,

> "A Constituição da República de 1988 inaugurou um novo e importante paradigma: o solidarismo, capaz de reconhecer o outro, assegurando dignidade a toda pessoa humana. Nessa esteira, a coletivização dos interesses passou a ser tutelada de forma inovadora, seja por meio das associações e sindicatos na representação de seus associados, seja pelo alargamento da função do Ministério Público, máxime a de promover a defesa da ordem jurídica, do regime democrático e dos interesses sociais e individuais indisponíveis do cidadão."

Para o advogado citado, esse cenário cria alguns desafios ao operador do Direito, na busca de uma legislação trabalhista mais includente, para o que também pode contribuir a jurisprudência, visando, em última análise, buscar a

---

(87) CUNHA, Alessandra Monteiro. *Termo de Ajuste de Conduta na Seara Trabalhista*: solução extrajudicial para a tutela de direitos metaindividuais. Pós-graduação em Direito do Trabalho — Universidade do Vale do Itajaí — UNIVALI, 2007. p. 35.
(88) DALLEGRAVE NETO, José Affonso. Prefácio. In: RIBEIRO Jr., José Hortêncio (org.). *Ação Coletiva na Visão de Juízes e Procuradores do Trabalho*. São Paulo: LTr, 2006. p. 16.

máxima eficácia possível das normas constitucionais que asseguram o direito ao trabalho digno, servindo as ações coletivas como relevante instrumento para a defesa dos direitos sociais.

Podemos acrescentar que, com tais ações, poderá ser alcançada com mais sucesso a efetividade do processo, ante a possibilidade que oferecem para reduzir significativamente o número de processos em tramitação nos Tribunais.

Ives Gandra Filho[89] entende que essa é a função da ação civil pública, ao referir que "a *concentração de demandas* num único processo, para reconhecimento genérico da existência de lesão de determinado direito, em ação de caráter cominatório, permite um sensível desafogamento do Poder Judiciário". (grifo do autor)

Salienta ainda o autor, que a Justiça do Trabalho detem mais da metade das demandas de todo o Poder Judiciário Brasileiro (como vimos, são quase dois milhões de ações novas ajuizadas a cada ano), e recebe mais da metade do orçamento da União destinado ao Poder Judiciário. Dentro deste contexto, o Ministério Público do Trabalho pode evitar o ajuizamento de inúmeras demandas, prevenindo conflitos através dos Termos de Compromisso firmados com empresas para cessarem com as práticas lesivas aos direitos dos trabalhadores, e, ainda, pode reduzir o número de reclamatórias, "mediante a *concentração* das mesmas em ações civis públicas, cuja decisão abrangerá todos os trabalhadores lesados pela prática empresarial ilegal".[90]

Na lição do imortal *Rui Barbosa*, citado por *Eduardo Henrique Raymundo von Adamovich*[91] em artigo publicado no livro referido anteriormente, *o direito não jaz na letra morta das leis: vive na tradição judiciária que as atrofia, ou desenvolve*. E nas palavras de *Adamovich*, "as pretensões que se exercem não são frias reproduções dos textos legais, mas sim vivas interpretações deles, que podem vingar ou não segundo a prática judiciária de cada lugar e em cada época".

Manoel Jorge e Silva Neto[92] qualifica a Ação Civil Pública como "uma das chaves que destrancam a porta que dá acesso ao Poder Judiciário", e considera ingenuidade "achar que o velho modelo de processo dirigido à solução da disputa entre João x José está apto a viabilizar o acesso à Justiça nos dias atuais", numa sociedade com problemas jurídicos de massas e marcada por conflitualidade intensa e difusa.

---

(89) MARTINS FILHO, Ives Gandra da Silva. Os Direitos Fundamentais e os Direitos Sociais na Constituição de 1988 e sua Defesa. In: SENTO-SÉ, Jairo Lins de Albuquerque (coord.) *A Efetividade do Processo do Trabalho*. São Paulo: LTr, 1999. p. 21.

(90) *Idem*, p. 22.

(91) ADAMOVICH, Eduardo H. Raymundo von. Os belos copos de vinho da vovó? — Elementos de História do Processo Coletivo para solução de alguns problemas supostamente intrincados. In: RIBEIRO Jr., José Hortêncio (org.). *Ação Coletiva na Visão de Juízes e Procuradores do Trabalho*. p. 30-31.

(92) SILVA NETO, Manoel Jorge e. O Ministério Público do Trabalho e a Efetividade do Processo trabalhista. In: *A Efetividade do Processo do Trabalho*. p. 68.

Da mesma forma pensa *Fábio Leal Cardoso*[93], ao considerar a Ação Civil Pública um dos mais notáveis e eficazes instrumentos de proteção de interesses coletivos *lato sensu*, e ao afirmar que tais ações tiveram larga utilização nas duas décadas de sua existência. Mas, apesar de esta ação ter sido criada há mais de vinte anos pela Lei n. 7.347/85 e ser elevada ao patamar de ação constitucional com a CRFB de 1988, os números apresentados anteriormente não confirmam — pelo menos no âmbito da Justiça do Trabalho — a afirmação do Procurador do Trabalho citado acima.

Enquanto os dados do "Quadro 3.1" do Capítulo anterior apontam uma média anual de 30 (trinta) Ações Civis Públicas ajuizadas pelo Ministério Público do Trabalho no Estado de Santa Catarina, a Justiça do Trabalho do Estado tem recebido 51.541 processos novos, em média, por ano, ou seja, dentro deste universo de mais de cinqüenta mil processos ano, só temos trinta Ações Civis Públicas. E a mesma situação se repete no nível nacional, pois enquanto são recebidos mais de 1.665.000 processos por ano pelas Varas do Trabalho instaladas no país, a média dos três anos apontados no "Quadro 3.1", chega a tão-somente 808 processos ajuizados pelo Ministério Público. Ou seja, enquanto o total das ações ajuizadas atinge um número astronômico, bem acima da casa do "milhão", as ações coletivas não chegam até a casa dos "mil".

A propósito, em 28 de fevereiro de 2003, o Ministério Público do Trabalho da 12ª Região ajuizou perante a Justiça do Trabalho uma Ação Civil Pública[94] contra duas empresas do ramo da construção civil com atuação no Estado de Santa Catarina e contra uma cooperativa de mão-de-obra, alegando, em síntese, que diante de denúncias recebidas pela Delegacia Regional do Trabalho, constatou tratar-se de mais um caso de desvirtuamento do conceito das normas que regem as cooperativas, a fim de obter lucros desmedidos através da admissão de falsos cooperados em fraude à lei, requerendo, em decorrência, que a cooperativa e seus diretores fossem condenados em obrigações de não fazer, especialmente de abster-se de fornecer mão-de-obra de cooperados, e as empresas, de contratar tais trabalhadores para executar atividades fins, e, ainda, que fossem condenadas na obrigação de fazer, consistente em reconhecer a existência de vínculo de emprego e registrar os respectivos contratos de trabalhos.

Depois de realizadas várias audiências, as partes chegaram a um acordo, homologado pelo juízo, mediante o qual as empresas arroladas no pólo passivo da ação se comprometeram a abster-se de contratar trabalhadores por meio de cooperativas para a realização de serviços não-eventuais, prestados mediante subordinação e com pessoalidade, e, ainda, a registrar os contratos de trabalho de 169 (cento e sessenta e nove) trabalhadores contratados através da cooperativa,

---

(93) CARDOSO, Fábio Leal. Competência na Ação Coletiva Trabalhista. In: RIBEIRO Jr., José Hortêncio (org.). *Ação Coletiva na visão de Juízes e Procuradores do Trabalho*. p. 45.
(94) BRASIL. 5ª Vara do Trabalho de Florianópolis/SC. Processo ACP n. 01209-2003-035-12-00-0.

reconhecendo, desta forma, o vínculo de emprego estabelecido entre tais trabalhadores e as empresas, e, como conseqüência, o direito dos empregados ao recebimento das verbas rescisórias (saldo de salários do último mês trabalhado, 13º salários, férias e FGTS com a multa de 40%), parcelas já adimplidas pelas empresas.

Portanto, num único processo, embora trabalhoso por formar 12 volumes e conter mais de 2.700 páginas, foi resolvido conflito que atingia várias pessoas. Ou seja, enquanto poderiam estar tramitando separadamente 169 ações individuais — com o ajuizamento de uma única ação —, foi concedida e estendida a prestação jurisdicional para todos, de modo uniforme, evitando-se assim julgamentos contraditórios sobre os mesmos fatos, situação que também contribui, como a demora, para o desprestígio do Poder Judiciário.

Além desta ação civil pública, em onze anos do exercício da magistratura, somente tive o privilégio de atuar em mais uma ação desta natureza, em cujo processo[95], em síntese, alegava o Ministério Público que determinadas empresas vinham admitindo, freqüentemente, estagiários visando burlar a legislação trabalhista, em especial em relação à jornada do estágio.

Como a lei que regulamenta o contrato de estágio (Lei n. 6.494/77) não dispõe sobre a limitação da jornada, foi necessário analisar o caso concreto com base nos princípios jurídicos, pois, assim como a regras, também os princípios possuem caráter de normatividade, conforme estudado no primeiro capítulo deste trabalho.

Portanto, naquela ação, foi preciso decidir se deveriam prevalecer os Princípios do Direito Processual Civil, tais como os da Inércia da Jurisdição, do Dispositivo e da Livre Iniciativa, invocados pelas empresas ao aduzirem que "*caberá a cada estudante avaliar*, de forma crítica, se o estágio por ele desempenhado está contribuindo para *a sua própria* formação educacional e profissional", pois "caso se sintam lesados, cada um dos estagiários poderá ajuizar reclamação trabalhista para discussão do correto contrato de estágio e solicitação de eventual vínculo de emprego (se essa for a pretensão resistida do estudante), de modo que a *adequada* prestação jurisdicional será analisada caso a caso". (grifei)

Por outro lado, o Ministério Público defendia que a expressão econômica do trabalho defendida pelas empresas deve ser relegada a segundo plano, devendo ser "priorizada a educação formal, o ensino, direito fundamental que dispensa qualquer comentário frente ao fato de sua importância chegar a ser consenso entre nações civilizadas".

Na fundamentação da sentença[96], foi deixado claro que, na hipótese daqueles autos, os princípios da inércia da jurisdição e da livre iniciativa deveriam

---

(95) BRASIL. 5ª Vara do Trabalho de Florianópolis/SC. Processo ACP n. 08634-2006-035-12-00-2.
(96) A íntegra da Sentença poderá ser examinada ao final deste trabalho, nos Anexos.

ceder ao peso do princípio da dignidade humana, que fundamenta o Direito do Trabalho, pois não há como assegurar aos cidadãos brasileiros os direitos à educação e ao trabalho, previstos no art. 6º da Constituição Federal, sem que sejam observadas, no caso concreto, algumas normas para contratação de estagiários, como a limitação de jornada.

E se as metas prioritárias perseguidas no nível nacional pelo Ministério Público do Trabalho — em sua função institucional —, segundo detalhado pelo Procurador Regional do Trabalho *José Cláudio M. Brito Filho*[97], são o combate ao trabalho escravo; o combate à discriminação e a busca da igualdade no trabalho; o combate à exploração do trabalho das crianças e dos adolescentes; a defesa de um meio ambiente do trabalho saudável e equilibrado; o combate às irregularidades trabalhistas na Administração pública; o combate às fraudes nas relações de trabalho; e o combate à exploração do trabalho portuário e aquaviário, percebe-se que é bem aberto o leque de matérias que poderiam ser objeto de ajuizamento de Ação Civil Pública perante a Justiça do Trabalho.

No entanto, como vimos, as estatísticas indicam que ainda predominam as ações visando à tutela de interesses individuais, que abarrotam o Poder Judiciário e contribuem para a morosidade da justiça, constituindo essa realidade, segundo *Marcos Neves Fava*, "o primeiro fundamento da transformação forçada do processo para as ações coletivas", pois "o modelo tradicional de concretização da jurisdição não basta para apaziguar os conflitos, traduzindo-se, outrossim, em negação da própria justiça".[98]

E a "urbanização do universo" constitui o segundo fator a exigir a construção de novo sistema de solução das lides pela perspectiva transindividual, segundo Fava, tendo em vista que o trabalho se desenvolve no ambiente citadino, e não mais no âmbito rural, como na época das primeiras leis que deram tratamento especial às demandas relativas à prestação de serviços, conforme analisado no item que trata da história da Justiça do Trabalho no Brasil.

Na mesma linha de raciocínio, pensa o jurista *Dalmo de Abreu Dallari*[99], ao salientar que o fenômeno da acelerada e intensa urbanização da vida social "tornou mais viável, para muita gente, a possibilidade de procurar o Judiciário para a defesa de direitos ou a solução de conflitos, o que explica, em grande parte, o expressivo aumento do número de ações judiciais registrado nas últimas décadas".

Em síntese, segundo *Marcos Neves Fava*[100], a transformação do processo decorre "do aumento da quantidade de demandas, da urbanização dos conflitos

---

(97) BRITO FILHO, José Cláudio de. Limites da Legitimidade Ativa do MPT em Ação Coletiva. In: RIBEIRO Jr., José Hortêncio (org.). *Ação Coletiva na Visão de Juízes e Procuradores do Trabalho*. p. 65.

(98) FAVA, Marcos Neve. A Classe no Pólo Passivo da Ação Coletiva. In RIBEIRO Jr,. José Hortêncio (org.). *Ação Coletiva na Visão de Juízes e Procuradores do Trabalho*. p. 70.

(99) DALLARI, Dalmo de Abreu. *O Poder dos Juízes*. São Paulo. Editora Saraiva, 1996. p. 6.

(100) FAVA, Marcos Neve. A Classe no Pólo Passivo da Ação Coletiva. In RIBEIRO Jr,. José Hortêncio (org.). *Ação Coletiva na Visão de Juízes e Procuradores do Trabalho*. p. 75-76.

e da massificação da atividade social contemporânea e da necessidade de um procedimento que proteja o interessado contra a reação do empregador", já que o processo individual apresenta-se arriscado para o empregado, que raramente se arrisca com ajuizamento de demanda contra seu empregador no curso do contrato, por não ter garantia de emprego. Mas, adverte que a transposição do processo clássico, individualista, para o coletivo, transindividual, implica mudanças profundas. Nas suas palavras:

> "A transformação de sistemas, como a proposta para a nova realidade do processo de massas e que necessita da tutela jurisprudencial transindividual, implica mudanças profundas de concepção ideológica, de finalidade dos instrumentos processuais, de hermenêutica, de comportamento prático e de crença na possibilidade de um ordenamento jurídico plausível, cuja efetivação encontre guarida na atividade de um Judiciário comprometido com a efetividade de sua atuação."[101]

Todavia, por ora, ao invés de a jurisprudência prestigiar e estimular a utilização das ações coletivas, parte dela tem se mostrado restritiva, citando-se como exemplo a seguinte ementa do Tribunal Superior do Trabalho:

"AÇÃO CIVIL PÚBLICA. PEDIDO DE CUMPRIMENTO DE TABELA SALARIAL. ILEGITIMIDADE DO MINISTÉRIO PÚBLICO. Não cabe falar em violação direta e literal dos arts. 127 e 129, III, da Constituição Federal e 6º, d, e 83, III, da Lei Complementar n. 75/93 e em legitimidade do Ministério Público para propor ação civil pública quando trata-se de pedido de cumprimento da tabela salarial, o que constitui pedido de reparação de interesses individuais e não homogêneos que teriam sido lesados pela empresa." (Processo n. TST-RR-659979/2000.2, publicado no DJ em 8.9.2006)

Portanto, ao não reconhecer a legitimidade do Ministério Público para propor uma ação para compelir uma empresa a cumprir tabela salarial não levada a efeito, o Tribunal contribuiu, indiretamente, para abarrotar ainda mais o judiciário com inúmeras ações individuais que certamente serão ajuizadas para buscar a reparação do direito lesado. Assim, ao invés de uma ação, teremos várias ações tramitando simultaneamente, todas com o mesmo objeto. Como já dizia *Rui Barbosa*: *o direito não jaz na letra morta das leis, mas vive na tradição judiciária que as atrofia, ou desenvolve.*

Pelo menos, em prol da efetividade do processo, admitiu o TST, na fundamentação do acórdão, que embora a matéria discutida naqueles autos seja própria das reclamações trabalhistas, afigura-se a via da substituição processual pelo sindicato da categoria. Assim, transferiu ao sindicato a iniciativa de propor

---

(101) FAVA, Marcos Neve. A Classe no Pólo Passivo da Ação Coletiva. In RIBEIRO Jr,. José Hortêncio (org.). *Ação Coletiva na Visão de Juízes e Procuradores do Trabalho*. p. 76.

uma ação em nome dos lesados, como substituto processual — providência, diga-se de passagem, que nem sempre é materializada —, quando poderia ter resolvido desde logo o conflito, numa única ação.

Em sentido contrário, e em prol da efetividade do processo de execução, decidiram os Juízes da 2ª Turma do Tribunal Regional do Trabalho da 12ª Região, que, por unanimidade de votos, rejeitaram a preliminar de ilegitimidade ativa do Ministério Público do Trabalho para propor Ação Civil Pública argüida por entidade sindical patronal, argumentando que se discutiam nos autos interesses homogêneos, que, por serem disponíveis, estão excluídos das funções institucionais do Ministério Público, como se observa pela ementa abaixo transcrita:

> "PRELIMINAR. ILEGITIMIDADE ATIVA DO MINISTÉRIO PÚBLICO DO TRABALHO. A atuação do MPT como autor nas ações civis públicas se justifica quando o direito perseguido representa a defesa da ordem pública ou de interesse social relevante que atinja a sociedade. O inc. III do art. 129 da CRFB admite que o MPT aja no pólo ativo da ação civil pública com o intuito de proteger o patrimônio público e social, o meio ambiente e outros interesses difusos e coletivos, visando a tutelar o direito de uma coletividade de trabalhadores preconizado constitucionalmente, a jornada de trabalho, em cumprimento à lei, que restou violada pela orientação prestada pelo sindicato réu. O Código de Defesa do Consumidor encontra aplicação no âmbito do direito material e processual trabalhista, através do disposto no parágrafo único do art. 8º e no art. 769 da CLT. A alegação também não subsiste, ante a atribuição do MPT, expressamente prevista no art. 129, III, da CRFB e no art. 83, III, da LC n. 75/93." (Acórdão n. RO-V 00528-2002-039-12-00-2, Juiz Relator Gracio Ricardo Barboza Perone)

Mas, segundo *Paulo de Tarso Brandão*[102], "o direito de ação na esfera da Ação Civil Pública não se confunde com o direito de ação no âmbito do Processo Civil", por possuir uma natureza jurídica diversa. Para o autor, o fato de não ser levado em conta essa circunstância, explica os entendimentos totalmente desencontrados da doutrina e da jurisprudência sobre o tema, o que também contribui para "uma tímida aplicabilidade do instrumento de defesa coletiva".

Conforme *Brandão*,

> "[...] na esfera da Ação Civil Pública não opera o conceito ou noção de legitimidade extraordinária, uma vez que as pessoas jurídicas ou as instituições são legitimadas por força de disposição legal; e nesse caso, a legitimação é sempre *ordinária*. [...]

---

(102) BRANDÃO, Paulo de Tarso. *Ações Constitucionais* — "Novos" Direitos e Acesso à Justiça. 2. ed. Florianópolis: OAB/SC Editora, 2006. p. 231-233.

Assim, quando a Ação Civil Pública é proposta por um dos colegitimados previstos pela lei [...] resta somente indagar se o interesse que a ação busca tutelar é difuso, coletivo ou individual homogêneo. Essa análise, no entanto, é matéria de mérito e não pode, jamais, ser considerada condição para a ação."[103]

Lembra ainda *Paulo de Tarso Brandão*, que a CRFB/88 inseriu entre as funções institucionais do Ministério Público, especificadas no seu art. 129, a de promover a "ação civil pública, para a proteção do patrimônio público e social, do meio ambiente *e de outros interesses difusos e coletivos*". (grifo do autor)

Mesmo assim, prossegue[104] em seu raciocínio, de apesar a lei dispor expressamente que a Ação Civil Pública é instrumento para veicular a ação de responsabilidade por danos "a *qualquer* outro interesse difuso ou coletivo", é possível encontrar entendimentos tanto na doutrina como na jurisprudência, "no sentido de que os interesses difusos e coletivos, protegidos pela lei, são disciplinados em *numerus clausus*". (grifos do autor)

Embora o estudo não tenha por objeto o entendimento da jurisprudência da Justiça Comum sobre o tema, pelo inusitado, merece referência o voto proferido por desembargador da 4ª Câmara Cível da Comarca de São Paulo, ao julgar a Apelação 162.175-1/4, em 12.12.1991, referido e sintetizado por *Marcos Neves Fava*[105] em artigo de sua autoria, de que aquela decisão, apesar de reconhecer que qualquer interesse pode ser tachado de transindividual, foi fundamentada no entendimento de que o *Parquet* não pode invadir a reserva de mercado de trabalho dos advogados.

Portanto, segundo *Fava*, ao julgar este caso concreto, a preocupação daquele órgão do Poder Judiciário não estava voltada para a efetividade do processo, mas para a proteção do mercado de trabalho de uma classe, como se observa pela transcrição de parte do voto do juiz relator:

"[...] não pode realmente o *Parquet* exercer o *munus* que a lei concedeu ao advogado, pena de insuportável usurpação e virtual obsolescência da nobre atividade, relegada que estaria ao rol das excentricidades das partes, não se vislumbrando porque alguém — refere-se aqui os não pobres no sentido da lei — iria procurar e *pagar* um advogado se pode ter seus interesses superiormente e *gratuitamente* defendidos por uma instituição do porte do Ministério Público de indiscutível ascendência e festejável nível intelectual."

---

(103) BRANDÃO, Paulo de Tarso. *Ações Constitucionais* — "Novos" Direitos e Acesso à Justiça. p. 239-240.

(104) *Idem*, p. 241-245.

(105) FAVA, Marcos Neve. A Classe no Pólo Passivo da Ação Coletiva. In: RIBEIRO Jr., José Hortêncio (org.). *Ação Coletiva na Visão de Juízes e Procuradores do Trabalho*. p. 78-79.

Voltando ao instituto da substituição processual, nos ensina *Carlos Henrique Bezerra Leite*[106] que, em determinadas circunstâncias, o nosso direito positivo prevê a chamada *legitimação extraordinária,* por meio da qual "pessoas ou entes, desde que autorizados por lei, podem figurar no processo em nome próprio, mas defendendo direito alheio".

Esta é a regra prevista no art. 6º do CPC: "Ninguém poderá pleitear em nome próprio direito alheio, salvo quando autorizado por lei". Em sede constitucional, o art. 8º, III, da CRFB de 1988, assegura ao sindicato o direito de defender, judicial e administrativamente, os direitos e interesses individuais e coletivos da categoria.

Mas a doutrina se dividiu entre aqueles que entendiam que este dispositivo constitucional consagra amplamente a substituição processual, enquanto, para outros, o instituto continuava a depender de expressa previsão na lei, corrente que acabou sendo adotada pelo TST quando editou a Súmula n. 310[107], em 6.5.93, limitando a atuação das entidades sindicais na qualidade de substituto processual dos membros da categoria profissional, que, no entanto, foi cancelada em 1.10.03, após o Supremo Federal Tribunal se pronunciar em favor da primeira corrente.

Conforme aduzido por *Ilse Marcelina Bernardi Lora*[108], com a sociedade de massas, os conflitos sociais foram intensificados e passaram a atingir grande número de pessoas, para os quais não se encontra mais resposta no modelo tradicional de tutela individual, sendo "necessário encontrar instrumentos que permitissem prevenir e reparar, de forma eficaz, as lesões que se faziam sentir no plano coletivo".

Entretanto, prossegue a autora no seu raciocínio, apesar de a CLT ser a pioneira no Brasil no tratamento da tutela dos interesses transindividuais com a instituição da ação de dissídio coletivo, não obstante seu vanguardismo,

"[...] o processo do trabalho viria a assistir apático às profundas transformações introduzidas pela Lei da Ação Civil Pública (Lei n. 7.347, de 24 de julho de 1985), ratificadas e ampliadas pela Constituição Federal de 1988 e complementadas pelo Código de Defesa do Consumidor (Lei n. 8.078, de 12 de setembro de 1990). A doutrina, e em especial a jurisprudência trabalhista, adotaram surpreendente postura refratária à adoção dos relevantes instrumentos para proteção dos novos interesses que

---

(106) LEITE, Carlos Henrique Bezerra. *Curso de Direito Processual do Trabalho.* p. 236.

(107) BRASIL. Tribunal Superior do Trabalho. "Súmula 310 — SUBSTITUIÇÃO PROCESSUAL. I — O artigo 8º, inciso III, da Constituição da República, não assegura a substituição pelo sindicato."

(108) LORA, Ilse Marcelina Bernardi. Substituição Processual pelo Sindicato. *Boletim Anamatra on line,* 24 jan. 2007. Disponível em: www.anamatra.org.br. Acessado em 29 jan. 2007.

emergiam da complexa tessitura social, em especial no âmbito laboral, alvo de profundas e revolucionárias mudanças. Aos sindicatos, reconhecidamente os primeiros *corpos intermediários* para a representatividade de determinada massa da sociedade — no caso dos trabalhadores — foi negada a ampla possibilidade de defender em Juízo os interesses da categoria, em atitude francamente oposta àquela que fundamentou a inserção na Constituição Federal, em 1988, de mecanismos voltados à tutela jurídica integral e que inspirou a elaboração do Código de Defesa do Consumidor." (grifos da autora)

Conclui a Juíza *Lora* que a massificação dos conflitos também atingiu diretamente o Direito do Trabalho, exigindo que "sejam aplicados instrumentos para a sistemática e eficaz tutela dos direitos e interesses dos trabalhadores, pois a atuação do Ministério Público, embora dinâmica e notável, diante da pletora de demandas não se faz suficiente para atender esse segmento econômico-social".

Contudo, a falta de registros estatísticos na Justiça do Trabalho sobre estas ações de massa, indica que a tutela coletiva ainda não vem merecendo a atenção exigida pelos dias atuais. Portanto, é preciso adequar o foco da Justiça do Trabalho aos novos tempos, o que não será possível alcançar se não for mudada, com urgência, a mentalidade dos operadores do Direito, mudança que poderá se iniciar com o resgate dos Princípios que orientam o Direito do Trabalho e o Direito Processual do Trabalho, em especial os da Proteção e do Impulso Processual, vistos no primeiro Capítulo deste trabalho.

Para a parte da doutrina que critica a reforma introduzida pela EC n. 45/2004, sob o argumento de que o legislador deveria ter criado medidas processuais mais completas para dificultar ou impedir a demora, ao invés de prever o direito à razoável duração do processo, *Francisco Carlos Duarte* e *Adriana Grandinetti*[109] respondem que a celeridade e a tempestividade da tutela jurisdicional são o alicerce de toda a Reforma, que

"[...] não traz somente novas formas aos princípios constitucionais, mas sim, um novo modo de pensar o direito. A previsão da duração razoável do processo e de meios que garantam a sua celeridade processual é, indiscutivelmente, a consagração de um modo de pensar as normas que regem o processo civil e penal."

Na mesma linha, é o entendimento de *Júlio César Bebber*[110], ao comentar a Reforma do CPC introduzida pela Lei n. 11.232/2005, e manifestar ceticismo

---

(109) DUARTE, Francisco Carlos; GRANDINETTI, Adriana Monclaro. *Comentários à Emenda Constitucional 45/2004.* Curitiba: Juruá Editora, 2005. p. 55-59.
(110) BEBBER, Júlio César. Reforma do CPC — Processo Sincrético e Repercussões no Processo do Trabalho. *Revista LTr. 70-02/139.* São Paulo, v. 70. p. 139, fev. 2006.

com simples alterações legislativas, pois embora as considere necessárias, "não se pode pensar que as coisas mudam pela simples modificação legislativa". E arremata:

> "É preciso mais. É preciso reforma de mentalidade. É preciso mudança de atitude.
>
> Não basta seguir o manual fornecido pela lei. É necessário dar-lhe efetividade com interpretações atualizadas, inovadoras. Para isso, temos que nos despir de dogmas, desvencilharmo-nos de preconceitos e desapegarmo-nos do tradicional. Temos que refletir, questionar, pôr em dúvida nossas convicções. Pensar. Pensar."

Portanto, a concretização do Princípio da Duração Razoável do Processo não passa necessariamente pelo aumento do número de juízes e servidores, da criação de mais Varas do Trabalho, nem mesmo de alterações legislativas infraconstitucionais visando abolir possibilidades de alongamento irrazoável do processo.

De nada adiantarão tais providências se não for mudada nossa cultura jurídica, marcada, segundo *José Reinaldo de Lima Lopes*[111], pelo individualismo[112] e pelo formalismo[113]. Para ele, trata-se de um individualismo inclusive de base e de método, imaginando-se que a parte precede o todo, que o direito do indivíduo está acima do direito da comunidade, que transborda em atomismo[114], ou seja, "o jurista em geral não é treinado a compreender o que é uma estrutura: assim, está mais apto a perceber uma árvore do que uma floresta".

E além de individualista, a cultura jurídica é formalista, sobretudo a transmitida aos estudantes de Direito, que recebem um treinamento que coopera fortemente para desestimular a inovação, e para quando ingressarem na magistratura, "despachar furiosamente resolvendo tudo o que podem com as tecnicalidades do processo".[115]

---

(111) LOPES, José Reinaldo de Lima. Crise da Norma Jurídica e a Reforma do Judiciário. In FARIA, José Eduardo (org.). *Direitos Humanos, Direitos Sociais e Justiça*. p. 82-83.

(112) Conforme José Eduardo Faria, o *individualismo* se traduz pela convicção de que a parte precede o todo, ou seja, de que os direitos dos indivíduos estão acima dos direitos da comunidade. (FARIA, José Eduardo. *Os Novos Desafios da Justiça do Trabalho*. São Paulo, LTr, 1995. p. 38)

(113) Também de acordo com José Eduardo Faria, e já referido anteriormente, o *formalismo* decorre de apego excessivo a um intricado conjunto de ritos e procedimentos burocratizados e impessoais, justificados em nome da certeza jurídica e da "segurança do processo". (FARIA, José Eduardo. *Os Novos Desafios da Justiça do Trabalho*. São Paulo: LTr, 1995. p. 38)

(114) *Atomismo*: doutrina filosófica que explica a constituição do universo por meio de átomos. (*Pequeno Dicionário Brasileiro da Língua Portuguesa*, de Aurélio B. Holanda)

(115) LOPES, José Reinaldo de Lima. Crise da Norma Jurídica e a Reforma do Judiciário. In FARIA, José Eduardo (org.). *Direitos Humanos, Direitos Sociais e Justiça*. p. 83.

Conforme *Dinamarco*, a pouca importância dada à relevância social e política do processo é responsável pelo imobilismo do sistema,

"[...] que nasceu sob o signo do individualismo e ao logo de dois milênios continua até hoje aferrado a técnicas individualistas incompatíveis com o palpitar solidarista dos tempos. Tem-se, com isso, na marca da formação do processo, a regra da *legitimidade ad causam individual,* só excepcionada em casos raros, de direito estrito; no ponto de terminação do processo de conhecimento, a eficácia direta da sentença de mérito atingindo somente as partes do processo e a autoridade da coisa julgada subjetivamente limitada a elas. E têm-se, ao longo de todo o arco dos diferentes procedimentos, critérios e disposições que pressupõem o envolvimento de indivíduos e não de categorias. São reflexos não só desse modo estritamente jurídico de ver a ordem processual instrumentalmente conexa à substancial, como também da tradicional interpretação individualista dessa própria instrumentalidade; sua interpretação evolutiva, associada à abertura do leque que os escopos do processo na área social e na política, são fatores capazes de contribuir eficazmente para a correção desses rumos e correta teorização das novas tendências."[116]

Para mudar esta cultura, é preciso disseminar o uso das Ações Civís Públicas, e também de ações trabalhistas movidas por entidades sindicais atuando como substitutos processuais, o que, no entanto, somente acontecerá se o próprio Poder Judiciário estimular e der tratamento especial a esses tipos de ações, a começar, ressaltando em seus registros estatísticos dados a respeito, criando prazos diferenciados e mais elásticos para os juízes atuarem nessas ações, dando condições para estudo mais detalhado e aprofundado desses processos, pois não pode uma Ação Civil Pública, muitas vezes com repercussão sobre a vida de milhares de pessoas, ser apenas mais uma entre as muitas ações a serem impulsionadas e julgadas pelo mesmo juiz.

Infelizmente, os registros estatísticos dos tribunais, assim como são coletados e organizados atualmente, parecem estimular a proliferação de conflitos. Ao ser mantido este círculo vicioso, ou seja, se mais reclamatórias forem ajuizadas, mais servidores serão necessários, mais Varas e Tribunais terão que ser criados, o que, no entanto, nunca será suficiente para atender os anseios por justiça da sociedade brasileira.

Nos dias atuais, não pode mais o Judiciário debitar a demora processual ao elevado número de processos se nada faz para mudar a mentalidade individualista que impera no nosso sistema jurídico, como se isso justificasse a interminável batalha para o credor ver satisfeito o seu direito, sob pena de, num futuro bem próximo, ser o Estado objetivamente responsabilizado, já que é ele —

---

(116) DINAMARCO, Cândido Rangel. *A Instrumentalidade do Processo.* p. 271-272.

como bem lembrado por *Francisco Carlos Duarte* e *Adriana Grandinetti*[117] — que detém o monopólio da jurisdição e recebe os impostos e taxas dos jurisdicionados, que o sustentam.

Também com muita propriedade, advertiu o advogado e ex-deputado *Hélio Bicudo*[118], que a sociedade civil e os magistrados "precisam voltar seus olhos para as necessidades de uma Justiça real, igual para todos e a todos acessível, sem distinção de valor econômico", ideal que não pode, segundo *Bicudo*, ser alcançado no sistema atual, "de uma Justiça centralizada nos fóruns ou nos Palácios de Justiça", onde os juízes vão para dar andamento aos processos, sem nenhum contato com seus jurisdicionados, como se fossem meros funcionários públicos com expediente a cumprir.

Para ele, essa centralização é a maior causa da demora na solução dos conflitos, e para mudar esta realidade, *Hélio Bicudo* defende a criação de distritos judiciários com plena competência para atendimento rápido de causas de pequeno valor, o que permitiria o desafogo da Justiça qualificada para os procedimentos de maior conteúdo econômico. E conclui que é preciso também que a Justiça deixe de se caracterizar pela burocratização.

Portanto, embora seja necessária uma Justiça real, igual para todos e a todos acessível, sem distinção de valor econômico, também ele entende que os casos simples devem ser resolvidos rapidamente — em tempo real — para que o Poder Judiciário possa dar melhor atenção aos processos mais complexos e de maior conteúdo econômico, como, por exemplo, às Ações Civis Públicas.

Na mesma linha é o pensamento de *Flávio Sirângelo*[119], ao receitar que "a efetividade é o melhor remédio contra a litigiosidade exacerbada", e ao asseverar que o papel do juiz "só tem importância se é exercido como algo que vai além da simples tarefa de sentenciar casos individuais em série". E arremata: "Somos um país de milhões de causas e de contendores judiciais à espera de um veredito. Precisamos mudar esse cenário porque ele também contribui, de certa maneira, para atrasar o crescimento de que tanto precisamos como nação".

Ademais, o Direito do Trabalho se estruturou e se orienta no Princípio da Proteção, que, em síntese, é traduzido pela idéia da compensação[120], no plano jurídico, da desigualdade no plano econômico. Mas, se a lei trata desigualmente os desiguais, privilegiando o trabalhador no plano formal, como pode o órgão que trata dos conflitos do trabalho dar a mesma atenção e tratamento para ações tão desiguais?

---

(117) DUARTE, Francisco Carlos; GRANDINETTI, Adriana Monclaro. *Comentários à Emenda Constitucional 45/2004*. p. 59.

(118) BICUDO, Hélio. Um Poder Judiciário Atuante. *Folha de S. Paulo*, 6 set. 2006. p. A3.

(119) SIRÂNGELO, Flávio, Juiz do Trabalho do TRT do Rio Grande do Sul. O Poder da Conciliação. *Zero Hora*, Porto Alegre, 4 set. 2006.

(120) CAMINO, Carmen. *Direito Individual do Trabalho*. p. 96.

Ao invés de serem criadas Varas do Trabalho especializadas em Acidente do Trabalho, ou em Execução, por exemplo, voltadas para atender conflitos individuais — do João contra o José[121] —, devem ser criadas Varas especializadas em Direito Coletivo, pelo menos uma delas em cada Tribunal Regional, nas respectivas Capitais, mesmo que ainda sejam poucas as ações dessa natureza, como indicam as estatísticas disponíveis, pois, com esta postura o Poder Judiciário estará sinalizando à sociedade que se pretende mudar o eixo central das ações: do plano individual para o coletivo.

Essa política judiciária é fundamental para dar condições aos juízes de se especializarem no Direito Coletivo, a estudarem com profundidade este ramo do Direito, podendo contribuir, inclusive, para que a doutrina passe a dar maior atenção ao Direito Coletivo, já que a maioria das publicações jurídicas versam sobre questões de Direito Individual.

Além disso, a criação de Varas especializadas em Direito Coletivo permitirá ao juiz aplicar o Princípio do Impulso Processual em sua plenitude, pois de nada adianta dar ao juiz do trabalho o *poder diretivo* do processo — em alto grau —, conforme salientado por *Mozart Victor Russomano*, se a ele não é dado condições de aplicar o princípio em razão do acúmulo de processos sob sua direção.

Ainda poderiam ser distribuídas nas mesmas Varas as execuções de penalidades administrativas impostas pelas Delegacias Regionais do Trabalho, já que, na maioria das vezes, são as diligências das DRT's que dão origem às Ações Civis Públicas, o que permitiria, inclusive, a atuação coordenada dos vários órgãos com competência na seara do Direito do Trabalho — Delegacia Regional do Trabalho, Ministério Público do Trabalho e Justiça do Trabalho —, evitando-se assim a atuação fragmentada destes órgãos, o que também contribui, certamente, para a demora dos processos e para a impunidade.

Ademais, a instrução de uma ação desta relevância, como a Ação Civil Pública, deve merecer todos os esforços dos envolvidos, até para que o Poder Judiciário não dê ao infrator, por falta de esforço processual, um atestado de boa conduta.

No âmbito trabalhista, cumpre lembrar, rapidamente, que compete ao Ministério do Trabalho a fiscalização do trabalho, que se fosse estendida a todos os recantos do território nacional, certamente também contribuiria para evitar o ajuizamento de inúmeras ações trabalhistas individuais.

Em conferência feita em fórum internacional organizado pelo Tribunal Superior do Trabalho[122], o jurista uruguaio *Oscar Ermida Uriarte* apontou

---

(121) Expressão utilizada pelo Procurador do Trabalho Manoel Jorge e Silva Neto, in *A Efetividade do Processo do Trabalho*. p. 68.
(122) Oscar Ermida prevê freio na flexibilização e mais capacitação. *12ª Hora on line*. Disponível em: <ttp://www.trt12.gov.br/extranet/ascom/clipping/030206.htm>. Acesso em: 3 fev. 2006.

algumas características comuns do Direito do Trabalho adotado pelos países da América Latina, entre as quais uma legislação especializada, criada de cima para baixo, com forte intervencionismo do Estado, decorrente da implantação tardia do capitalismo na região.

Mas, na avaliação do jurista uruguaio, a característica mais preocupante é a distância entre o Direito e a realidade, ou seja, "o grande problema da legislação trabalhista latino-americana não é a qualidade, mas a sua eficácia, o seu cumprimento". E entre as falhas de controle de aplicação destas normas, citou a lentidão do Poder Judiciário e o mau funcionamento da inspeção do trabalho, embora tenha ressalvado que a inspeção brasileira, com todas as suas limitações, ainda é a única que funciona na América Latina.

Mesmo assim, existem poucos dados estatísticos tratando da eficácia das suas autuações. No Boletim Estatístico do TRT da 12ª Região, que trata da "Situação Processual Segundo a Natureza das Ações" e já referido anteriormente, é apontado que no ano de 2006, das 2.829 execuções de penalidades administrativas impostas pela Delegacia Regional do Trabalho no Estado de Santa Catarina, apenas 253 foram encerradas naquele ano. Ou seja, menos de 10% das execuções de tais autuações foram encerradas.

E o dia 28 de janeiro de 2007, que marcou três anos do assassinato de quatro servidores do Ministério do Trabalho em Unaí, no interior do Estado de Minas Gerais, quando vistoriavam as condições de trabalho das pessoas que colhiam a safra de feijão, foi marcado por um ato público da sociedade, com o objetivo de pressionar pela aceleração das investigações sobre o caso que emperram na Justiça, como noticiado pelo jornal Folha de S. Paulo.[123] Portanto, passados três anos do assassinato, nem ao menos foram levados a julgamento os autores do crime.

Finalmente, aponta ainda a doutrina[124] outros meios que podem garantir a celeridade do processo, como o instituto da tutela antecipada, incorporada no nosso ordenamento jurídico por meio dos arts. 273 e 461 do CPC, e a criação, embora não na esfera da Justiça do Trabalho, dos Juizados Especiais.

Também é lembrada a Súmula Vinculante, embora *Ana Maria G. F. Scartezzini*[125] entenda que o princípio do contraditório se vê aviltado pelo instituto, e que "a justificativa de agilização dos processos não se coaduna com a garantia maior de submissão à apreciação do Poder Judiciário de toda lesão ou ameaça de lesão perpetrada a direito individual ou coletivo".

---

(123) Ato marca três anos de mortes no caso Unaí. *Folha de S. Paulo*, 29 jan. 2007. p. A-8.
(124) SPALDING, Alessandra Mendes. Direito Fundamental à Tutela Jurisidional Tempestiva... In: WAMBIER, Teresa Arruda Alvim (coord.). *Reforma do Judiciário*: primeiras reflexões sobre a Emenda Constitucional n. 45/2004. p. 39.
(125) SCARTEZZINI, Ana Maria G. Flaquer O Prazo Razoável para a Duração dos Processos e a Responsabilidade do Estado pela Demora. In: WAMBIER, Tereza Arruda Alvim (coord.). *Reforma do Judiciário*: primeiras reflexões sobre a Emenda Constitucional n. 45/2004. p. 44-45.

Em sentido contrário, *Horácio Rodrigues*[126] defende que a Súmula Vinculante é um instrumento poderoso de agilização das demandas, com objetivo de "eliminar a insegurança jurídica e a multiplicação de processos sobre questão idêntica".

Lembre-se ainda a Lei n. 11.276/2006, que ao inserir o § 1º no art. 518 do CPC, autoriza o magistrado a não receber o recurso de apelação quando a sentença estiver em conformidade com súmula do Superior Tribunal de Justiça ou do Supremo Tribunal Federal.[127]

É citada também pela doutrina a execução provisória, que, de acordo com o art. 899 da CLT, vai até a penhora, ou seja, enquanto tramitam os recursos interpostos contra a sentença, permite ao credor requerer sua liquidação em Carta de Sentença para fins de ver garantido o juízo. Conforme *Cândido Dinamarco*:

> "Antes de proferida a sentença, a sua efetividade poderá ser assegurada pelas *medidas cautelares*, que constituem contraveneno do tempo. [...] Também a execução é objeto de proteção pela via da cautelaridade, mediante resguardo dos bens que lhe servirão de objeto (arresto, seqüestro). Depois, a possibilidade de *execução provisória* nas hipóteses que a lei prevê é outra arma muito boa nessa luta contra o tempo [...]"[128] (grifos do autor)

Mas, apesar de considerar um poderoso instrumento de celeridade e eficiência no processo de execução, *Delaíde Arantes*[129] lamenta que falta uniformização de procedimentos para tramitação da execução provisória na Justiça do Trabalho, e que o sobrestamento da execução, com a justificativa de que o juízo está garantido com a penhora, para prosseguimento somente depois do trânsito em julgado da sentença, traz imensuráveis prejuízos ao credor, tendo em vista que, neste intervalo de tempo, inúmeros incidentes podem ocorrer que podem levar o credor a não receber seus direitos.

Segundo noticiado no Portal do CNJ, em 10.8.06, o Conselho Nacional de Justiça está trabalhando em conjunto com diversos órgãos para implementar a penhora *on-line* de veículos, assim como já existe em relação aos créditos bancários. Este novo sistema virtual de bloqueio, além de possibilitar a penhora pela internet em tempo real, permitirá ainda aos juízes bloquear a transferência de veículos, bem como restringir a circulação e o licenciamento de veículos dos maus pagadores, o que certamente contribuirá para a efetividade do processo.

---

(126) RODRIGUES, Horácio Wanderlei. EC n. 45: Acesso à Justiça e Prazo Razoável na Prestação Jurisdicional. In: Wambier, Tereza Arruda Alvim (coord.) *Reforma do Judiciário*: primeiras reflexões sobre a Emenda Constitucional n. 45/2004. p. 291.

(127) MONTENEGRO FILHO, Misael. *Cumprimento da Sentença e Outras Reformas Processuais*. São Paulo: Editora Atlas, 2006. p. 132.

(128) DINAMARCO, Cândido Rangel. *A Instrumentalidade do Processo*. p. 370.

(129) ARANTES, Delaíde Alves Miranda; DUARTE, Radson R. Ferreira. *Execução Trabalhista Célere e Efetiva*: Um sonho possível. p. 65-66.

Na mesma linha, recomenda-se a implementação de um sistema de penhora *on-line* com os Registros de Imóveis, inclusive com os Tabelionatos, já que nem sempre o proprietário de imóvel leva a registro, imediatamente, a escritura de compra e venda. Conforme o art. 236 da CRFB, os serviços notariais e de registro, apesar de serem exercidos em caráter privado, o são por delegação do Poder Público, e a fiscalização dos seus atos compete ao próprio Poder Judiciário, na forma disposta no § 1º do mesmo artigo.

Ademais, se por força do art. 1º da Lei n. 8.935, de 18 de novembro de 1994, os serviços notariais e de registro são destinados a garantir a publicidade, a autenticidade, a segurança e a eficácia dos atos jurídicos, não se concebe que o Poder Judiciário não tenha ferramentas para acessar tais registros, em tempo real e em todo o território nacional, tendo que se valer ainda da intermediação de Oficial de Justiça para proceder à penhora de imóveis, além da necessidade de expedição de Cartas Precatórias quando o bem estiver localizado fora da jurisdição do órgão de 1º grau onde se processa a execução. E isso só acontece quando o credor ou juízo tiverem conhecimento da existência de imóveis registrados em nome do devedor, o que nem sempre é possível diante da imensidão do nosso território.

Exatamente por ter consciência destas dificuldades é que a Juíza *Maria do Céo de Avelar*, ao responder pela Corregedoria do Tribunal do Trabalho da 12ª Região, firmou vários acordos de cooperação com os Oficiais de Registro de Imóveis de Santa Catarina, visando desburocratizar os procedimentos envolvendo a busca de informações, por *e-mail*, sobre a existência de imóveis em nome dos executados.[130]

Segundo a Juíza *Maria do Céo*, são os princípios da eficiência, da celeridade e da economia processual que devem nortear o Judiciário Trabalhista, especialmente na fase executória, que exigem a adoção imediata de mecanismos que agilizem e impulsionem os feitos trabalhistas que cuidam de um modo geral do pagamento de salário, fonte de subsistência do trabalhador.

Enquanto se espera a implantação da penhora *on-line* de veículos e de imóveis, estudaremos, logo a seguir, o sistema BACEN/JUD, que permitiu a penhora *on-line* de créditos bancários, um dos meios que consideramos dos mais eficientes para a concretização do princípio da duração razoável do processo.

Afinal, os dados estatísticos apresentados nos indicam que a Execução Trabalhista deve ser considerada como um problema sério a ser resolvido, com urgência, sob pena de comprometer a legitimidade do Poder Judiciário.

---

(130) O Acordo de Cooperação firmado entre a Vara do Trabalho de Joaçaba e os Oficiais de Registros de Imóveis localizados no território de jurisdição da respectiva Vara poderá ser examinado ao final deste trabalho, nos Anexos.

3.3 O sistema BACEN/JUD como instrumento para a efetividade do processo de execução

Como vimos anteriormente, citado o devedor e ao não pagar a importância reclamada, serão penhorados bens do seu patrimônio — observada a ordem preferencial estabelecida no art. 655 do CPC —, que poderão ser expropriados judicialmente para satisfação dos créditos em execução.

Segundo *Manoel Carlos Toledo Filho*[131], "o legislador de 1973 conferiu ao dinheiro a condição de bem preferencial, privilegiado, naquilo que concerne ao adimplemento do crédito debatido em sede judicial [...] em virtude de sua própria natureza de instrumento de troca [..] a penhora de dinheiro indiscutivelmente *dinamiza* o procedimento executório, na exata medida em que dispensará a realização de avaliação e hasta pública".

Se para *Wagner Giglio*[132] a execução, na Justiça do Trabalho, "tem sido considerada como o ponto fraco, o calcanhar de Aquiles do processo trabalhista", a prática forense tem demonstrado que isso se deve, principalmente, às dificuldades para se garantir o juízo, e mesmo se garantido pela penhora de bens móveis ou imóveis, com os problemas de avaliação de tais bens, e, posteriormente, com expropriação judicial.

Portanto, grande parte destes problemas é superada quando a penhora recair sobre o dinheiro, como referido por *Toledo Filho*. Lembra ainda o autor, que na década de 70 o dinheiro era "algo palpável, sólido, visível", mas, hoje,

> "[...] tornou-se um bem imaterial, invisível, capaz de deslocar-se de um lugar para outro do planeta em questão de segundos, sem que ninguém disto se dê conta, além daquelas pessoas diretamente interessadas na transação. O seu transporte, que dantes era manual e dependia de carros fortes e seguranças armados para ser viabilizado, hoje pode ser efetuado com alguns poucos toques de botão."[133]

Contudo, enquanto no mundo dos negócios logo foram incorporadas essas inovações tecnológicas, até pouco tempo os órgãos jurisdicionais se valiam apenas de instrumentos tradicionais para localizar bens do devedor, tais como a expedição de ofícios, de mandados de busca, de cartas precatórias, com resultados frustrantes, contribuindo para o descrédito do Poder Judiciário.

Mas, esta realidade foi modificada substancialmente a partir da assinatura de um convênio técnico-institucional entre o Banco Central do Brasil e o

---

[131] TOLEDO FILHO, Manoel Carlos. *Fundamentos e Perspectivas do Processo Trabalhista Brasileiro.* São Paulo: LTr, 2006. p. 160.

[132] GIGLIO, Wagner. *Direito Processual do Trabalho.* p. 557.

[133] TOLEDO FILHO, Manoel Carlos. *Fundamentos e Perspectivas do Processo Trabalhista Brasileiro.* p. 160.

Tribunal Superior do Trabalho[134], em 5 de março de 2002, visando possibilitar o acesso, via internet, ao Sistema de Solicitações do Poder Judiciário ao Banco Central do Brasil, chamado de BACEN/JUD, simplificando e facilitando "os trâmites durante os procedimentos de constrição dos bens do devedor e concretizando o ideal de tornar o processo célere e eficaz".[135]

Em 22 de setembro de 2005, o Banco Central e o TST firmaram novo convênio, denominado BACEN/JUD 2.0[136], com o objetivo de aperfeiçoar o sistema e estabelecer algumas diretrizes sobre o seu funcionamento, padronizando a transmissão de informações entre as partes integrantes e definindo prazos para bloqueio e desbloqueio de contas, a forma de proceder, bem como senhas, fiscalização e execução do convênio, de forma a fornecer orientações supletivas para o seu cumprimento.

Este sistema, que passou a ser chamado de BACEN/JUD 2.0 a partir de então, é um instrumento propiciado aos órgãos integrantes do Poder Judiciário de encaminharem ofícios eletrônicos às instituições financeiras determinando o bloqueio de valores nas contas bancárias de pessoas físicas ou jurídicas dentro do Sistema Financeiro Nacional. Conforme *Carlos Henrique Bezzera Leite*, o convênio de cooperação firmado com o Banco Central

> "[...] prevê a possibilidade de o TST, o STJ e os demais Tribunais signatários, dentro de suas áreas de competência, encaminhar às instituições financeiras e demais instituições autorizadas a funcionar pelo BACEN *ofícios eletrônicos contendo solicitações de informações* sobre a existência de contas correntes e aplicações financeiras, *determinações de bloqueis e desbloqueios de contas* envolvendo pessoas físicas e jurídicas clientes do Sistema Financeiro Nacional, bem como outras solicitações que vierem a ser delineadas pelas partes."[137] (grifos do autor)

Portanto, não é um instrumento de uso exclusivo da Justiça do Trabalho, como pensam alguns, talvez por ser a Justiça que mais utiliza esta ferramenta.

Até junho de 2005, haviam sido protocoladas 153.636 mil ordens judiciais, das quais 88% (135.000) foram emitidas pela Justiça do Trabalho; 11% (16.653 ordens) pelas Justiças Estaduais, e 1% (1.980 ordens) pela Justiça Federal.[138]

---

(134) O convênio técnico-institucional firmado entre o BCB e o TST, que criou o BACEN/JUD, poderá ser examinado no final deste trabalho, nos Anexos.
(135) SOARES, Mauro Freda. A penhora *on line* na execução trabalhista e suas implicações jurídicas. *Revista LTr*, São Paulo, v. 68, n. 12. p. 1.460-1.464, dez. 2004.
(136) O convênio que criou o BACEN/JUD 2.0 também poderá ser examinado no final do trabalho, nos Anexos.
(137) LEITE, Carlos Henrique Bezerra. *Curso de Direito Processual do Trabalho*. p. 732.
(138) BACEN/JUD completa quatro anos e agiliza a execução trabalhista. *12ª Hora on line*, Florianópolis. Disponível em: <http://www.trt12.br/extranet/ascom/clipping/160306.htm>. Acessado em: 16 mar. 2006.

E até outubro de 2006 foram efetuados 709.353 pedidos de bloqueio de créditos bancários somente pela Justiça do Trabalho, tendo todo o Poder Judiciário registrado 909.644 acessos ao Banco Central, segundo dados estatísticos da Secretaria da Corregedoria Geral da Justiça do Trabalho.[139] Este balanço, divulgado pelo Banco Central do Brasil, revelou que o número de solicitações ao sistema aumentou consideravelmente entre o final de 2005 e outubro de 2006, inclusive junto aos Tribunais estaduais.

O levantamento estatístico divulgado pelo Banco Central[140] em 8 de janeiro de 2007 informa que a Justiça brasileira emitiu 1.381.262 ordens judiciais de bloqueio de contas bancárias através do sistema BACEN/JUD no ano de 2006, tendo a Justiça do Trabalho sido responsável por 1.009.477 destas ordens. O mesmo levantamento também aponta que, ainda nos dias de hoje, muitos magistrados continuam expedindo ordens por ofício (papel), sendo que no decorrer de 2006 o Banco Central teve que atender 134.116 determinações enviadas pelo modo tradicional, lento e burocrático.

Com a adesão dos juízes estaduais à penhora *on-line*, advogados especializados em ações de cobrança cíveis dizem que o principal resultado "é o aumento no número de acordos entre credores e devedores e a redução no tempo de duração dos processos", segundo o advogado *Celso de Faria Monteiro*, já que

> "[...] antes da ordem de bloqueio eletrônica era possível seguir discutindo aspectos acessórios do pedido [...] já que a penhora recaía sobre bens que não o dinheiro, como imóveis e maquinário, adiando o desfecho da ação. Agora, como a penhora recai sobre dinheiro, esse tipo de discussão se torna economicamente inviável, pois significa imobilizar ativos financeiros. A melhor saída para as empresas com capital em caixa é interromper o processo logo depois da fase de conhecimento e chamar a outra parte para uma saída negociada."[141]

Todavia, como os dados estatísticos da movimentação processual da Justiça do Trabalho, elaborados pelo TST e apresentados no capítulo anterior, só passaram a informar a quantidade de processos em execução a partir de 2005, ainda não é possível verificar, com segurança, sobre os resultados do sistema no nível nacional. Mas, junto ao TRT da 12ª Região, os números do "Quadro n. 1.2" indicam que, principalmente a partir de 2003, houve significativa

---

(139) BACEN/JUD: Justiça do Trabalho perto dos 710 mil acessos. *12ª Hora on line*. Disponível em: <http://www.trt12.br/extranet/ascom/clipping/241006.htm>. Acessado em: 24 out. 2006.

(140) BANCO CENTRAL DO BRASIL. Disponível em: <http://www.bcb.gov.br/?BCJUD>. Acessado em: 26 jan. 2007.

(141) ANAMATRA. Penhora *on line* estimula acordo. *NTC Net — Úlitmas Notícias*. Brasília. 5 dez. 2006. Disponível em: <http://www.anamatra.org.br/customtags/impressao.cfm?serviço=clipping>. Acessado em 5 dez. 2006.

redução de processos em execução, pois enquanto se encontravam 56.134 processos nessa situação naquele ano, esse número foi reduzido para 45.269 ao final de 2006.

Também podemos ilustrar a importância do BACEN/JUD pelo exame de um caso concreto, que tramitou perante a 5ª Vara do Trabalho de Florianópolis,[142] a partir de 2.3.95, quando foi ajuizada a ação trabalhista. Encerrada a fase de conhecimento rapidamente, foi dado início ainda naquele ano à execução (em 6.12.95), tendo sido garantido o juízo com a penhora de imóveis no ano seguinte (em 12.7.96). Todavia, até 2.2.04 ainda não haviam sido satisfeitos os créditos do autor em função dos incontáveis recursos interpostos pelo devedor, que apesar de ter garantido a execução, podia dispor livremente dos imóveis enquanto discutia a conta e a própria penhora dos bens.

No entanto, no início de 2004, mediante a utilização do BACEN/JUD, foi possível materializar a penhora sobre créditos bancários do devedor, encontrados em outro Estado da Federação, e já em setembro daquele mesmo ano o processo estava sendo remetido ao arquivo por terem sido satisfeitos todos os créditos em execução, o que somente foi possível com a confirmação do ato de penhora *on-line* pelo Tribunal Regional do Trabalho da 12ª Região, ao julgar agravo de petição interposto pelo devedor contra a ordem de penhora, na forma do acórdão ora transcrito:

"PENHORA. CONTA CORRENTE BANCÁRIA. Não há falar em ilegalidade de penhora em conta corrente bancária em execução definitiva, uma vez que, nos termos do art. 655 do Código de Processo Civil, a constrição judicial em dinheiro não fere direito, já que segue a gradação legal dos bens penhoráveis e, no caso, seu valor não põe em risco a continuidade do funcionamento da empresa."
(AG.PET 00870-1995-035-12-86-2, Juiz-Relator Dilnei Ângelo Biléssimo)

Portanto, enquanto o juízo estava garantido por bem imóvel, a execução se arrastou durante anos (quase dez anos), e quando passou a ser garantido por dinheiro, rapidamente (menos de um ano) foi solucionado o processo. Percebe-se aí a força da penhora *on-line* e as razões das críticas dos devedores contra este sistema.

Assim, com este instrumento, busca-se,

"[...] o apresamento de moeda corrente nacional existente, como visto, nas instituições financeiras (ou quejandas), viabilizado, *ex vi* dos permissivos constantes do artigo 655, inciso I, do CPC, combinado às disposições expressadas no art. 882 da CLT. Possibilita-se, via *Internet*, a constrição propriamente dita enquanto ato processual específico. E, uma vez efetiva-

---

[142] BRASIL. 5ª Vara do Trabalho de Florianópolis/SC. Processo n. 109/95.

da a retenção do numerário, mercê de prévia determinação judicial, cientifica-se, posteriormente, o executado, abrindo-lhe prazo para o ajuizamento de embargos à execução, na esteira do preceituado no artigo 844 do Texto Consolidado."[143]

José Augusto Rodrigues Pinto[144], ao tratar da natureza jurídica da penhora *on-line*, apresenta o instituto como *uma nova forma de constrição patrimonial*, "materializada na indisponibilidade eletrônica do ativo pecuniário, constituído por depósitos bancários ou aplicações financeiras do devedor judicial". Considera o instituto "um *meio eletrônico de constrição direta*, que rompe francamente com o formalismo burocrático da penhora". (grifo do autor)

Segundo o autor, o sistema BACEN-JUD dispensa a utilização de um ritual de maior formalismo do sistema processual, caracterizado pela constrição de bens pelo Oficial de Justiça, fazendo a intermediação entre o devedor e o juízo. Agora, a constrição eletrônica é efetuada diretamente pelo juízo sobre o ativo financeiro do devedor, cuja maior virtude é a eficiência, pois, com o uso da informática, "a garantia do juízo no cumprimento da execução é feita sem demora nem tergiversação e com o aproveitamento de um meio instantâneo de comunicação e resultados".[145]

E além da dispensa da atuação do oficial de Justiça para cumprimento do mandado de penhora, fica dispensado

"[...] o formalismo da lavratura do auto de penhora, avaliação e depósito, primeiro porque o *bloqueio* preenche totalmente a função do auto, segundo porque o dinheiro dispensa avaliação, por ser ele mesmo um parâmetro de valor, terceiro porque o valor bloqueado tem *depositário natural* na instituição bancária ou financeira que tem a guarda."[146] (grifos do autor)

Portanto, trata-se de instrumento de vital importância para implementar o princípio estudado no item anterior, já que contribui decisivamente para reduzir a demora do processo, que não se encerra com o término da fase de conhecimento, mas tão-somente quando for satisfeito o crédito do autor da demanda.

Já as críticas à penhora *on-line* se restringem, geralmente, ao risco que ela representa à atividade econômica do devedor (fechamento de empresas e perda de empregos), e que ela implica a quebra do sigilo bancário do devedor.

Para a primeira crítica, deve ser lembrado que a ordem de bloqueio tem como base um título judicial transitado em julgado, não cumprido voluntaria-

---

(143) GRASSELI, Odete. *Penhora Trabalhista on line*. São Paulo: LTr, 2006. p. 30-31.
(144) PINTO, José Augusto Rodrigues. *Execução Trabalhista*: estática, dinâmica, prática. 11. ed., São Paulo: LTr, 2006. p. 206.
(145) *Idem*, p. 207.
(146) *Idem*, p. 211.

mente pelo devedor, e, ainda, que o sistema BACEN-JUD faculta às pessoas físicas e jurídicas se cadastrar junto ao Banco Central informando a conta preferencial para que seja efetuada a constrição eletrônica, o que dá certeza ao devedor de que o bloqueio recairá sobre a conta por ele indicada, salientando-se, todavia, que a falta de saldo na conta implica o seu descadastramento, ficando o juiz autorizado a determinar o bloqueio sobre qualquer conta do devedor.

A respeito da segunda crítica, afirma *José Augusto Rodrigues Pinto*[147] que o risco de quebra de sigilo bancário encontra-se superado "pela certeza de que somente o juízo, e por intermédio de senha individual própria, tem acesso às informações, o que mantém a reserva e possibilita adstringir a imobilização patrimonial ao limite estrito do valor do título cobrado". Acrescenta *Odete Grasselli* que o sigilo bancário é inoponível quando

> "[...] se trata de salvaguardar os interesses do Poder Judiciário no sentido de velar pela efetividade de suas decisões tanto quanto amparar o credor. Logo, jamais haveria permissão para que essa garantia, igualmente relativa em semelhante contexto, pudesse inviabilizar, de alguma forma, direta ou indiretamente, a concretização da efetividade da tutela jurisdicional, máxime quando são facilmente vislumbráveis artimanhas processuais de naturezas protelatórias ou fugidas dos devedores, como sói acontecer no cenário da execução trabalhista."[148]

Ademais, a Lei Complementar n. 105, de 10 de janeiro de 2001, prevê o fornecimento de informações pelo Banco Central às entidades judiciárias:

> "Art. 3º Serão prestadas pelo Banco Central do Brasil, pela Comissão de Valores Mobiliários e pelas instituições financeiras as informações ordenadas pelo Poder Judiciário, preservado o seu caráter sigiloso mediante acesso restrito às partes, que delas não poderão servir-se para fins estranhos à lide."

Portanto, conforme enfatizado por *Sérgio Pinto Martins*, o sigilo bancário pode ser quebrado por determinação do juiz, pois "o art. 3º da Lei Complementar n. 105/2001 autoriza o Banco Central, a Comissão de Valores Mobiliários e as instituições financeiras a fornecer informações ordenadas pelo Poder Judiciário".[149]

Mesmo assim, com a constrição *on*-line não há devassamento da contas e demais informações correlatas, já que os dados que adentram ao processo "são

---

(147) PINTO, José Augusto Rodrigues. *Execução Trabalhista*: estática, dinâmica, prática. p. 209.
(148) GRASSELLI, Odete. *Penhora Trabalhista on line.* p. 68.
(149) MARTINS, Sérgio Pinto. Penhora on-line no processo do trabalho — constitucionalidade e ilegalidade. *Revista LTr,* São Paulo, v. 68, n. 11, p. 1.319-1.320, nov. 2004.

restritos, porquanto se limitam a revelar a existência de possíveis contas, e, se nelas, há saldos disponíveis. E a requisição judicial restringe-se apenas ao montante do valor excutido".[150]

Conforme esclarecido pela fiel do BACEN/JUD no Tribunal Regional do Trabalho da 12ª Região, *Cláudia Rodrigues Cavalheri*[151], é um equívoco dizer que com o sistema o magistrado procede ao bloqueio da conta-corrente do devedor, pois a sua conta permanece disponível: "apenas os valores devidos é que são apartados e ficam indisponíveis a ele". Lembra ainda a fiel que é permitido o cadastramento prévio de conta única junto ao TST para evitar os chamados bloqueios múltiplos nas contas dos devedores, e que o sistema busca somente o saldo livre do devedor, disponível no dia do pedido, e se houver bloqueios múltiplos na hipótese de o devedor não indicar em qual conta deva recair a penhora, após o terceiro dia já terá o juiz condições de determinar a liberação dos valores bloqueados em excesso.

Contra o convênio BACEN/JUD foram ajuizadas duas Ações Diretas de Inconstitucionalidade perante o Supremo Tribunal Federal, estando pendentes de julgamento; uma proposta pelo Partido da Frente Liberal (PFL), protocolada sob o n. 3.091; e outra, pela Confederação Nacional dos Transportes (CNT), de n. 3.203.

O PFL aponta, em síntese, desrespeito à competência territorial e ao art. 22, inciso II, da CRFB, que define competência exclusiva da União (lei federal) para legislar sobre direito processual[152], ou seja, que a matéria seria de competência do Congresso Nacional e não do Tribunal Superior do Trabalho[153].

A CNT, que igualmente argúi a inconstitucionalidade do convênio ante a incompetência do Tribunal Superior do Trabalho para legislar sobre a matéria, sustenta que a Corregedoria Geral da Justiça do Trabalho revogou a lei processual trabalhista e a comum, pois, ao editar o Provimento n. 1/2003 teria extrapolado sua competência, invadindo área de atuação do Poder Legislativo.[154]

No entanto, sobre a afronta ao princípio da territorialidade, fundamentado na circunstância de que o juiz, ao determinar o bloqueio, pode atingir contas

---

(150) GRASSELLI, Odete. *Penhora Trabalhista on line*. p. 69/70.

(151) CAVALHERI, Cláudia Rodrigues. Penhora on line agiliza e viabiliza. In *Vigilando On line*, Florianópolis, 7 abr. 2006. Disponível em: <http://www.trt.12.gov.br>. Acessado em 7 abr. 2006.

(152) PAULA, Paulo Mazzante de. Penhora *on line*. LTr *Suplemento Trabalhista*, São Paulo, n. 004. p. 11-15, 2005.

(153) MARTINS, Sérgio Pinto. Penhora on-line no processo do trabalho — constitucionalidade e ilegalidade. *Revista LTr*, São Paulo, v. 68, n. 11, p. 1.319-1.320, nov. 2004.

(154) SUPREMO TRIBUNAL FEDERAL. 21/05/2004 — 09:47 — CNT recorre ao Supremo contra convênio entre TST e Banco Central. *Notícias do Supremo Tribunal Federal*, Brasília, 2006. Disponível em: <http://www.stf.gov.br/noticias/imprensa>. Acesso em: 1 out. 2006.

situadas fora de sua jurisdição, lembra o jurista *José Augusto Rodrigues Pinto*[155] que a invasão da competência territorial já foi consagrada pelo próprio CPC, ao autorizar o Oficial de Justiça a efetuar citações ou intimações nas comarcas contíguas e nas que se situem na mesma região metropolitana. Assim, para o autor:

> "Há, pois, circunstâncias *legais* em que o oficial de Justiça cumpre o mandado de citação em território jurisdicional estranho ao do juízo que a ordenou. Na *penhora eletrônica* apenas se dá uma ampliação dimensional desse tipo de incursão, eliminando o uso de um dos instrumentos dos mais dificultosos, procrastinadores e dispendiosos do processo, a *carta precatória*." (grifos do autor)

Também *Odete Grasselli*[156] se manifesta contra a expedição de carta precatória para efetuar a constrição eletrônica, visto beneficiar apenas o executado pelo retardamento desnecessário do processo executório, e lembra que a Lei n. 10.444, de 7 de maio de 2002, que acrescentou o § 5º ao art. 659 do CPC, viabiliza a penhora de bem imóvel no próprio juízo executório, independente de localização territorial.

Quanto à alegada incompetência legislativa do TST, *Sérgio Pinto Martins* também não vê qualquer inconstitucionalidade, já que a penhora *on-line* incide sobre depósitos em dinheiro. Portanto,

> "Não se está legislando sobre processo, mas apenas operacionalizando a penhora no âmbito do Banco Central. Não fere a independência dos poderes, pois não está havendo intervenção de um poder em outro. Não houve, portanto, violação das atribuições do Congresso Nacional."[157]

Conclui-se, assim, que o convênio Bacen/Jud é uma orientação de procedimento a ser adotado para constrição judicial de dinheiro, considerado bem preferencial pelo art. 655 do CPC, visando resultados satisfatórios na execução, preconizados pelos princípios norteadores do Processo de Execução Trabalhista, em especial os da celeridade e da efetividade.

E para que não haja mais dúvidas sobre a legalidade da penhora *on-line*, lembra-se que este procedimento foi normatizado recentemente pela Lei n. 11.382, de 6 de dezembro de 2006, ao acrescentar ao CPC o art. 655-A, nos seguintes termos:

> "Art. 655-A Para possibilitar a penhora de dinheiro em depósito ou aplicação financeira, o juiz, a requerimento do exeqüente, requisitará à autoridade supervisora do sistema bancário, preferencialmente por meio eletrônico, informações sobre a existência de ativos em nome do executado, podendo no mesmo ato determinar a indisponibilidade, até o valor indicado na execução.

---

(155) PINTO, José Augusto Rodrigues. *Execução Trabalhista*: estática, dinâmica, prática. p. 211.
(156) GRASSELLI, Odete. *Penhora Trabalhista on line*. São Paulo: LTr, 2006. p. 63.
(157) MARTINS, Sérgio Pinto. Penhora *on-line* no processo do trabalho — constitucionalidade e ilegalidade. *Revista LTr,* São Paulo, v. 68, n. 11, p. 1.319-1.320, nov. 2004.

§ 1º As informações limitar-se-ão à existência ou não de depósito ou aplicação até o valor indicado na execução.

§ 2º Compete ao executado comprovar que as quantias depositadas em conta corrente referem-se à hipótese do inciso IV do *caput* do art. 649 desta Lei ou que estão revestidos de outra forma de impenhorabilidade."

Além da penhora de numerário, a mesma Lei, por meio do § 6º do art. 659[158], ainda autoriza os Tribunais a instituir, por meios eletrônicos, critérios uniformes para as averbações de penhoras de bens imóveis e móveis, ferramentas que já mereceram análise no item anterior deste trabalho.

Ademais, segundo *Ricardo Maciel dos Santos*[159], "a penhora *on-line* é o meio mais célere utilizado pelo Juiz do Trabalho para garantir a efetividade da execução [...] é um avanço que acompanha evoluções tecnológicas deste início de século", que somente agora, com a Lei n. 11.382/06, foi definitivamente consagrado pelo legislador.

A par de também enaltecer a penhora *on-line* por dar maior celeridade ao processo e conceder a tão almejada efetividade às decisões judiciais, o doutrinador *Mauro Freda Soares*[160] salienta que "o processamento eletrônico de dados associado ao processo de execução pode alcançar uma dimensão de suma importância na Justiça do Trabalho, ante o caráter alimentar do salário".

Nesta linha foi o discurso de posse do então Presidente do Tribunal Superior do Trabalho, ministro *Ronaldo Lopes Leal*[161], proferido em abril de 2006, quando lembrou que "o bem tutelado pelo Direito do Trabalho é o mais digno, o mais nobre que alguém pode colocar à disposição no chamado mercado de trabalho. É a expressão maior do ser humano: sua própria força de trabalho". "Mas, nós, juízes", prosseguiu o ministro, "só asseguramos teoricamente o direito do trabalhador se não for resolvido o problema da execução das sentenças trabalhistas", que, na sua opinião, é o mais grave problema da Justiça do Trabalho. E arrematou: "O princípio cardeal que deve reger a execução trabalhista é o da satisfação urgente do título sentencial do credor. Todos os demais devem subordinar-se a ele".

Neste sentido também é a recomendação do atual Corregedor-Geral da Justiça do Trabalho, Ministro *João Oreste Dalazen*, ao mencionar expressamente

---

(158) BRASIL. CPC, art. 659, § 6º. Obedecidas as normas de segurança que forem instituídas, sob critérios uniformes, pelos Tribunais, a penhora de numerário e as averbações de penhoras de bens imóveis e móveis podem ser realizadas por meios eletrônicos.

(159) SANTOS. Ricardo Maciel dos. A constitucionalidade da penhora on line. *Justiça do Trabalho*, Porto Alegre, v. 22, n. 262, p. 39-43, out. 2005.

(160) SOARES, Mauro Freda. A penhora *on-line* na execução trabalhista e suas implicações jurídicas. *Revista LTr*, São Paulo, v. 68, n. 12, p. 1.460-1.471,dez. 2004.

(161) LEAL, Ronaldo José Lopes. Leal prega mais agilidade no TST. *12ª Hora on line*, Florianópolis, 13 mar. 2006. Disponível em: <http://www.trt12.gov.br/extranet/ascom/clipping/180406.htm>.

em ata de correição ordinária por ele realizada[162], para que os Tribunais e os juízes "concentrem o foco na impostergável necessidade de uma substancial e progressiva diminuição do elevado número de processos em execução", por considerar a fase de execução "o grande ponto de estrangulamento do exercício da função jurisdicional trabalhista".

Portanto, devemos ter em mente que grande parte dos créditos em execução na Justiça do Trabalho possuem natureza alimentar, e, por isso, de vital importância para sobrevivência do trabalhador e de sua família, constituindo-se em mais um motivo para utilização da constrição eletrônica.

Ou seja, os princípios norteadores do Processo de Execução Trabalhista, principalmente o da Proteção, do Impulso Processual e da Celeridade, também devem ser observados pelo legislador e pelo magistrado quando se trata da aplicação da penhora *on-line*, pois a CRFB de 1988

> "[...] estabeleceu uma série de princípios que devem guiar a atuação do legislador e do magistrado no momento da elaboração e da interpretação da norma jurídica. Igualmente, existem princípios aplicados à execução trabalhista que devem ser observados, e que visam garantir determinados direitos aos sujeitos envolvidos na lide, bem como a própria eficácia da decisão jurisdicional. A aplicação da penhora *on line*, evidentemente, não poderia fugir à regra."[163]

Desta forma, resta evidenciado que a penhora *on-line* contribui para a efetividade do processo, diminuindo a demora da execução, competindo ao Poder Judiciário utilizar os instrumentos disponibilizados pela informática para obter maior celeridade processual, pois, conforme adverte *Odete Grasselli*[164], "equipamentos sucateados e procedimentos atemporais, obsoletos, espelham, com total evidência, a falta de efetiva entrega da prestação jurisdicional", e o Direito "jamais poderia ficar incólume às influências oriundas das constantes transformações verificadas na sociedade global".

Na opinião de *Paulo Mazzante de Paula*[165], a penhora *on-line* é, sem dúvida, "uma das maiores inovações da atualidade no campo do direito, visto que a medida visa combater a atual morosidade processual na fase executória", que apenas beneficiava o devedor.

---

(162) DALAZEN, João Oreste. Atas de correições, disponível em: <http://www.tst.gov.br>
(163) SOARES, Mauro Freda. A penhora *on-line* na execução trabalhista e suas implicações jurídicas. *Revista LTr*, São Paulo, v. 68, n. 12, p. 1.460-1.471, dez 2004.
(164) GRASSELLI, Odete. *Penhora Trabalhista on line*. São Paulo: LTr, 2006. p. 47.
(165) PAULA, Paulo Mazzante de. Penhora *on line*. *LTr Suplemento Trabalhista*, São Paulo, n. 004/05, p. 11, 2005.

No entanto, a Orientação Jurisprudencial n. 62 da SDI-II do Tribunal Superior do Trabalho recomenda que seja observado o princípio da menor onerosidade da execução quando ela for provisória:

> "Em se tratando de execução provisória, fere direito líquido e certo do impetrante a determinação de penhora em dinheiro, quando nomeados outros bens à penhora, pois o executado tem direito a que a execução se processe da forma que lhe seja menos gravosa, nos termos do art. 620 do CPC."

Mas, nas execuções definitivas[166] deve ser dada prioridade à penhora *on-line*, conforme disciplina o Provimento n. 01/2003 da Corregedoria Geral da Justiça do Trabalho.[167]

Pode-se concluir, assim, que os Princípios que informam o Direito do Trabalho e, especialmente, o Direito Processual do Trabalho, já identificados anteriormente, devem ser observados quando se fala em penhora *on-line*, pois são eles, e agora também a Lei n. 11.382/06, que fundamentam a sua existência e dão suporte para sua aplicação.

3.4 Outras medidas que contribuem para a efetividade do Processo de Execução Trabalhista

Conforme adverte *Delaíde Arantes*[168], para o jurisdicionado, "a eficiência da Justiça do Trabalho e do Advogado a quem confiou a sua causa está diretamente ligada ao resultado final, ao pagamento, ao cumprimento da determinação contida na sentença". Assim, "a ineficiência da máquina judiciária para fazer valer as suas próprias sentenças, contribui para o desprestígio da instituição e dos profissionais do Direito patrocinadores das causas, assumindo esses atores o desgaste na demora da concretização do direito". Apregoa a autora que, para tornar efetivo o processo,

> "[...] é preciso imprimir celeridade e priorizar a execução, pois só assim se pode dizer completa a entrega da prestação jurisdicional. Não é suficiente a legislação, nem a doutrina abundante ou a iterativa jurisprudência. Não basta o advogado atuante, ou a parte leal aos princípios éticos; é necessário que a própria Justiça do Trabalho e os juízes, como seus agentes, assumam a meta, não como mero exercício de suas funções, mas objetivando superar os obstáculos e enfrentar os desafios da execução". [169]

---

(166) BRASIL. CPC, art. 475-I, § 1º "É definitiva a execução de sentença transitada em julgado e provisória quando se tratar de sentença impugnada mediante recurso ao qual não foi atribuído efeito suspensivo" (redação da Lei n. 11.232/05).

(167) SIMÕES. Felipe Siqueira de Queiroz. Penhora *on line*: os meios jurídicos aliados à tecnologia. *Jornal Trabalhista Consulex*, Brasília, v. 22, n. 1.077, p. 11-12. jul. 2005.

(168) ARANTES, Delaíde Alves Miranda; DUARTE, Radson R. Ferreira. *Execução Trabalhista Célere e Efetiva*: um sonho possível. São Paulo, LTr, 2002. p. 31.

(169) *Idem*, p. 32.

Todavia, ao analisarmos os dados estatísticos apresentados em Capítulo anterior, constata-se que ainda é dada maior ênfase à fase de cognição do processo, provocando "um descompasso com a execução e emprestando ao processo executório tratamento de problema a resolver, como se não fosse uma função jurisdicional da maior relevância", pois na execução "não existe uniformização dos procedimentos, nem estatísticas ou exigência de produtividade dos juízes, como ocorre em relação aos processos de conhecimento".[170]

Assim, os critérios estatísticos adotados pelos Tribunais Trabalhistas — que deveriam liderar o movimento para mudar essa realidade — contribuem para que seja dada preferência à primeira fase do processo, em detrimento da execução, ao considerarem "solucionado" o processo pelo encerramento da fase de conhecimento, com a publicação da sentença ou mediante homologação de conciliação entre as partes, e por não exigir dos juízes aumento de produtividade de atos executórios e cumprimento de prazos, como exige em relação à fase de conhecimento.

Segundo *Delaíde Arantes*[171], a criação do procedimento sumaríssimo na Justiça do Trabalho, por meio da Lei n. 9.957/2000, serve como exemplo de que também o legislador e os governantes estão mais centrados na fase de cognição, tendo em vista que a modificação trazida por essa lei encerrou-se na intimação da sentença de primeiro grau, "como se a função jurisdicional findasse ao juiz dizer o direito, como ocorria nos primórdios dos tempos".

Na mesma linha de preocupação, podemos citar a Lei n. 11.277/2006, conferindo aos juízes poderes para decidir rapidamente os conflitos sobre os quais já há entendimento consolidado no mesmo juízo, ao inserir o art. 285-A no CPC.[172]

No entanto, conforme adverte *Delaíde*, "sem o incremento da execução, caminho obrigatório a ser percorrido por todas as decisões não cumpridas espontaneamente, não se chegará nunca à buscada aproximação do Judiciário com a sociedade, pela via da celeridade das decisões do Poder Judiciário".[173] Mas, além da falta de atenção das autoridades governamentais e parlamentares, conclui que

> "[...] o andamento da execução trabalhista padece ainda da falta de ousadia de muitos Juízes, que se apegam em demasia às formalidades, não analisando a especificidade de cada caso e não atentando para as inúmeras manobras do devedor."

---

(170) ARANTES, Delaíde Alves Miranda; DUARTE, Radson R. Ferreira. *Execução Trabalhista Célere e Efetiva:* um sonho possível. p. 47.

(171) *Idem*, p. 49.

(172) BRASIL. CPC, art. 285-A "Quando a matéria controvertida for unicamente de direito e no juízo já houver sido proferida sentença de total improcedência em outros casos idênticos, poderá ser dispensada a citação e proferida sentença, reproduzindo-se o teor da anteriormente prolatada".

(173) ARANTES, Delaíde Alves Miranda; DUARTE, Radson R. Ferreira. *Execução Trabalhista Célere e Efetiva:* um sonho possível. p. 50.

O descaso e o excesso de formalismo de alguns juízes, que se limitam a cumprir a função de dirigir audiências, assinar despachos e proferir sentenças, contribuem em muito para a execução cada dia mais morosa e ineficaz.[174]

Ainda conforme *Delaíde Arantes*, embora deva ser ressaltado o contexto histórico da publicação do seu artigo — ano de 2002, justamente quando estava sendo implantado o BACEN/JUD —, tem sido comum na Justiça do Trabalho a prática de penhorar móveis e utensílios, máquinas e equipamentos, em vez de a constrição recair sobre dinheiro, aplicações financeiras ou créditos do devedor, apesar de a lei estabelecer uma gradação legal, "onde a mercadoria dinheiro aparece em primeiro lugar, significando que somente esgotada essa possibilidade poderia a penhora recair sobre os outros bens, na ordem estabelecida na própria lei".[175]

Mas, embora os dados estatísticos demonstrem a disseminação da penhora *on-line* desde então, nem sempre é encontrado dinheiro para ser penhorado, mesmo com a utilização do BACEN/JUD, sendo necessário proceder-se à penhora de outros bens, como móveis e utensílios. Nesta hipótese, tais bens deveriam ser recolhidos imediatamente a um depósito para que não sofram deterioração e para evitar o retardamento da execução com a realização de hastas públicas, na maioria das vezes sem qualquer resultado, já que os interessados em arrematá-los dificilmente se sujeitarão a oferecer algum lance sem verificar o estado em que se encontram. Para se chegar a esta conclusão, basta acompanhar os leilões que são realizados nessas condições.

Como a Justiça do Trabalho não dispõe, via de regra, de depósitos judiciais para guarda de tais bens, deve-se dar preferência a Leiloeiro que tenha condições para recolhimento e espaço para a guarda dos bens penhorados, o que, todavia, nem sempre é observado, como demonstra a prática forense.

Outro problema apontado por *João Carlos de Araújo*[176] consiste na prática de serem nomeados depositários de tais bens simples empregados do devedor, muitos deles sem sequer ocupar qualquer cargo de gestão do empreendimento, que não têm como responder pelo encargo pelo desaparecimento dos bens penhorados, causado pelos verdadeiros responsáveis.

Ainda a respeito, *Maria Alice Batista Gurgel do Amaral*[177] alerta para as situações em que o Oficial de Justiça deixa de penhorar determinado bem, com

---

(174) ARANTES, Delaíde Alves Miranda; DUARTE, Radson R. Ferreira. *Execução Trabalhista Célere e Efetiva:* um sonho possível. p. 63.
(175) *Idem*, p. 61.
(176) ARAÚJO, João Carlos de. *Perfil da Execução Trabalhista*. São Paulo: LTr, 1996. p. 227.
(177) AMARAL, Maria Alice Batista Gurgel do. *A Efetivação do Direito na Execução Trabalhista*. Campinas/SP: ME Editora, 2004. p. 128.

receio de implicar excesso de penhora, "pelo fato de que o valor é muito superior ao débito a ser garantido e, depois, nenhum outro bem é encontrado, frustrando-se, portanto, completamente, a execução".

Contudo, segundo a jurista, na lei processual não há expressão específica referente ao excesso de penhora, pois o CPC prevê no art. 743 os casos de excesso de execução, "que é uma das matérias (art. 741, V) em que se fundamentam os embargos à execução e que nada têm a ver com a situação exposta, que se refere a excesso de penhora".[178]

Além disso, a prática diária tem demonstrado que na Justiça do Trabalho os bens penhorados dificilmente são arrematados pelo valor de avaliação efetuada quando da penhora, sendo que na maioria das vezes alcançam cifras que giram em torno de 50% deste valor, conforme jurisprudência dos tribunais trabalhistas.[179]

Portanto, se à conta em execução forem acrescidos novos encargos enquanto se preparam os atos de expropriação judicial do bem penhorado, e na hasta pública os lances não costumam atingir o patamar da avaliação de tais bens efetuada na época da penhora, devem ser penhorados bens de valor bem superior ao da execução, já que "a filosofia contida no ato de penhora é a de garantir a execução, para posterior satisfação do direito do credor e não a de seguir exatos critérios quantitativos".[180]

Outro fator apontado por *Maria Alice do Amaral*,[181] que contribui para o retardamento da execução, consiste no não acatamento pelo juízo que dirige o processo (CPC, art. 125) dos caminhos apontados nas certidões do Oficial de Justiça, apesar de ser ele quem "palmilha uma realidade todos os dias, entra no espaço físico do executado, conhece as suas malícias e, por isso, pode oferecer pistas que salvem uma execução". Conclui que, no "conteúdo de suas certidões está o retrato fiel de uma realidade que servirá de bússola para o melhor desenvolvimento do processo".

Cumpre lembrar que a palavra do Oficial de Justiça é dotada de fé pública, o que significa que suas certidões são tidas como verdadeiras até prova em

---

(178) AMARAL, Maria Alice Batista Gurgel do. *A Efetivação do Direito na Execução Trabalhista.* p. 127.

(179) BRASIL — TRT 12ª Região. *"EXCESSO DE PENHORA. NÃO-OCORRÊNCIA.* Considerando-se que a arrematação do bem constritado deverá ocorrer entre 50% a 60% do valor da avaliação, devido a sua difícil comercialização, aliado ao fato de a dívida acrescer em juros e atualização monetária por força de lei, além dos bens, atualmente, devido à crise econômica, sofrerem depreciação do seu valor, não há que se cogitar em excesso de penhora." (Acórdão-1ªT-n. 040562001. Juiz Rel. Garibaldi Tadeu Pereira Ferreira)

(180) AMARAL, Maria Alice Batista Gurgel do. *A Efetivação do Direito na Execução Trabalhista.* p. 127.

(181) *Idem,* p. 147-148.

contrário, salientando-se, no entanto, que essa presunção de veracidade "não pode ser derrubada diante de simples palavras ou petições, afirmando o contrário do que está contido nas certidões".[182]

Além disso, quando o devedor estiver dificultando a efetivação da penhora, é preciso sempre agir rápido nestas situações, sob pena de não se encontrar nada que garanta a execução, sendo recomendável, inclusive, em determinadas situações, a busca e apreensão de bens, sob pena de ficar sem resposta uma indagação freqüente de

"[...] qual seria a razão de alguns devedores em processo trabalhista, em situação financeira privilegiada, fato público e notório pela aparência de riqueza que ostentam na sociedade, quando na condição de executado nenhum patrimônio é encontrado em seus nomes para satisfazer a obrigação."[183]

A respeito disso, *Delaíde Alves M. Arantes* pergunta se a máquina judiciária, encarregada da dar efetividade ao processo, não estaria

"[...] omitindo-se quanto a desvendar ou punir os atos de fraude, praticados sob as mais diversas formas, com o objetivo de desviar ou omitir o patrimônio do devedor, atos concretizados com tanta facilidade hoje em dia, e no mais das vezes não desvendados, culminando com o arquivamento do processo e a frustração do vencedor da demanda."[184]

Ademais, sempre que resistir, sem justo motivo, às ordens judiciais, o ato do devedor deverá ser tido como atentatório à dignidade da justiça (CPC, art. 600), o que ocorre mais freqüentemente justamente na fase da execução, embora não seja usual os juízes atentarem para esse fato.

Desta forma, ao proceder a penhora, o Oficial de Justiça deve ter em mente que seu ato poderá resultar na satisfação do crédito do demandante, ou na inclusão do processo nas estatísticas dos Tribunais como mais um a ser resolvido, confirmando aquela conhecida frase: *"ganhou mas não levou"*. Assim, ao lavrar o auto de penhora, o Oficial deverá escolher um bem vendável, comercializável, e que tenha valor bem superior à execução, pois até que venha a ser alienado judicialmente, o débito terá que ser atualizado monetariamente, além de ser acrescido à conta outras despesas processuais, como os próprios honorários do leiloeiro.

---

(182) AMARAL, Maria Alice Batista Gurgel do. *A Efetivação do Direito na Execução Trabalhista.* p. 209.

(183) ARANTES, Delaíde Alves Miranda; DUARTE, Radson R. Ferreira. *Execução Trabalhista Célere e Efetiva:* um sonho possível. p. 33-34.

(184) *Idem*, p. 34.

No entanto, pergunta-se: quantos juízes falam diretamente com os Oficiais de Justiça e cobram deles as providências sugeridas acima? Pergunto isso porque, certa vez, chamei os Oficiais de Justiça de determinada Vara do Trabalho para conversar, logo que fui transferido para ali atuar, quando, para minha surpresa, disseram que fui o primeiro juiz a discutir os problemas do ofício deles desde que ingressaram no Tribunal, e que esta distância e a falta de comunicação muitas vezes impediam a melhor solução para os casos concretos.

Se aos olhos do cliente o bom advogado é aquele que consegue receber o seu crédito, o juiz eficiente,

"[...] cumpridor de seus deveres, é o que ousa tomar decisões necessárias e ter atitudes firmes, eficazes o bastante para vencer as barreiras e os obstáculos à sua frente, livrando-se das armadilhas dos adversários da efetividade da justiça, os quais maquinam dia e noite para atingir o objetivo contratado com o seu cliente, de evitar o cumprimento da obrigação trabalhista, na ação em que figura como parte."[185]

Para quem defende o apego a formalidades e à burocracia, deve ser lembrado novamente que a Justiça do Trabalho deve buscar com mais afinco a Efetividade da Execução, tendo em vista a natureza alimentar das verbas trabalhistas e os princípios que orientam o Direito do Trabalho e o Direito Processual do Trabalho.

Por fim, deve ser ressaltado que a Execução é um dever de ofício na Justiça do Trabalho, por disposição expressa do art. 878 da CLT, e que a sociedade não tolera mais o juiz que se esconde no escudo da interpretação literal da norma e com apego desmedido às formalidades,

"[...] em detrimento de métodos modernos, criativos, ousados e atuais, de uma interpretação que leve em conta o contexto do momento em que é aplicada, servindo de impedimento para a prática de atos mais eficazes e consentâneos com os tempos modernos, atos esses que poderiam levar ao caminho das pedras, onde se encontram guardados a sete chaves os recursos financeiros ou os bens ocultados pelo devedor".[186]

Afinal, "ao Estado social contemporâneo repugna a inércia do juiz espectador e conformado: o juiz há de ter a consciência da função que, como agente estatal, é encarregado de desempenhar perante a sociedade."[187]

---

(185) ARANTES, Delaíde Alves Miranda e outro. *Execução Trabalhista Célere e Efetiva*: um sonho possível. São Paulo: LTr, 2002. p. 38.
(186) Idem, p. 35.
(187) DINAMARCO, Cândido Rangel. *A Instrumentalidade do Processo*. p. 188.

Portanto, para tornar a execução trabalhista efetiva, de nada adiantam as tão reclamadas reformas legislativas e o aumento de recursos já disponibilizados à Justiça do Trabalho — o que também é importante, é claro — se não forem reformulados os métodos e a postura do Judiciário.

A prática demonstra, no país, que a simples criação de mais e mais leis não é suficiente para solução de tantos problemas que afligem a população brasileira. A propósito, o economista peruano *Hernando de Soto*[188], ao analisar as barreiras para o desenvolvimento das nações, como a informalidade e burocracia, comentou que "é incrível a quantidade de leis que há nos países pobres", como no Peru e no Brasil, as quais são, segundo palavras do economista, "insalubres para os pobres".

Desta forma, é preciso que os atores do processo judicial, aí incluídos principalmente os juízes, os procuradores do trabalho e os advogados, tenham consciência de que também são responsáveis pela situação caótica da Execução Trabalhista, e que no exercício de suas respectivas funções assumam a meta de tornar a execução célere e efetiva.

É preciso resgatar os princípios e valores do Direito do Trabalho que, em síntese, procuram proteger a dignidade da pessoa humana. E os operadores do direito não podem se comportar como simples espectadores deste processo, mas, sim, como verdadeiros atores que dão vida ao Direito do Trabalho.

Calamandrei[189] assevera que, talvez o conformismo "seja o pior dos vícios dos juízes: aquele *lento esgotamento interno das consciências, que as torna aquiescentes e resignadas*". (grifos do autor) Ainda conforme as sábias lições do mestre[190], na vida judiciária os ofícios mais úteis costumam ser os menos valorizados, onde há "certa tendência a considerar material descartável as questões de fato e dar à qualificação de fatista um significado depreciativo; ao passo que, para quem busca nos defensores e nos juízes mais a substância do que a aparência, essa qualificação deveria ser um título honorífico."

Para *Calamandrei*, o fatista "é um homem de valor, modesto mas honesto, para quem importa mais encontrar a solução justa que melhor corresponder à realidade concreta do que fazer bela figura como colaborador de revistas jurídicas". Mas conclui que isto "requer abnegação e não dá glória".

---

(188) SOTO, Hernando de. A Lei é insalubre para os pobres. *Diário Catarinense*, Florianópolis, 3 abril 2006. p. 15.
(189) CALAMANDREI, Piero. *Eles, os juízes, vistos por um advogado*. Tradução de Eduardo Brandão. São Paulo: Martins Fontes, 2000. Introdução.
(190) *Idem*, p. 165.

CONSIDERAÇÕES FINAIS

A partir da preocupação com as dificuldades enfrentadas para dar efetividade à fase de execução na Justiça do Trabalho, foram formulados os seguintes problemas antes de iniciarmos nosso estudo: 1º) existem Princípios específicos do Direito Processual do Trabalho? 2º) a aplicação dos Princípios do Direito Processual do Trabalho contribuem para alcançar a Efetividade e a agilização da prestação jurisdicional trabalhista? 3º) os Tribunais Trabalhistas têm aplicado os Princípios do Direito Processual do Trabalho? 4º) que medidas podem ser adotadas para agilizar a prestação jurisdicional trabalhista?

E para responder a estes problemas, foram apresentadas as seguintes hipóteses: 1ª) que no Direito Processual do Trabalho existem Princípios específicos; 2ª) que apesar das falhas da legislação, os Princípios do Direito Processual do Trabalho, se aplicados ao caso concreto, permitem agilizar a Execução Trabalhista; 3ª) que a jurisprudência dos Tribunais Trabalhistas indica que os Princípios do Direito Processual do Trabalho não vêm tendo papel preponderante para a solução dos processos; 4ª) que apesar de a morosidade da prestação jurisdicional vincular-se também a fatores extrínsecos, como a falta de estrutura do Poder Judiciário, existem ferramentas que podem contribuir para solucionar a morosidade processual, contribuindo para alcançar a efetividade do Processo de Execução.

Com base nesse contexto, vimos no Primeiro Capítulo que os Princípios formam a base do sistema jurídico e são resultado da evolução social. Como nos ensina *Rui Portanova*[1], os Princípios "são enunciados que consagram conquistas éticas da civilização e, por isso, estejam ou não previstos em lei, aplicam-se cogentemente a todos os casos concretos".

Como resultado dessa evolução e diante do enfraquecimento da concepção positivista tradicional, principalmente depois da 2ª Grande Guerra, os Princípios Gerais de Direito, que figuravam nos Códigos e que eram vistos apenas como fontes supletivas, passaram a ser inscritos nas Constituições e a ter caráter de normatividade, convertendo-se em fundamento de toda a ordem jurídica.

Assim, nos dias atuais, a sociedade não aceita mais a visão formalista, centrada no texto legal, e exige do juiz maior preocupação com a justiça e com a celeridade. Dentro dessa nova concepção, os Princípios Jurídicos estabelecem critérios gerais que deixam ao juiz um espaço para decidir e resolver os casos concretos, já que as regras nem sempre são suficientes para resolvê-los satisfatoriamente.

---

(1) PORTANOVA, Rui. *Princípios do Processo Civil*. p. 14.

Portanto, não basta garantir ao cidadão o direito "formal" de acesso à justiça, se não forem adotados procedimentos caracterizados pelo baixo custo, informalidade e rapidez na solução dos conflitos. Por outro lado, as sociedades modernas já deixaram para trás a visão essencialmente individualista dos direitos, defendida pela filosofia liberal, sendo necessário ampliar a idéia da tutela coletiva para fazer frente aos conflitos de massa.

Todavia, não podemos esquecer que os procedimentos para a solução destes conflitos também devem ser realizados dentro do Estado-de-direito, observando-se o princípio do devido processo legal, que tem como corolários a ampla defesa e o contraditório.

Ao estudarmos os Princípios do Direito Processual do Trabalho, concluímos que, apesar das suas peculiaridades, não há como desvinculá-los da teoria geral do processo. Assim, embora não tenha Princípios próprios que o diferenciem do Direito Processual comum, existem Princípios que predominam no Direito Processual do Trabalho, inclusive na fase de execução, objeto do nosso estudo.

Dentre estes Princípios, demos destaque ao da Proteção e do Impulso Processual. Na lição de *Wagner Giglio*, referida no item 1.4.1, o Princípio da Proteção, tão evidenciado no Direito material transmite-se e vigora também no Direito Processual do Trabalho. No mesmo sentido escreveu *Coqueijo Costa*, ao ensinar que o processo não é um fim em si mesmo, mas um instrumento de composição de lides que garante a efetividade do Direito material, devendo, por isso, adaptar-se a essa natureza diversa, forçando o juiz do trabalho, conforme já advertia *Mozart Russomano*, a tomar postura diferente ante a vida, removendo antigas praxes judiciárias para ser alcançada a rápida solução das ações judiciais, já que o retardamento injustificado pode significar a fome do trabalhador.

Por isso, também aparece com força no Direito Processual do Trabalho o Princípio do Impulso Oficial, conferindo ao juiz poder diretivo de alto grau, o que não acontece no Processo Civil, pois além de a lei permitir ao juiz do trabalho iniciar a execução, de ofício, lhe dá ampla liberdade na direção do processo para o andamento rápido das causas, podendo determinar qualquer diligência necessária ao esclarecimento delas.

No Segundo Capítulo, ao estudarmos a história da Justiça do Trabalho, vimos que antes de ela ser inserida no quadro do Poder Judiciário, a execução das decisões envolvendo conflitos de trabalho, proferidas pelas Comissões Mistas de Conciliação e das Juntas de Conciliação e Julgamento, instaladas no ano de 1932, não tinham qualquer efetividade, já que estes órgãos administrativos sequer tinham poderes para executar suas próprias decisões. Portanto, a história nos demonstra que a execução é um problema antigo na seara do Direito do Trabalho.

Vimos também que o Estado moderno detém o monopólio da jurisdição, e distribui o exercício desta função entre os vários órgãos do Poder Judiciário, cabendo à Justiça do Trabalho processar e julgar as ações que envolvem as matérias especificadas no art. 114 da CRFB de 1988. E a jurisdição é exercida pelo juiz que, por sua vez, tem duas funções: a primeira, de conhecimento, ou seja, de saber quais são os fatos e o direito; e a segunda, de execução, de transformar o que o direito manda em realidade.

E na Execução, objeto do nosso estudo, não há igualdade entre o exeqüente e o executado, já que o primeiro tem posição de preeminência, e o segundo, por ser o devedor, passa a ter estado de sujeição, situação que autoriza a realização dos atos de execução forçada contra seu patrimônio caso não cumpra o comando da sentença proferida na fase de conhecimento. Essa preeminência tem maior significado ainda no Direito Processual do Trabalho, tendo em vista que na maioria das ações em tramitação na Justiça do Trabalho são executados créditos da natureza alimentar.

Mas, enquanto os Tribunais consideram "solucionados" os processos quando termina a fase de conhecimento, os dados estatísticos apresentados no Segundo Capítulo indicam exatamente o contrário, ou seja, o congestionamento de processos na fase de execução. Indicam também que, além de ser dada ênfase à fase de conhecimento, em detrimento da execução, quando se trata da natureza das ações ajuizadas toda a ênfase está voltada para as ações individuais, apesar de a sociedade de massas exigir soluções coletivas.

Finalmente, no Terceiro Capítulo, estudamos como a atuação do juiz pode contribuir para a Efetividade do Processo de Execução, e concluímos que os modelos jurídicos forjados pelo Estado liberal são insuficientes para resolver os conflitos numa sociedade complexa e em permanente transformação, como a brasileira. No contexto atual, não tem mais lugar o juiz técnico, subordinado à lei, pois também o juiz é um agente político do Estado, a quem é dada liberdade de movimentos ante a "textura aberta" das normas, como os Princípios Jurídicos.

Portanto, assim como ocorre na fase de conhecimento, também na execução, ao decidir, são manifestados juízos de valor pelo juiz, que podem resultar na efetividade do processo, ou, então, tornar a decisão de conhecimento carente de poder para alterar a realidade.

Ou seja, a efetividade do processo é dependente da atuação do juiz, pois, enquanto no processo de conhecimento ele tem condições de influir no teor da decisão que virá; no executivo ele tem condições de influir no bom ou mau êxito dos resultados práticos visados.

Mas, para se alcançar a efetividade do processo, é necessário mudar a mentalidade dos operadores do direito, é preciso romper "velhos formalismos e hábitos comodistas que minam o sistema" superando "atitudes privatistas e individualistas perante o processo", como nos adverte *Cândido Rangel Dinamarco*.

Para ter êxito na execução, vimos que, mesmo sem novas reformas legislativas, existem vários instrumentos à disposição do juiz, como a teoria da desconsideração da pessoa jurídica no trato da responsabilidade patrimonial e a penhora *on-line* de ativos financeiros, estando ainda em fase de implantação a penhora *on-line* de veículos, sendo sugerido, nesta linha, a instituição da penhora *on-line* de imóveis, atendendo assim à vontade do legislador, manifestada na recente Lei n. 11.382, de 6 de dezembro de 2006, ao regulamentar e recomendar, expressamente, a penhora por meio eletrônico.

O Princípio constitucional da Duração Razoável do Processo, que tem vigência normativa imediata, também exige uma mudança de mentalidade dos juízes e demais operadores do direito, sendo preciso buscar com urgência "mecanismos hábeis à efetivação do acesso à justiça, por caminhos que se traduzem na coletivização da defesa dos direitos", segundo palavras da então vice-presidente do TRT da 12ª Região, juíza *Licélia Ribeiro*.

No entanto, não se avistam iniciativas práticas neste sentido da parte de quem detém o poder administrativo nos Tribunais Superiores, pelo contrário, já que continua a ser dada ênfase às ações individuais, e, mesmo assim, apenas para uma das fases deste processo, ou seja, a fase de conhecimento.

Como o sistema tradicional, voltado para resolver conflitos individuais — do João contra o José — não é mais suficiente para atender à demanda por justiça, sugerimos a criação de Varas do Trabalho especializadas em Direito Coletivo — de início, poderia ser uma em cada Tribunal Regional — a serem sediadas nas respectivas Capitais, mesmo que ainda sejam poucas as ações dessa natureza, como indicam as estatísticas disponíveis. Mas, com esta postura, o Poder Judiciário estará sinalizando à sociedade que pretende mudar o eixo central das ações: do plano individual para o coletivo.

Ainda poderiam ser distribuídas nas mesmas Varas as execuções de penalidades administrativas impostas pelas Delegacias Regionais do Trabalho, já que, na maioria das vezes, são as diligências das DRT's que dão origem e fundamentam as Ações Civis Públicas, o que permitiria, inclusive, a atuação coordenada dos vários órgãos com competência na seara do Direito do Trabalho — Delegacia Regional do Trabalho, Ministério Público do Trabalho e Justiça do Trabalho —, evitando-se assim a atuação fragmentada destes órgãos, o que também contribui, certamente, para a demora dos processos e para a impunidade.

Ademais, a instrução de uma ação desta relevância, como a Ação Civil Pública, deve merecer todos os esforços dos envolvidos, até para que o Poder Judiciário não dê ao infrator, por falta de esforço processual, um atestado de boa conduta.

Uma política judiciária assim direcionada, também teria efeitos pedagógicos relevantes, que certamente contribuiriam para reduzir o número de demandas individuais ajuizadas a cada ano. A propósito, não é aceitável que nos dias atuais se perca horas e mais horas instruindo processos individuais nos quais se discute a validade dos registros de controles de jornada, quando através de uma única ação, ajuizada contra empresa que pratique tal irregularidade, poderia ser coibida essa atitude.

Além disso, a criação de Varas Especializadas em Direito Coletivo permitirá aos juízes aplicar o princípio do impulso processual em sua plenitude, pois de nada adianta dar ao juiz do trabalho o ***poder diretivo*** do processo — em alto grau — conforme salientado por *Mozart Victor Russomano*, se a ele não são dadas condições de aplicar o princípio em razão do acúmulo de processos sob sua direção, além de lhe ser cobrada produção em série, em números, e não de qualidade.

Cabe aos operadores do direito desmentir a expressão popular "ganhou, mas não levou". Cabe ao Poder Judiciário, como um todo, unir esforços para mudar a realidade que hoje se apresenta, pois, conforme diagnóstico de *Hélio Bicudo*, não será atingida uma Justiça real, igual para todos e a todos acessível, sem distinção de valor econômico, se continuar sendo oferecida nos Palácios de Justiça, onde os juízes vão para dar andamento aos processos, sem nenhum contato com seus jurisdicionados, como se fossem meros funcionários públicos com expediente a cumprir.

Para mudar essa realidade, é preciso resolver os casos simples rapidamente — em tempo real — para que o Poder Judiciário possa dar maior atenção aos processos mais complexos e de maior conteúdo econômico, como, por exemplo, as Ações Civis Públicas e as ações ajuizadas por entidades sindicais, na qualidade de substituto processual.

REFERÊNCIAS DAS FONTES CONSULTADAS

ADAMOVICH, Eduardo H. Raymundo von. Os belos copos de vinho da vovó? — Elementos de História do Processo Coletivo para solução de alguns problemas supostamente intrincados. In: RIBEIRO Jr., José Hortêncio (org.). *Ação Coletiva na Visão de Juízes e Procuradores do Trabalho*. São Paulo: LTr, 2006. 375 p.

ALBUQUERQUE, Francisca Rita Alencar. *A Justiça do Trabalho na Ordem Judiciária Brasileira*. São Paulo: LTr, 1993. 262 p.

ALEXY, Robert. *Teoría de los Derechos Fundamentales*. Madrid: Centro de Estudios Políticos y Constitucionales, 2002. 607 p.

ALMEIDA, Andréa Alves de. *Processualidade Jurídica & Legitimidade Normativa*. Belo Horizonte: Editora Fórum, 2005. 149 p.

ALVIM, J. E. Carreira. *Teoria Geral do Processo*. Rio de janeiro: Editora Forense, 2004.

AMARAL, Guilherme Rizzo. In OLIVEIRA, Carlos Alberto Alvaro, (coord.). *A Nova Execução*. Rio de Janeiro: Editora Forense, 2006. 308 p.

AMARAL, Maria Alice Batista Gurgel do. *A Efetivação do Direito na Execução Trabalhista*. Campinas/SP: ME Editora, 2004. 323 p.

ANAMATRA — Associação Nacional dos Magistrados Trabalhistas. *Informativo ANAMATRA*, Brasília, p. 8, fev. 2006.

ARANTES, Delaíde Alves Miranda; DUARTE, Radson Rangel Ferreira. *Execução Trabalhista Célere e Efetiva*: um sonho possível. São Paulo: LTr, 2002. 246 p.

ARAÚJO, João Carlos de. *Perfil da Execução Trabalhista*. São Paulo: LTr, 1996.

BASTOS, Celso Ribeiro. *Curso de Direito Constitucional*. 21. ed. São Paulo: Saraiva, 2000. 503 p.

BEBBER, Júlio César. *Princípios do Processo do Trabalho*. São Paulo: LTr, 1997. 472 p.

_____, Júlio César. Reforma do CPC — Processo Sincrético e Repercussões no Processo do Trabalho. *Revista LTr. 70-02/139*. São Paulo, vol. 70, p. 139, fev. 2006.

BIAVASCHI, Magda Barros. *O Direito do Trabalho no Brasil — 1930 — 1942*: A construção do sujeito de direitos trabalhistas. São Paulo: LTr, 2007. 495 p.

BICUDO, Hélio. Um Poder Judiciário Atuante. *Folha de S. Paulo*, São Paulo, 6 set. 2006, p. A3.

BONAVIDES, Paulo. *Curso de Direito Constitucional*. 19. ed. São Paulo: Malheiros Editores, 2006. 808 p.

_____. *Do Estado Liberal ao Estado Social*. 7. ed. 2. t. São Paulo. Malheiros Editores, 2001. 230 p.

BRANDÃO, Paulo de Tarso. *Ações Constitucionais — "Novos" Direitos e Acesso à Justiça*. 2. ed. Florianópolis: OAB/SC Editora, 2006. 319 p.

BRITO FILHO, José Cláudio de. Limites da Legitimidade Ativa do MPT em Ação Coletiva. In: RIBEIRO Jr., José Hortêncio (org.). *Ação Coletiva na Visão de Juízes e Procuradores do Trabalho*. São Paulo: LTr, 2006. 375 p.

CADEMARTORI, Luiz Henrique U. Os Fundamentos de Legitimidade do Estado Constitucional: As Análises de Weber e Habermas. In: *Temas de Política e Direito Constitucional Contemporâneos*. Florianópolis: Momento Atual, 2004. 154 p.

CALAMANDREI, Piero. *Eles, os Juízes, vistos por um advogado*. Tradução de Eduardo Brandão. São Paulo: Martins Fontes, 2000. 397 p.

CAMINO, Carmen. *Direito Individual do Trabalho*. 4. ed. Porto Alegre: Síntese Editora, 2004. 570 p.

CAMPILONGO, Celso Fernandes. Os Desafios do Judiciário: um enquadramento teórico. In: FARIA, José Eduardo (org.). *Direitos Humanos, Direitos Sociais e Justiça*. 1. ed. 4. t. São Paulo: Malheiros Editores, 2005. 155 p.

CANABARRO, Américo. *Estrutura e Dinâmica do Processo Judiciário*: Revista e atualizada de acordo com a Constituição Federal em 1988 e o Código em vigor. 5. ed. Rio de Janeiro: Renovar, 1997. 174 p.

CANOTILHO, José Joaquim Gomes. *Direito Constitucional e Teoria da Constituição*. 7. ed. 2ª reimpressão. Coimbra: Edições Almedina, 2003. 1.522 p.

CAPPELLETTI, Mauro; BRYANT, Garth. *Acesso à Justiça*. Tradução de Ellen Gracie Northfleet. Porto Alegre: Sérgio Antônio Fabris Editor, 2002. 167 p.

CARDOSO, Fábio Leal. Competência na Ação Coletiva Trabalhista. In: RIBEIRO Jr., José Hortêncio (org.). *Ação Coletiva na Visão de Juízes e Procuradores do Trabalho*. São Paulo: LTr, 2006. 375 p.

CARNEIRO, Athos Gusmão. *Jurisdição e Competência*. 13. ed. São Paulo: Saraiva, 2004.

CARNELUTTI, Francesco. *Sistema de Direito Processual Civil*. v. 2. Tradução de Hiltomar Martins Oliveira. São Paulo: Classic Book Editora, 2000. 884 p.

CARVALHO, Fabiano. EC N. 45: Reafirmação da Garantia da Razoável Duração do Processo. In: WAMBIER, Teresa Arruda Alvim (coord.). *Reforma do Judiciário*: primeiras reflexões sobre a Emenda Constitucional n. 45/2004. São Paulo: Revista dos Tribunais, 2005. 848 p.

CASTRO Jr. Osvaldo Agripino de. *Teoria e Prática do Direito Comparado e Desenvolvimento*: Estados Unidos x Brasil. Florianópolis: Editora Fundação Boiteux, 2002. 557 p.

CAVALHERI, Cláudia Rodrigues. Penhora *on line* agiliza e viabiliza. In *Vigilando on line*, Florianópolis, 7 abr. 2006. Disponível em: <http://www.trt.12.gov.br>. Acessado em: 7 abr. 2006.

CAVALHERI, Gilmar. *Competência da Justiça do Trabalho para Ação de Indenização Decorrente de Acidente do Trabalho*: Avanços e Resistências, 2006. (Mestrado em Ciência Jurídica) — Universidade do Vale do Itajaí — UNIVALI, 2006. 136 f.

CHAVES, Luciano Athayde. *A Recente Reforma no Processo Comum e seus Reflexos no Direito Judiciário do Trabalho*. 3. ed. São Paulo: LTr, 2006. 288 p.

CHIOVENDA, Giuseppe. *Instituições de Direito Processual Civil*. Campinas: Bookseller Editora, 1998.

CINTRA, Antônio Carlos de Araújo, GRINOVER, Ada Pellegrini, DINAMARCO, Cândido Rangel. *Teoria Geral do Processo*. 11. ed. São Paulo: Malheiros Editores, 1995. 360 p.

COSTA, Coqueijo. *Direito Processual do Trabalho*. 3. ed. Rio de Janeiro: Editora Forense, 1986. 906 p.

CUNHA, Alessandra Monteiro da Cunha. *Termo de Ajuste de Conduta na Seara Trabalhista*: solução extrajudicial para a tutela de direitos metaindividuais. (Pós-Graduação em Direito do Trabalho e Preparação para a Magistratura do Trabalho) — Universidade do Vale do Itajaí — UNIVALI, 2007. 38 p.

DALLARI, Dalmo de Abreu. *O Poder dos Juízes*. São Paulo: Editora Saraiva, 1996. 163 p.

DALLEGRAVE NETO, José Affonso. Prefácio. In: RIBEIRO Jr., José Hortêncio (org.). *Ação Coletiva na Visão de Juízes e Procuradores do Trabalho*. São Paulo: LTr, 2006. 375 p.

DELGADO, Maurício Godinho. *Curso de Direito do Trabalho*. 4. ed. São Paulo: LTr, 2005. 1.471 p.

DINAMARCO, Cândido Rangel. *A Instrumentalidade do Processo*. 12. ed. São Paulo: Malheiros Editores, 2005. 413 p.

DUARTE, Francisco Carlos; GRANDINETTI, Adriana Monclaro. *Comentários à Emenda Constitucional 45/2004*: Os Novos Parâmetros do Processo Civil no Direito Brasileiro. Curitiba: Juruá Editora, 2005. 162 p.

DWORKIN, Ronald. *Levando os Direitos a Sério*. Tradução de Nelson Boeira. São Paulo: Martins Fontes, 2002. 568 p.

_____. *O Império do Direito*. 1. ed. 2. t. Tradução de Jefferson Luiz Camargo. São Paulo: Martins Fontes, 2003. 513 p.

ESPÍNDOLA, Ruy Samuel. *Conceito de Princípios Constitucionais*. 2. ed. São Paulo: Editora Revista dos Tribunais, 2002. 288 p.

FARIA, José Eduardo (org.). *Direito Humanos, Direitos Sociais e Justiça*. 1. ed. 4 t. São Paulo: Malheiros Editores, 2005. 155 p.

_____. José Eduardo. *Os Novos Desafios da Justiça do Trabalho*. São Paulo: LTr, 1995. 159 p.

FAVA, Marcos Neve. A Classe no Pólo Passivo da Ação Coletiva. In: RIBEIRO Jr,. José Hortêncio (org.). *Ação Coletiva na Visão de Juízes e Procuradores do Trabalho*. São Paulo: LTr, 2006. 375 p.

FERRARI, Irany; NASCIMENTO, Amauri Mascaro; MARTINS FILHO, Ives Gandra da Silva. *História do Trabalho, do Direito do Trabalho e da Justiça do Trabalho*. São Paulo: LTr, 1998. 244 p.

FERREIRA, Aurélio Buarque de Hollanda. *Pequeno Dicionário Brasileiro da Língua Portuguesa*. 10. ed. Rio de Janeiro: Editora Nacional, 1987.

FUX, Luiz. *A Reforma do Processo Civil*: Comentários e Análise Crítica da Reforma Infraconstitucional do Poder Judiciário e da Reforma do CPC. Rio de Janeiro: Ed. Impetus, 2006. 342 p.

GARCIA, Pedro Carlos Sampaio. O Fim do Poder Normativo. In: COUTINHO, Grijalbo Fernandes; FAVA, Marcos Neves (coord.). *Justiça do Trabalho*: competência ampliada. São Paulo: LTr, 2005. 512 p.

GIGLIO, Wagner. *Direito Processual do Trabalho*. 9. ed. São Paulo: LTr, 1995. 620 p.

GÓES, Gisele Santos Fernandes. Razoável Duração do Processo. In: WAMBIER, Teresa Arruda Alvim (coord.). *Reforma do Judiciário*: primeiras reflexões sobre a Emenda Constitucional n. 45/2004. São Paulo: Revista dos Tribunais, 2005. 848 p.

GRASSELLI, Odete. *Penhora Trabalhista on line*. São Paulo: LTr, 2006. 78 p.

GUERRA FILHO, Willis Santiago. *Processo Constitucional e Direitos Fundamentais*. 4. ed. São Paulo: RCS Editora, 2005. 276 p.

GUIMARÃES. Adrianna Stagni. *A importância dos princípios jurídicos no processo de interpretação constitucional*. São Paulo: LTr, 2003.

HOUAISS, Antônio. *Dicionário Houaiss da Língua Portuguesa*. Rio de Janeiro: Editora Objetiva, 2001.

JORGE NETO, Francisco Ferreira; CAVALCANTE, J. Q. Pessoa. *Manual de Direito Processual do Trabalho*. Tomo I. Rio de Janeiro: Editora Lumen Juris, 2004. 652 p.

LEITE, Carlos Henrique Bezerra. *Curso de Direito Processual do Trabalho*. 3. ed. São Paulo: LTr, 2005. 954 p.

LOCKE, John. *Segundo Tratado Sobre o Governo*: ensaio relativo à verdadeira origem, extensão e objetivo do governo civil. Tradução de Alex Martins. São Paulo: Martin Claret, 2002. 176 p.

MACHADO JR., César P. S. *O Ônuns da Prova no Processo do Trabalho*. 3. ed. São Paulo: LTr, 2001. 640 p.

MALLET, Estêvão. Apontamentos sobre a Competência da Justiça do Trabalho após a EC n. 45. In, COUTINHO, Grijalbo Fernandes; FAVA, Marcos Neve (coord.). *Justiça do Trabalho*: competência ampliada. São Paulo: LTr, 2005. 512 p.

MALTA, Cristóvão Piragibe Tostes. *Prática do Processo Trabalhista*. 33 ed. São Paulo: LTr, 2006. 927 p.

MARINONI, Luiz Guilherme. *Teoria Geral do Processo*. v. 1. São Paulo: Editora Revista dos Tribunais, 2006. 511 p.

MARTINS, Sérgio Pinto. *Direito Processual do Trabalho*. 19. ed. São Paulo: Editora Atlas, 2003. 665 p.

_____. Penhora *on line* no processo do trabalho — constitucionalidade e ilegalidade. *Revista LTr,* São Paulo, v. 68, n. 11, p. 1.319-1.320, nov. 2004.

MARTINS FILHO, Ives Gandra da Silva. Os Direitos Fundamentais e os Direitos Sociais na Constituição de 1988 e sua Defesa. In: SENTO-SÈ, Jairo Lins de Albuquerque (coord.) *A Efetividade do Processo do Trabalho*. São Paulo: LTr, 1999. 93 p.

MEDINA, José Miguel Garcia. *Execução Civil*: Princípios Fundamentais. São Paulo: Editora Revista dos Tribunais, 2002. 393 p.

MEIRELES, Edilton. *Competência e Procedimento na Justiça do Trabalho*: Primeiras Linhas da Reforma do Judiciário. São Paulo: LTr, 2005. 109 p.

MELO, Raimundo Simão de. *Ação Civil Pública na Justiça do Trabalho*. São Paulo: LTr, 2002. 309 p.

MELLO, Celso Antônio Bandeira de. *Curso de direito administrativo*. 17. ed. São Paulo: Malheiros Editores, 2004. 960 p.

MONTENEGRO FILHO, Misael. *Cumprimento da Sentença e Outras Reformas Processuais*. São Paulo: Editora Atlas, 2006. p. 183.

_____. *Curso de Direito Processual Civil*: Teoria Geral do Processo e Processo de Conhecimento. 3. ed. v. 1. São Paulo: Editora Atlas, 2006. 626 p.

MORAES, Alexandre de. *Constituição do Brasil Interpretada e Legislação Constitucional*. 5. ed. São Paulo: Editora Atlas, 2005. 2.922 p.

NALINI, José Renato. A Vocação Transformadora de uma Escola de Juízes. *Revista da Escola Nacional da Magistratura*. Ano II — n. 4 — outubro 2007. 112 p.

OLIVEIRA, Francisco Antônio de. *A Execução na Justiça do Trabalho*: Doutrina, Jurisprudência, Enunciados e Súmulas. 4. ed. São Paulo: Revista dos Tribunais, 1999. 499 p.

OVÍDIO, A. Batista da Silva. *Teoria Geral do Processo Civil*. Porto Alegre: Letras Jurídicas Editora Ltda., 1983. 336 p.

PASOLD, Cesar Luiz. *Prática da Pesquisa Jurídica*: idéias e ferramentas úteis para o pesquisador do Direito. 8. ed. rev. Florianópolis: OAB/SC Editora, 2003. 243 p.

PASSOS, J. J. Calmon de. Cidadania e Efetividade do Processo. In: SENTO-SÉ, Jairo Lins de Albuquerque (coord.) *A Efetividade do Processo do Trabalho*. São Paulo: LTr, 1999. 93 p.

PAULA, Paulo Mazzante de. Penhora *on line*. *LTr Suplemento Trabalhista,* São Paulo, n. 004/05, p. 11-15, 2005.

PEREIRA, Jane Reis Gonçalves. *Interpretação Constitucional e Direitos Fundamentais*. Rio de Janeiro: Editora Renovar, 2006. 546 p.

PINTO, José Augusto Rodrigues. *Execução Trabalhista*: estática, dinâmica, prática. 11. ed. São Paulo: LTr, 2006. 584 p.

_____. *A efetividade do Processo do Trabalho*. São Paulo: LTr, 1999.

PLÁ RODRIGUEZ, Américo. *Princípios de Direito do Trabalho*. Tradução de Wagner D, Giglio. São Paulo: LTr, 1993. 315 p.

PORTANOVA, Rui. *Princípios do Processo Civil*. 6. ed. Porto Alegre: Livraria do Advogado, 2005. 305 p.

PORTO, Pedro Rui da Fontoura. *Direitos Fundamentais Sociais*. Porto Alegre: Livraria do Advogado, 2006. 275 p.

RIBEIRO, Licélia; KONRATH, Ângela. O Acesso à Justiça e a Celeridade Processual. *Revista do TRT 12ª Região*, n. 20, 2º semestre 2004. 236 p.

RODRIGUES, Horácio Wanderlei. EC n. 45: Acesso à Justiça e Prazo Razoável na Prestação Jurisdicional. In: Wambier, Tereza Arruda Alvim (coord.) *Reforma do Judiciário*: primeiras reflexões sobre a Emenda Constitucional n. 45/2004. São Paulo: Revista dos Tribunais, 2005. 848 p.

ROMITA, Arion Sayão. *Competência da Justiça do Trabalho*. Curitiba: Genesis Editora, 2005. 165 p.

RUSSOMANO, Mozart Victor. *Curso de Direito do Trabalho*. 5. ed. Curitiba: Juruá Editora, 1995. 415 p.

_____. *O Decálogo do Processo Trabalhista*. Rio de Janeiro: Forense, 1986. 72 p.

_____. *Direito Processual do Trabalho*. 2. ed. São Paulo: LTr, 1977. 208 p.

SAAD, Eduardo Gabriel. *Direito Processual do Trabalho*. 2. ed. São Paulo: LTr, 1998. 1.061 p.

SANTOS, Hermelino de Oliveira. *Desconsideração da Personalidade Jurídica no Processo do Trabalho*. São Paulo: LTr, 2003. 232 p.

SANTOS. Ricardo Maciel dos. A constitucionalidade da penhora *on-line*. *Justiça do Trabalho*, Porto Alegre, v. 22, n.262, p. 39-43, out. 2005.

SARAIVA, Renato. *Curso de Direito Processual do Trabalho*. 2. ed. São Paulo: Método, 2005. 1.055 p.

SCARTEZZINI, Ana Maria G. Flaquer O Prazo Razoável para a Duração dos Processos e a Responsabilidade do Estado pela Demora. In: WAMBIER, *Tereza Arruda Alvim* (coord.). *Reforma do Judiciário:* primeiras reflexões sobre a Emenda Constitucional n. 45/2004. São Paulo: Revista dos Tribunais, 2005. 848 p.

SENTO-SÉ, Jairo Lins de Albuquerque (coord.). *A Efetividade do Processo do Trabalho*. São Paulo: LTr, 1999. 93 p.

SILVA, Edson Braz da. Inquérito civil trabalhista. Termo de ajuste de conduta. Execução do termo de ajuste de conduta na justiça do trabalho. *Revista do MPT,* Brasília, DF, ano 10, n. 20, set. 2000. 19-20 p.

SILVA NETO, Manoel Jorge e. O Ministério Público do Trabalho e a Efetividade do Processo trabalhista. In: SENTO-SÉ, Jairo Lins de Albuquerque (org.) *A Efetividade do Processo do Trabalho*. São Paulo: LTr, 1999. 93 p.

SIMÕES. Felipe Siqueira de Queiroz. Penhora *on line*: os meios jurídicos aliados à tecnologia. *Jornal Trabalhista Consulex,* Brasília, v. 22, n. 1.077, p. 11-12, jul. 2005.

SIRÂNGELO, Flávio. *O Poder da Conciliação*. *Zero Hora*, Porto Alegre, 4 set. 2006.

SOARES, Mauro Freda. A penhora *on-line* na execução trabalhista e suas implicações jurídicas. *Revista LTr,* São Paulo, v. 68, n. 12, p. 1.460-1.471, dez 2004.

SOTO, Hernando de. A Lei é insalubre para os pobres. *Diário Catarinense*, Florianópolis, 3 abril 2006.

SPALDING, Alessandra Mendes. Direito Fundamental à Tutela Jurisdicional Tempestiva à Luz do Inciso LXXVIII do art. 5º da CF Inserido pela EC n. 45/2004. In: WAMBIER, Tereza Arruda Alvim (coord.). *Reforma do Judiciário*: primeiras reflexões sobre a Emenda Constitucional n. 45/2004. São Paulo: Revista dos Tribunais, 2005. 848 p.

SUSSEKIND, Arnaldo Lopes. *Curso de Direito do Trabalho*. 3. ed. Rio de Janeiro: Renovar, 2004. 532 p.

SÜSSEKIND, Arnaldo; MARANHÃO, Délio; VIANNA, Segadas; TEIXEIRA, Lima. *Instituições de Direito do Trabalho*. 20. ed. v. 2. São Paulo: LTr, 2002. 1.574 p.

TEIXEIRA FILHO, Manoel Antônio. *A Sentença no Processo do Trabalho*. São Paulo: LTr, 1994.

_____. *Execução no Processo do Trabalho*. 9. ed. São Paulo: LTr, 2005. 704 p.

THEODORO JÚNIOR, Humberto. *Curso de Direito Processual Civil*: Processo de Execução e Cumprimento da Sentença; Processo Cautelar e Tutela Antecipada. 40. ed. v. 2. Rio de Janeiro: Editora Forense, 2006. 806 p.

TOLEDO FILHO, Manoel Carlos. *Fundamentos e Perspectivas do Processo Trabalhista Brasileiro*. São Paulo:LTr, 2006. 272 p.

TUCCI, José Rogério Cruz e (coord.). *Garantias Constitucionais do Processo Civil*. 1. ed. 2. t. São Paulo: Revista dos Tribunais, 1999. 262 p.

VARGAS, Luiz Alberto de; FRAGA, Ricardo Carvalho. Relações Coletivas e Sindicais — Novas Competências após a EC n. 45. In: ARAUJO, Francisco Rossal (coord.). *Jurisdição e Competência da Justiça do Trabalho*. São Paulo: LTr, 2006. 309 p.

WAMBIER, Tereza Arruda Alvim. In DALLEGRAVE NETO, José Affonso (coord.). *Execução Trabalhista*: Estudos em homenagem ao Ministro João Oreste Dalazen. São Paulo: LTr, 2002. 384 p.

2. Legislação

BRASIL. Constituição da República Federativa do Brasil, de 16 de julho de 1934.

BRASIL. Constituição da República Federativa do Brasil, de 18 de setembro de 1946.

BRASIL. Constituição da República Federativa do Brasil, de 15 de março de 1967.

BRASIL. Constituição da República Federativa do Brasil, de 05 de outubro de 1988.

BRASIL. Emenda Constitucional n. 24, de 9 de dezembro de 1999.

BRASIL. Emenda Constitucional n. 45, de 31 de dezembro de 2004.

BRASIL. Decreto-lei n. 5.452, de 1º de maio de 1943.

BRASIL. Código de Processo Civil, Lei n. 5.869, de 11.01.1973.

BRASIL. Lei n. 6.830, de 22 de setembro de 1980.

BRASIL. Lei n. 7.347, de 24 de julho de 1985.

BRASIL. Lei n. 8.078, de 11 de setembro de 1990.

BRASIL. Lei n. 8.935, de 18 de novembro de 1994.

BRASIL. Lei n. 8.984, de 7 de fevereiro de 1995.

BRASIL. Lei n. 9.957, de 12 de janeiro de 2000.

BRASIL. Lei n. 10.035, de 25 de outubro de 2000.

BRASIL. Código Civil, Lei n. 10.406, de 10 de janeiro de 2002.

BRASIL. Lei n. 11.232, de 22 de dezembro de 2005.

BRASIL. Lei n. 11.276, de 7 de fevereiro de 2006.

BRASIL. Lei n. 11.277, de 7 de fevereiro de 2006.

BRASIL. Lei n. 11.382, de 6 de dezembro de 2006.

BRASIL. Lei n. 11.448, de 15 de janeiro de 2007.

3. Jurisprudência

BRASIL. Supremo Tribunal Federal, CJ 6959.6, rel. Min. Sepúlveda Pertence, j. 23.5.1990, DJU 22.2.1991.

BRASIL. Supremo Tribunal Federal. ADIn 3.395-6, DJ 4.2.2005.

BRASIL. Supremo Tribunal Federal. CC 7204/MG, rel. Min. Carlos Britto, 29.6.2005, *Informativo do STF n. 394*, publicado em 3.8.2005.

BRASIL. Tribunal Superior do Trabalho. RR 2295/2002-029-12-00.5, rel. Min. João Oreste Dalazen, DJU 1º.7.2005.

BRASIL. Tribunal Superior do Trabalho. RR 66599/2000.2, DJ 8.9.2006.

BRASIL. Tribunal Superior do Trabalho. RODC-1052/2005-000-21-00, rel. Min. Barros Levenhagen, DJ 10.11.2006.

BRASIL. Tribunal Superior do Trabalho. OJ n. 327 da SDI-I, DJ 9.12.2003.

BRASIL. Tribunal Regional da 12ª Região. AG. PET 00870-1995-035-12-86-2, Juiz Relator Dilnei Ângelo Biléssimo.

BRASIL. Tribunal Regional da 12ª Região. Acórdão 040562001, Juiz Relator Garibaldi Tadeu Pereira Ferreira.

BRASIL. Tribunal Regional da 12ª Região. DO-ORI 00851-2005-000-12-00-0, Juiz Relator Geraldo José Balbinot.

BRASIL. 5ª Vara do Trabalho de Florianópolis, SC. AT 109/1995.

BRASIL. 5ª Vara do Trabalho de Florianópolis, SC. ACPU 1209-2003-035-12-00-0.

ANEXOS

ANEXO A — RESOLUÇÃO N. 4 DO CNJ, DE 24 DE AGOSTO DE 2005

Resolução n. 4, de 24 de agosto de 2005

Cria o Sistema de Estatística do Poder Judiciário e dá outras providências.

O Presidente do Conselho Nacional de Justiça, no uso de suas atribuições, tendo em vista o decidido em Sessão de 28.6.2005;

Considerando que nos termos do disposto no art. 103-B, § 4º, VI, da Constituição Federal, compete ao Conselho Nacional de Justiça elaborar semestralmente relatório estatístico sobre processos e sentenças prolatadas, por unidade da Federação, nos diferentes órgãos do Poder Judiciário;

Considerando que nos termos do disposto no art. 103-B, § 4º, VII, da Constituição Federal, compete ao Conselho Nacional de Justiça elaborar relatório anual, propondo as providências que julgar necessárias, sobre a situação do Poder Judiciário no País e as atividades do Conselho, o qual deve integrar mensagem do Presidente do Supremo Tribunal Federal a ser remetida ao Congresso Nacional, por ocasião da abertura da sessão legislativa;

Considerando a necessidade urgente da obtenção de dados estatísticos para o cumprimento de tais competências constitucionais; Resolve:

Art. 1º Fica instituído o Sistema de Estatística do Poder Judiciário, que concentrará e analisará dados a serem obrigatoriamente encaminhados por todos os órgãos judiciários do país, conforme planilhas a serem elaboradas com o apoio da Secretaria do Supremo Tribunal Federal, sob a supervisão da Comissão de Estatística do Conselho Nacional de Justiça.

Art. 2º Até que o Sistema de Estatística do Poder Judiciário seja regulamentado pelo Conselho Nacional de Justiça, fica a Secretaria do Supremo Tribunal Federal autorizada a proceder, por meio de sua Assessoria de Gestão Estratégica, sob a supervisão da Comissão de Estatística e com o auxílio da Secretaria-Geral do Conselho, a disciplina de coleta e de consolidação dos dados a serem encaminhados pelos Tribunais do País.

Art. 3º O Sistema de Estatística do Poder Judiciário de que trata a presente Resolução terá o ano de 2004 como base para a coleta de dados, devendo os órgãos judiciários do país encaminhar até o dia 15 de setembro de 2005, através da presidência dos respectivos Tribunais, os dados solicitados.

Art. 4º A consolidação dos dados, com apresentação de relatório final dos indicadores estatísticos, deverá ocorrer até a data de 30 de novembro de 2005.

Art. 5º A Presidência do Conselho Nacional de Justiça poderá prorrogar, em caráter excepcional, os prazos fixados nos artigos anteriores.

Art. 6º Esta Resolução entra em vigor na data de sua publicação.

Ministro Nelson Jobim

ANEXO B — RESOLUÇÃO N. 15 DO CNJ, DE 20 DE ABRIL DE 2006

Resolução n. 15, de 20 de abril de 2006

Dispõe sobre a regulamentação do Sistema de Estatística do Poder Judiciário, fixa prazos e dá outras providências

A Presidente do Conselho Nacional de Justiça, no uso de suas atribuições, tendo em vista o decidido em Sessão de 31 de janeiro de 2006;

Considerando que, nos termos do disposto no artigo 103-B, parágrafo 4º, VI, da Constituição Federal, compete ao Conselho Nacional de Justiça elaborar semestralmente relatório estatístico sobre processos e sentenças prolatadas, por unidade da federação, nos diferentes órgãos do Poder Judiciário;

Considerando que, nos termos do disposto no artigo 103-B, parágrafo 4º, VII, da Constituição Federal, compete também ao Conselho Nacional de Justiça elaborar relatório anual, propondo as providências que julgar necessárias, sobre a situação do Poder Judiciário no país e as atividades do Conselho;

Considerando que a Administração Pública, conforme estabelecido no artigo 37 da Constituição Federal, obedecerá, entre outros, aos princípios da publicidade e eficiência;

Considerando que a Resolução n. 4, de 16 de agosto de 2005, do Conselho Nacional de Justiça, instituiu o Sistema de Estatística do Poder Judiciário, com o objetivo de concentrar, analisar e consolidar os dados a serem obrigatoriamente encaminhados por todos os órgãos do Poder Judiciário do país;

Considerando a necessidade de regulamentar os critérios, os conceitos e os prazos para o funcionamento do Sistema de Estatística do Poder Judiciário a contar do ano base de 2005;

Resolve:

Capítulo I
DAS DISPOSIÇÕES GERAIS

Art. 1º O Sistema de Estatística do Poder Judiciário, coordenado pelo Conselho Nacional de Justiça, será integrado por todos os Tribunais do país, regendo-se, especialmente, pelos princípios da publicidade, eficiência, transparência, obrigatoriedade de informação dos dados estatísticos, presunção de veracidade dos dados estatísticos informados, atualização permanente e aprimoramento contínuo.

Art. 2º O Conselho Nacional de Justiça, mediante sugestão de sua Comissão Permanente de estatística, definirá os indicadores estatísticos nacionais do Poder Judiciário, estabelecendo os dados que deverão ser obrigatoriamente informados pela Presidência dos respectivos Tribunais a cada semestre.

Art. 3º Os dados estatísticos referidos no artigo anterior deverão ser informados ao Conselho Nacional de Justiça, através de transmissão eletrônica, observando-se o seguinte calendário:

I — os dados estatísticos de janeiro a junho serão transmitidos até o dia 31 de julho do mesmo ano;

II — os dados estatísticos de julho a dezembro serão transmitidos até o dia 31 de janeiro do ano seguinte.

Art. 4º Uma vez transmitidos eletronicamente, os dados estatísticos serão considerados oficiais, dispensando sua conferência e vinculando, quanto a seu teor, a Presidência dos Tribunais de origem.

Art. 5º A Presidência de cada Tribunal poderá delegar a magistrado ou serventuário a função de gerar, conferir e transmitir os dados estatísticos semestrais, credenciando-o junto ao Conselho Nacional de Justiça.

Art. 6º As comunicações entre o Conselho Nacional de Justiça, através de seus órgãos competentes, e os Tribunais serão realizadas em regra por meio eletrônico.

Parágrafo único. Para fins do disposto no *caput*, a Presidência de cada Tribunal disponibilizará um ou mais endereços eletrônicos, presumindo-se a recepção das comunicações oficiais mediante simples confirmação automática de que a mensagem foi disposta na respectiva caixa de correio eletrônico.

Art. 7º A transmissão dos dados estatísticos será realizada por sistema *on-line*, por meio do sítio na internet https://estatistica.cnj.gov.br.

Art. 8º O recebimento dos dados estatísticos no Conselho Nacional de Justiça ficará a cargo de seu Núcleo de Estatística, sob a coordenação da Secretaria-Geral, designando-se especialmente para a tarefa um Juiz Auxiliar da Presidência.

Parágrafo único. Enquanto não for instituído o Núcleo de Estatística, deverá ser observado o disposto no artigo 2º da Resolução n. 4, de 16 de agosto de 2005.

Art. 9º Os dados estatísticos de janeiro a junho serão apresentados pelo Conselho Nacional de Justiça, através da Comissão Permanente de Estatística, de modo consolidado, em sua última sessão plenária do subseqüente mês de agosto.

Art. 10. Os dados estatísticos de julho a dezembro serão apresentados pelo Conselho Nacional de Justiça, através da Comissão Permanente de Estatística, em sua última sessão plenária do mês de fevereiro do ano subseqüente, contemplando:

I — a consolidação semestral;

II — a consolidação anual, abrangendo ambos os semestres do ano imediata-mente anterior;

III — a consolidação histórica, abrangendo, no máximo, os dez anos anteriores, se disponíveis; e

IV — a análise crítica e de tendências.

Art. 11. Na consolidação dos dados estatísticos, o Conselho Nacional de Justiça observará, sempre que possível, as especificidades próprias da Justiça Eleitoral, da Justiça Federal, da Justiça Trabalhista, da Justiça Militar e da Justiça dos Estados, bem como dos Juizados Especiais.

Capítulo II
DA COMISSÃO PERMANENTE DE ESTATÍSTICA

Art. 12. A Comissão Permanente de Estatística exercerá a função de orientar e supervisionar a geração, recebimento e análise crítica dos dados estatísticos do Poder Judiciário, podendo propor ao órgão colegiado do Conselho alterações conceituais e estruturais nos indicadores estatísticos e no sistema de recebimento, armazenamento e divulgação desses dados, bem como recomendar inspeções com o propósito de verificar, *in loco*, a consistência metodológica de sua geração.

Art. 13. A Comissão Permanente de Estatística será integrada por Conselheiros indicados pela Presidência do Conselho, mediante o auxílio de consultores técnicos especialmente designados para a função, com o apoio de pessoal e logístico da Secretaria-Geral, podendo ser ainda designados magistrados para prestarem auxílio temporário à Comissão, sem prejuízo de suas regulares funções nos Tribunais de origem.

Capítulo III
DOS INDICADORES ESTATÍSTICOS BÁSICOS

Art. 14. O Sistema de Estatística do Poder Judiciário contemplará indicadores estatísticos básicos, abrangendo as seguintes categorias:

I — insumos, dotações e graus de utilização;

II — litigiosidade;

III — carga de trabalho;

IV — taxa de congestionamento;

V — recorribilidade e reforma de decisões;
VI — acesso à Justiça;
VII — maiores demandas e participação governamental;
VIII — atividade disciplinar;
IX — outros.

Art. 15. Os dados estatísticos relativos a insumos, dotações e graus de utilização da Justiça serão informados de acordo com os indicadores e fórmulas seguintes:

a — despesa Total da Justiça Federal, do Trabalho e dos Estados (numerador DPJ) sobre o Produto Interno Bruto Federal e dos Estados, respectivamente (denominador PIB), por meio do indicador (G1) e de sua fórmula;

b — despesa Total da Justiça Federal, do Trabalho e dos Estados (numerador DPJ) sobre a Despesa Pública Federal e dos Estados, respectivamente (denominador GT), por meio do indicador (G2) e de sua fórmula;

c — despesas da Justiça Federal, do Trabalho e dos Estados com Recursos Humanos (numerador Prh) sobre a Despesa Total da respectiva Justiça (denominador DPJ) por meio do indicador (G3) e de sua fórmula;

d — despesas da Justiça Federal, do Trabalho e dos Estados com Bens e Serviços (numerador Bs) sobre a Despesa Total da respectiva Justiça (denominador DPJ) por meio do indicador (G4) e de sua fórmula;

e — despesas da Justiça Federal, do Trabalho e dos Estados com Pessoal e Encargos (numerador Pe) sobre a Despesa Total da respectiva Justiça (denominador DPJ) por meio do indicador (G5) e de sua fórmula;

f — despesas da Justiça Federal, do Trabalho e dos Estados com Custeio e Capital (numerador Cca) sobre a Despesa Total da respectiva Justiça (denominador DPJ) por meio do indicador (G6) e de sua fórmula;

g — despesa Total da Justiça Federal, do Trabalho e dos Estados (numerador DPJ) sobre o número de habitantes da Região e dos Estados, respectivamente (denominador h1), por meio do indicador (G7) e de sua fórmula;

h — total de magistrados da Justiça Federal, do Trabalho e dos Estados (numerador Mag) sobre o número de habitantes dividido por cem mil da Região e dos Estados, respectivamente, (denominador h2) por meio do indicador (G8) e de sua fórmula;

i — total do pessoal auxiliar da Justiça Federal, do Trabalho e dos Estados (numerador Paux) sobre o número de habitantes dividido por cem mil da Região e dos Estados, respectivamente (denominador h2), por meio do indicador (G9) e de sua fórmula;

j — total do pessoal do quadro efetivo da Justiça Federal, do Trabalho e dos Estados (numerador Pap) sobre o número de habitantes dividido por cem mil da Região e dos Estados, respectivamente (denominador h2), por meio do indicador (G10) e de sua fórmula;

k — valores recolhidos pela Justiça Federal, do Trabalho e dos Estados (numerador T) sobre a Despesa Total da respectiva Justiça (denominador DPJ) por meio do indicador (I1) e de sua fórmula;

l — receitas decorrentes de execução fiscal pela Justiça Federal e dos Estados (numerador i) sobre a Despesa Total da respectiva Justiça (denominador DPJ) por meio do indicador (I2) e de sua fórmula;

m — receitas decorrentes de arrecadação previdenciária pela Justiça do Trabalho (numerador iprev) sobre a Despesa Total da Justiça da Região (denominador DPJ), por meio do indicador (I3) e de sua fórmula;

n — receitas decorrentes de arrecadação de imposto de renda pela Justiça do Trabalho (numerador irend) sobre a Despesa Total da Justiça da Região (denominador DPJ), por meio do indicador (I4) e de sua fórmula;

o — valores dos depósitos judiciais em processos na Justiça Federal, do Trabalho e dos Estados, por meio do indicador (DepJud) e de sua fórmula;

p — despesa com informática na Justiça Federal, do Trabalho e dos Estados (numerador Ginf) sobre a Despesa Total da respectiva Justiça (denominador DPJ), por meio do indicador (Inf1) e de sua fórmula;

q — número de computadores de uso pessoal da Justiça Federal, do Trabalho e dos Estados (numerador Comp) sobre o número de usuários desses computadores da respectiva Justiça (denominador Ui), por meio do indicador (Inf2) e de sua fórmula;

r — despesa Total da Justiça Federal, do Trabalho e dos Estados (numerador DPJ) sobre a área total em metro quadrados (m^2) da respectiva Justiça (denominador m^2 total), por meio do indicador (Dm^2) e de sua fórmula;

s — total de pessoal auxiliar da Justiça Federal, do Trabalho e dos Estados (numerador Paux) sobre a área útil em metro quadrados (m^2) da respectiva Justiça (denominador m^2 útil), por meio do indicador (Pm^2) e de sua fórmula;

t — total de processos judiciais em papel (em tramitação ou arquivados) da Justiça Federal, do Trabalho e dos Estados (numerador Proc) sobre a área útil total em metro quadrados (m^2) da respectiva Justiça (denominador m^2 útil), por meio do indicador (Pm^2) e de sua fórmula;

Art. 16. Os dados estatísticos relativos à litigiosidade serão informados de acordo com os indicadores e fórmulas seguintes:

a — total de casos novos no 2º Grau da Justiça Federal, do Trabalho e dos Estados (numerador $CN2º$) sobre o número de habitantes dividido por cem mil da respectiva região ou Estado (denominador h2), por meio do indicador ($Ch2º$) e de sua fórmula;

b — total de casos novos no 1º Grau da Justiça Federal, do Trabalho e dos Estados (numerador $CN1º$) sobre o número de habitantes dividido por cem mil da respectiva região ou Estado (denominador h2), por meio do indicador ($Ch1º$) e de sua fórmula;

c — total de casos novos na Turma Recursal da Justiça Federal e dos Estados (numerador CNTR) sobre o número de habitantes dividido por cem mil da respectiva região ou Estado (denominador h2), por meio do indicador (ChTR) e de sua fórmula;

d — total de casos novos no Juizado Especial da Justiça Federal e dos Estados (numerador CNJE) sobre o número de habitantes dividido por cem mil da respectiva região ou Estado (denominador h2), por meio do indicador (ChJE) e de sua fórmula;

e — total de casos novos no 2º Grau da Justiça Federal, do Trabalho e dos Estados (numerador $CN2º$) sobre o número de magistrados do 2º Grau da respectiva Justiça (denominador $Mag2º$), por meio do indicador ($Cm2º$) e de sua fórmula;

f — total de casos novos no 1º Grau da Justiça Federal, do Trabalho e dos Estados (numerador $CN1º$) sobre o número de magistrados do 1º Grau da respectiva Justiça (denominador $Mag1º$), por meio do indicador ($Cm1º$) e de sua fórmula;

g — total de casos novos na Turma Recursal da Justiça Federal e dos Estados (numerador CNTR) sobre o número de magistrados da Turma Recursal da respectiva Justiça (denominador MagTR), por meio do indicador (CmTR) e de sua fórmula;

h — total de casos novos no Juizado Especial da Justiça Federal e dos Estados (numerador CNJE) sobre o número de magistrados do Juizado Especial da respectiva Justiça (denominador MagJE), por meio do indicador (CmJE) e de sua fórmula;

i — pessoas atendidas: total de pessoas físicas e jurídicas de direito privado não governamental atendidas da Justiça Federal, do Trabalho e dos Estados, por meio do indicador (PA);

Art. 17. Os dados estatísticos relativos à carga de trabalho serão informados de acordo com os indicadores e fórmulas seguintes:

a — carga de trabalho no 2º Grau: número de casos novos somado ao número de casos pendentes de julgamento de períodos-base anteriores do 2º Grau (numerador $CN2º + Cpj2º$) sobre o número de magistrados do 2º Grau (denominador $Mag2º$) da Justiça Federal, do Trabalho e dos Estados, por meio do indicador ($k2º$) e de sua fórmula;

b — carga de trabalho no 1º Grau: número de casos novos somado ao número de casos pendentes de julgamento de períodos-base anteriores do 1º Grau (numerador CN1º + Cpj1º) sobre o número de magistrados do 1º Grau (denominador Mag1º) da Justiça Federal, do Trabalho e dos Estados, por meio do indicador (k1º) e de sua fórmula;

c — carga de trabalho na Turma Recursal: número de casos novos somado ao número de casos pendentes de julgamento de períodos-base anteriores da Turma Recursal (numerador CNTR + CpjTR) sobre o número de magistrados da Turma Recursal (denominador MagTR) da Justiça Federal e dos Estados, por meio do indicador (kTR) e de sua fórmula;

d — carga de trabalho no Juizado Especial: número de casos novos somado ao número de casos pendentes de julgamento de períodos-base anteriores do Juizado Especial (numerador CNJE + CpjJE) sobre o número de magistrados do Juizado Especial (denominador MagJE) da Justiça Federal e dos Estados, por meio do indicador (kJE) e de sua fórmula;

Art. 18. Os dados estatísticos relativos à taxa de congestionamento serão informados de acordo com os indicadores e fórmulas seguintes:

a — taxa de congestionamento no 2º Grau: numeral um (1) menos o número total de decisões que extinguem o processo no 2º Grau (numerador Sent2º) sobre número de casos novos somado ao número de casos pendentes de julgamento de períodos-base anteriores do 2º Grau (denominador CN2º + Cpj2º) da Justiça Federal, do Trabalho e dos Estados, por meio do indicador (2º) e de sua fórmula;

b — taxa de congestionamento no 1º Grau: numeral um (1) menos o número total de sentenças no 1º Grau (numerador Sent1º) sobre número de casos novos somado ao número de casos pendentes de julgamento de períodos-base anteriores do 1º Grau (denominador CN1º + Cpj1º) da Justiça Federal, do Trabalho e dos Estados, por meio do indicador (1º) e de sua fórmula;

c — taxa de congestionamento na Turma Recursal: numeral um (1) menos o número de decisões que extinguem o processo na Turma Recursal (numerador SentTR) sobre número de casos novos somado ao número de casos pendentes de julgamento de períodos-base anteriores da Turma Recursal (denominador CNTR + CpjTR) da Justiça Federal e dos Estados, por meio do indicador (TR) e de sua fórmula;

d — taxa de congestionamento no Juizado Especial: numeral um (1) menos o número de sentenças no Juizado Especial (numerador SentJE) sobre número de casos novos somado ao número de casos pendentes de julgamento de períodosbase anteriores do Juizado Especial (denominador CNJE + CpjJE) da Justiça Federal e dos Estados, por meio do indicador (JE) e de sua fórmula;

Art. 19. Os dados estatísticos relativos à recorribilidade e reforma de decisões serão informados de acordo com os indicadores e fórmulas seguintes:

a — taxa de recorribilidade externa no 2º Grau: número de recursos à instância superior (numerador Rsup2º) sobre o número de acórdãos publicados no 2º Grau (denominador Ap2º) da Justiça Federal e dos Estados, por meio do indicador (t2º) e de sua fórmula;

b — taxa de recorribilidade externa no 1º Grau: número de recursos à instância superior (numerador Rsup1º) sobre o número de processos julgados no 1º Grau (denominador Pj1º) da Justiça Federal e dos Estados, por meio do indicador (t1º) e de sua fórmula;

c — taxa de recorribilidade externa no Juizado Especial: número de recursos à instância superior (numerador RsupJE) sobre o número de processos julgados no Juizado Especial (denominador PjJE) da Justiça Federal e dos Estados, por meio do indicador (tje) e de sua fórmula;

d — taxa de recorribilidade externa de acórdãos no 2º Grau na Justiça do Trabalho: número de recursos à instância superior (numerador Rsup2º) sobre o número de acórdãos publicados no 2º Grau (denominador Apublic), por meio do indicador (t2ºac) e de sua fórmula;

e — taxa de recorribilidade externa na fase de despacho de negatória de admissibilidade no 2º Grau na Justiça do Trabalho: número de agravos às decisões de negatória de admissibilidade de recurso de revista e recurso ordinário para o TST (numerador AI) sobre o número total de decisões de negatória de admissibilidade de recurso de revista e recurso ordinário para o TST no 2º Grau (denominador DA), por meio do indicador (t2ºAI) e de sua fórmula;

f — taxa de recorribilidade externa na fase de conhecimento do 1º Grau na Justiça do Trabalho: número de recursos ordinários somado ao número de recursos ordinários em procedimento sumaríssimo (numerador RO + ROP's) sobre o número de processos julgados no 1º Grau (denominador Sent), por meio do indicador (t1ºro) e de sua fórmula;

g — taxa de recorribilidade externa na fase de execução do 1º Grau na Justiça do Trabalho: número de agravos de petição (numerador AP) sobre o número de decisões em embargos de execução no 1º Grau (denominador Sent), por meio do indicador (t1ºAP) e de sua fórmula;

h — taxa de recorribilidade interna no 2º Grau: número de recursos internos do 2º Grau (numerador Rint2º) sobre o número de decisões no 2º Grau (denominador D2º) na Justiça Federal e dos Estados, por meio do indicador (tint2º) e de sua fórmula;

i — taxa de recorribilidade interna no 1º Grau: número de recursos internos do 1º Grau (numerador Rint1º) sobre o número de decisões no 1º Grau (denominador D1º) na Justiça Federal e dos Estados, por meio do indicador (tint1º) e de sua fórmula;

j — taxa de recorribilidade interna na Turma Recursal: número de recursos internos da Turma Recursal (numerador RintTR) sobre o número de decisões na Turma Recursal (denominador DTR) na Justiça Federal e dos Estados, por meio do indicador (tintTR) e de sua fórmula;

k — taxa de recorribilidade interna no Juizado Especial: número de recursos internos do Juizado Especial (numerador RintJE) sobre o número de decisões no Juizado Especial (denominador DJE) na Justiça Federal e dos Estados, por meio do indicador (tintJE) e de sua fórmula;

l — taxa de recorribilidade interna de decisão monocrática no 2º Grau na Justiça do Trabalho: número de agravos de recursos e agravos do art. 557 (numerador Ag) sobre o número de decisões monocráticas no 2º Grau (denominador Decmono) por meio do indicador (tint2º) e de sua fórmula;

m — taxa de recorribilidade interna de acórdãos no 2º Grau na Justiça do Trabalho: número de recursos internos (numerador Rint2º) sobre o número de acórdãos publicados no 2º Grau (denominador Apublic) por meio do indicador (tintac) e de sua fórmula;

n — taxa de recorribilidade interna no 1º Grau na Justiça do Trabalho: número de embargos de declaração (numerador ED) sobre o número de processos julgados no 1º Grau (denominador Sent) por meio do indicador (tint1º) e de sua fórmula;

o — taxa de reforma da decisão no 2º Grau: número de recursos providos, ainda que parcialmente, (numerador Rp2º) sobre o número de recursos julgados no 2º Grau (denominador Rj2º) na Justiça Federal, do Trabalho e dos Estados por meio do indicador (Rd2º) e de sua fórmula;

p — taxa de reforma da decisão no 1º Grau: número de recursos providos, ainda que parcialmente (numerador Rp1º), sobre o número de recursos julgados no 1º Grau (denominador Rj1º) na Justiça Federal, do Trabalho e dos Estados por meio do indicador (Rd1º) e de sua fórmula;

q — taxa de reforma da decisão no Juizado Especial: número de recursos providos, ainda que parcialmente (numerador RpJE), sobre o número de recursos julgados no Juizado Especial (denominador RjJE) da Justiça Federal e dos Estados por meio do indicador (RdJE) e de sua fórmula.

Art. 20. Os dados estatísticos relativos a acesso à Justiça serão informados de acordo com os indicadores e fórmulas seguintes:

a — total da despesa com assistência judiciária gratuita da Justiça Federal, do Trabalho e dos Estados (numerador JG) sobre o Produto Interno Bruto (denominador PIB) local por meio do indicador (A1) e de sua fórmula;

b — total da despesa com assistência judiciária gratuita da Justiça Federal, do Trabalho e dos Estados (numerador JG) sobre a Despesa Pública Federal e dos Estados, respectivamente (denominador GT), por meio do indicador (A2) e de sua fórmula;

c — total da despesa com assistência judiciária gratuita da Justiça Federal, do Trabalho e dos Estados (numerador JG) sobre a Despesa Total da respectiva Justiça (denominador DPJ) por meio do indicador (A3) e de sua fórmula;

d — total da despesa com assistência judiciária gratuita da Justiça Federal, do Trabalho e dos Estados (numerador JG) sobre o número de habitantes (denominador h1) por meio do indicador (A4) e de sua fórmula.

Art. 21. Os dados estatísticos relativos às maiores demandas e participação governamental serão informados de acordo com os indicadores e fórmulas seguintes:

a — Poder Público como demandante da Justiça Federal, do Trabalho e dos Estados como Demandante, por meio do indicador (DGov1);

b — Poder Público como demandado da Justiça Federal, do Trabalho e dos Estados como Demandada, por meio do indicador (DGov2).

Art. 22. Os dados estatísticos relativos à atividade disciplinar e de correição serão informados de acordo com os indicadores e fórmulas seguintes:

a — total de servidores do quadro efetivo que respondem a procedimentos administrativos disciplinares do Poder Judiciário local (numerador Tspad1) sobre o total de servidores do quadro efetivo do Poder Judiciário local (denominador pap) por meio do indicador (PDs1) e de sua fórmula;

b — total de servidores do quadro efetivo que receberam alguma sanção em procedimentos administrativos disciplinares do Poder Judiciário local (numerador Tspad2) sobre o total de servidores do quadro efetivo do Poder Judiciário local (denominador pap) por meio do indicador (PDs2) e de sua fórmula;

c — total de procedimentos administrativos disciplinares instaurados que resultaram na aplicação de alguma sanção contra servidores do Poder Judiciário local (numerador Tpad1), sobre o total de procedimentos administrativos disciplinares contra servidores do Poder Judiciário (denominador Tpad2) por meio do indicador (PDs3) e de sua fórmula;

d — Número de magistrados em atividade no 1º Grau que respondem a procedimentos administrativos disciplinares Conselho Nacional de Justiça (numerador Tmpad1) sobre o número de magistrados em atividade no 1º Grau (denominador Mag1º) por meio do indicador (PDm1) e de sua fórmula;

e — número de magistrados em atividade no 2º Grau que respondem a procedimentos administrativos disciplinares (denominador Tmpad2) sobre o número de magistrados em atividade no 2º Grau (numerador Mag2º) por meio do indicador (PDm2) e de sua fórmula;

f — número de magistrados em atividade no 1º Grau que receberam alguma sanção em procedimento administrativo disciplinar (numerador Tmpad1p) sobre o número de magistrados em atividade no 1º Grau (denominador Mag1º) por meio do indicador (PDm3) e de sua fórmula;

g — número de magistrados em atividade no 2º Grau que receberam alguma sanção em procedimento administrativo disciplinar (numerador Tmpad2p) sobre o número de magistrados em atividade no 2º Grau (denominador Mag2º) por meio do indicador (PDm4) e de sua fórmula;

h — total de procedimentos administrativos disciplinares instaurados que resultaram na aplicação de alguma sanção contra todos os magistrados do Poder Judiciário local (numerador Tpadmp), sobre o total de procedimentos administrativos disciplinares contra todos os magistrados do Poder Judiciário local (denominador Tpadm) por meio do indicador (PDm5) e de sua fórmula.

Art. 23. O conceito de cada um dos elementos que compõem as fórmulas dos indicadores estatísticos se encontra exposto nos Anexos I, II e III que integram a presente resolução.

Capítulo IV
DAS DISPOSIÇÕES FINAIS E TRANSITÓRIAS

Art. 24. Os erros materiais porventura existentes nos dados estatísticos nacionais do Poder Judiciário poderão ser corrigidos a qualquer tempo pelo Conselho Nacional de Justiça, de ofício ou por iniciativa formal da autoridade responsável por sua transmissão.

Art. 25. Os dados estatísticos relativos ao ano base de 2005 deverão ser informados até 30 de junho de 2006, nos termos do artigo 7º.

Art. 26. O descumprimento dos prazos estabelecidos nesta Resolução, bem como a omissão ou manipulação intencional dos dados estatísticos serão comunicados ao Plenário do Conselho Nacional de Justiça, que instaurará o procedimento administrativo disciplinar correspondente, sem prejuízo das demais sanções aplicáveis.

Art. 27. A Presidência dos Tribunais comunicará à Presidência do Conselho Nacional de Justiça, de modo especificado, no prazo de sessenta dias, a contar da vigência da presente Resolução, a impossibilidade técnica ou material de gerar quaisquer dos indicadores estatísticos constantes da presente resolução, fornecendo concomitantemente um cronograma detalhado das providências técnicas adotadas para suprir as respectivas deficiências.

Art. 28. Uma vez aprovado pelo Conselho Nacional de Justiça, o cronograma de trabalho de que trata o artigo anterior vinculará a Presidência do Tribunal proponente, aplicando-se o disposto no artigo 25 quando verificada a inobservância injustificada dos prazos ali estabelecidos.

Art. 29. Esta Resolução entra em vigor na data de sua publicação.

Ministra Ellen Gracie
Conselho Nacional de Justiça
Presidente do Conselho Nacional de Justiça

ANEXO C — SENTENÇA ACP 8634-2006-035-12-00-2

Sentença ACP 8634-2006-035-12-00-2

Aos 08 dias do mês de março de 2007, às 18h, na sala de audiências da 5ª Vara do Trabalho de Florianópolis/SC, por ordem do Exmo. Sr. Juiz do Trabalho JOSÉ CARLOS KÜLZER, foram apregoadas as partes para publicação da seguinte

Sentença

Vistos, etc.

O Ministério Público do Trabalho ajuizou Ação Civil Pública, com pedido de concessão de liminar de tutela, *inaudita altera pars*, em face do Grupo Santander Banespa e do Centro de Integração Empresa Escola da Santa Catarina — CIEE, alegando, em síntese, que as empresas do grupo econômico do Banco têm admitido, freqüentemente, estagiários por intermédio do CIEE, visando burlar a legislação trabalhista, pretendendo em decorrência que os requeridos sejam condenados às obrigações de fazer e não fazer discriminadas nos pedidos formulados às fls. 36/38 dos autos. Atribuiu a causa o valor de R$20.000,00. Juntou documentos.

A liminar pretendida foi concedida pelo juízo, na forma da decisão de fls. 920/922.

Na audiência inicial, o Banco Santander apresentou a contestação escrita de fls. 1.019/1.050, acompanhada de documentos, mediante a qual argüi as preliminares de carência de ação por ilegitimidade ativa e passiva, bem como a impossibilidade de litisconsórcio no caso dos autos e da necessidade de intervenção de terceiros. E quanto ao mérito, aduz que são improcedentes as pretensões da inicial.

Na mesma audiência, o CIEE apresentou a contestação de fls. 1.2010/1.274, com as preliminares de incompetência da Justiça do Trabalho e de carência de ação, requerendo também, pela improcedência da demanda. Juntou documentos.

Além da prova documental, foi ouvida uma testemunha, trazida a juízo pelo Banco, cujo depoimento encontra-se transcrito às fls. 2.094/2.095.

Sem outras provas, foi encerrada a instrução processual, com razões finais remissivas pelo Ministério Público do Trabalho, e por memoriais, pelos requeridos.

Rejeitadas as propostas de conciliação.

Feito este breve relatório, passo a decidir.

I — Preliminarmente

1. Competência

Requer o CIEE que seja reconhecida a incompetência absoluta da Justiça do Trabalho para apreciar a presente Ação Civil Pública, sob a alegação de qualquer análise da legalidade e/ou irregularidade das atividades desenvolvidas pela instituição constitui matéria de natureza civil, estranha aos limites previstos no art. 114 da Constituição Federal.

Sem razão, pois conforme lembrado pela Juíza Ione Ramos, Relatora do Mandado de Segurança impetrado pelo CIEE contra a liminar *inaudita altera pars* concedida pelo juízo, com cópia da decisão juntada às fls. 1979/1994, "...a contratação de trabalhadores em desobediência aos mandamentos legais que regem o exercício prático do aprendizado do aluno [...] envolve relação de trabalho com desdobramentos para o vínculo de emprego, matéria que é de competência desta Especializada."

Ademais, a competência material da Justiça do Trabalho foi ampliada significativamente com a Emenda Constitucional n. 45, promulgada no final do ano de 2004, ao transferir para serem apreciadas e julgadas pela Justiça do Trabalho várias matérias que anteriormente cabiam a outros órgãos do Poder Judiciário.

Com essa Emenda, foi dada nova redação ao art. 114 da Constituição Federal, e ao suprimir a menção aos *dissídios individuais e coletivos entre trabalhadores e empregadores*, no seu lugar, inseriu que compete à Justiça do Trabalho processar e julgar *as ações oriundas da relação de trabalho*.

Assim, a competência material da Justiça do Trabalho passou a ter como seu *eixo principal a relação de trabalho, lato sensu,* e não mais, a relação de emprego, *stricto sensu*. Ou seja, deixa de ter como eixo principal "o exame dos litígios relacionados com o contrato de trabalho, para julgar os processos associados ao trabalho de pessoa natural em geral."[1]

2. Intervenção de Terceiros. Impossibilidade de litisconsórcio

Como foi bem lembrado pelo Ministério Público à fl. 2008 dos autos, não se trata o caso dos autos de litisconsórcio passivo necessário que justifique a inclusão no pólo passivo da Associação Catarinense das Fundações Educacionais — ACAFE (requerido em contestação à fl. 1031 pelo banco), e da União Catarinense dos Estudantes — UCE (presente de forma espontânea na primeira audiência, como consignado na ata de fl. 972).

---

(1) MALLET, Estêvão. Apontamentos sobre a Competência da Justiça do Trabalho após␣EC n. 45. In, COUTINHO, Grijalbo Fernandes; FAVA, Marcos Neve (coord.). *Justiça do Trabalho: competência ampliada.* São Paulo: LTr, 2005. p. 72.

Ademais, conforme salientado pelo Ministério Público, a inclusão do Banco Santander Banespa e do CIEE no pólo passivo da demanda, por serem, respectivamente, a "entidade concedente de oportunidade de estágio" e a "agência de integração", resulta do livre exercício do direito subjetivo de ação e da atuação ministerial, respaldada princípio da independência funcional daquele órgão e da autonomia da condução das investigações e aforamento das medidas judiciais que entende necessárias.

3. Carência de ação

Sob o argumento de que eventual irregularidade em contrato de estágio não implica em violação à ordem pública, ao regime democrático ou a direitos sociais e individuais indisponíveis, requer o Banco que não seja admitida a presente Ação Civil Pública, ante a carência de ação por ilegitimidade ativa do Ministério Público.

Também o CIEE argüi a prefacial de ilegitimidade ativa *ad causam* do Ministério Público do Trabalho, sob o argumento de que no caso em análise não há relação de trabalho, mas apenas atividade de complementação educacional, e de que tampouco se trata de interesses coletivos lesados capazes de justificar sua intervenção por meio de Ação Civil Pública.

Ao falar sobre a preliminar em questão, à fl. 1028 dos autos, o Banco conclui (e recomenda) "que, diante da evolução do instituto da ação civil pública e em virtude da realidade brasileira, é necessário que o Ministério Público concentre sua atenção (especialmente quando o órgão funciona como parte processual) em temas de relevante interesse social, a exemplo do trabalho escravo, inclusão do portador de necessidades especiais no mercado de trabalho e demais casos em que os direitos envolvidos sejam coletivos, difusos ou indisponíveis."

Realmente, ainda nos dias de hoje, em pleno século XXI e por incrível que possa parecer, ainda existe trabalho escravo no país, talvez por culpa do próprio Estado, aí compreendidos os poderes Executivo, Legislativo e Judiciário.

Mas nem por isso, podemos concordar que o tema discutido nestes autos não tenha relevante interesse social, ainda mais num país com manchetes como estas: *"Aluno do ensino médio tem o pior desempenho em dez anos"*.

Segundo reportagem publicada no jornal Folha de S. Paulo, de 8 fevereiro 2007, sob este título, o resultado de duas avaliações da rede de ensino brasileira divulgado pelo Ministério da Educação no início deste ano, indica uma piora no desempenho dos alunos do ensino médio e expõe a dificuldade do país em melhorar a qualidade da educação nos últimos dez anos. Estas deficiências se repetem, por óbvio, no ensino superior.

E a mesma involução da educação é assistida no mercado de trabalho, principalmente urbano. Conforme artigo publicado no mesmo jornal pelo advogado Fábio Konder Comparato (em 11 de abril de 2006), a participação do rendimento do trabalho assalariado na repartição da renda nacional era de 50% no início dos anos 80, e baixou agora para 36%.

Portanto, em vez de melhorar o que já não estava bom, o Brasil regrediu, bem ao contrário do acontece na maioria dos países. E dentro desta triste realidade, encontra-se inserido o estágio curricular, e obviamente, a pessoa do estagiário, que se não tiver proteção, certamente se submeterá a quaisquer regras para conseguir um estágio.

E como foi lembrado com propriedade pelo Ministério Público em sua manifestação de fls. 1.999/2.001, estão sendo tutelados na hipótese dos autos, dois interesses sociais e da alta relevância, que se mesclam e se revestem de caráter indisponível: *o trabalho e a educação*.

No entender do Ministério Público, tais interesses e direitos, bem como os pedidos correlatos formulados na presente ação, "jamais poderiam ser pleiteados individualmente por estagiário em sede de ação trabalhista individual pois detêm natureza difusa e indisponível. O MPT tem (sim) legitimidade ativa porque está defendendo direitos e interesses tipicamente difusos, vez que a coletividade de estagiários lesados é indeterminável frente ao fato de que não se tem — com precisão — o número de quantos e quais são os estudantes que estão estagiando no Estado de Santa Catarina, nem tampouco quantos e quais educandos se valerão da intermediação do CIEE, na espera da decorrente complementação de ensino. Frise-se que a finalidade da lei de estágio é assegurar a efetiva complementação do ensino e não um "estágio" desvinculado do currículo e completamente dissociado da respectiva formação; e a busca coletiva deste desiderato compete ao defensor da ordem jurídica e do interesse público: o Ministério Público."

As decisões do TST, transcritas pelo Ministério Público às fls. 2001/2006, confirmam esse entendimento. No processo TST-RR-1208/2000-001-22-40.5, foi reconhecida a legitimidade do Ministério Público em Ação Civil Pública em que se discute exatamente a mesma matéria destes autos, ou seja, a ilegalidade na contratação de estagiários e de serviço terceirizado, em virtude de fraude à relação de trabalho.

Para *Marcos Neves Fava*[2], o aumento da quantidade de demandas, a urbanização dos conflitos, a massificação da atividade social contemporânea e a necessidade de um procedimento que proteja o interessado contra a reação do empregador exige a transposição do processo clássico, individualista, para o coletivo, transindividual, o que "implica em mudanças profundas de concepção ideológica, de finalidade dos instrumentos processuais, de hermenêutica, de comportamento prático e de crença na possibilidade de um ordenamento jurídico plausível, cuja efetivação encontre guarida na atividade de um Judiciário comprometido com a efetividade de sua atuação."

Da mesma forma pensa a Juíza do Trabalho *Ilse Marcelina Bernardi Lora*[3], ao lembrar que com a sociedade de massas, os conflitos sociais foram intensificados e passaram a atingir grande número de pessoas, para os quais não se encontra mais resposta no modelo tradicional de tutela individual, sendo "necessário encontrar instrumentos que permitissem prevenir e reparar, de forma eficaz, as lesões que se faziam sentir no plano coletivo."

Entretanto, prossegue a magistrada no seu raciocínio, apesar da CLT ser a pioneira no Brasil no tratamento da tutela dos interesses transindividuais com a instituição da ação de dissídio coletivo, não obstante seu vanguardismo,

"[...] o processo do trabalho viria a assistir apático às profundas transformações introduzidas pela Lei da Ação Civil Pública (Lei n. 7.347, de 24 de julho de 1985), ratificadas e ampliadas pela Constituição Federal de 1988 e complementadas pelo Código de Defesa do Consumidor (Lei n. 8.078, de 12 de setembro de 1990). A doutrina, e em especial a jurisprudência trabalhista, adotaram surpreendente postura refratária à adoção dos relevantes instrumentos para proteção dos novos interesses que emergiam da complexa tessitura social, em especial no âmbito laboral, alvo de profundas e revolucionárias mudanças. Aos sindicatos, reconhecidamente os primeiros corpos intermediários para a representatividade de determinada massa da sociedade — no caso dos trabalhadores — foi negada a ampla possibilidade de defender em Juízo os interesses da categoria, em atitude francamente oposta àquela que fundamentou a inserção na Constituição Federal, em 1988, de mecanismos voltados à tutela jurídica integral e que inspirou a elaboração do Código de Defesa do Consumidor."

Para *Cândido Rangel Dinamarco*, a pouca importância dada a relevância social e política do processo é responsável pelo imobilismo do sistema,

[...] que nasceu sob o signo do individualismo e ao longo de dois milênios continua até hoje aferrado a técnicas individualistas incompatíveis com o palpitar solidarista dos tempos. Tem-se, com isso, na marca da formação do processo, a regra da legitimidade ad causam *individual, só excepcionada em casos raros, de direito estrito; no ponto de terminação do processo de conhecimento, a eficácia direta da sentença de mérito atingindo somente as partes do processo e a autoridade da coisa julgada*

---

(2) FAVA, Marcos Neves. A Classe no Pólo Passivo da Ação Coletiva. *In:* RIBEIRO Jr,. José Hortêncio (org.). *Ação Coletiva na Visão de Juízes e Procuradores do Trabalho.* São Paulo: LTr, 2006. p. 75-76.

(3) LORA, Ilse Marcelina Bernardi. Substituição Processual pelo Sindicato. *Boletim Anamatra on line,* 24 jan. 2007. Disponível em: imprensa@anamatra.gob.br.

subjetivamente limitada a elas. E têm-se, ao longo de todo o arco dos diferentes procedimentos, critérios e disposições que pressupõem o envolvimento de indivíduos e não de categorias. São reflexos não só desse modo estritamente jurídico de ver a ordem processual instrumentalmente conexa à substancial, como também da tradicional interpretação individualista dessa própria instrumentalidade; sua interpretação evolutiva, associada à abertura do leque que os escopos do processo na área social e na política, são fatores capazes de contribuir eficazmente para a correção desses rumos e correta teorização das novas tendências.[(4)]

Portanto, nos dias atuais, não pode mais o Judiciário debitar a demora processual ao elevado número de processos se nada faz para mudar a mentalidade individualista e formalista que impera no nosso sistema jurídico.

Afinal, na lição do imortal *Rui Barbosa, o direito não jaz na letra morta das leis: vive na tradição judiciaria que as atrofia, ou desenvolve*. Neste sentido, também pensa o Juiz do Trabalho *Eduardo Henrique Raymundo von Adamovich*[(5)], ao aduzir que "as pretensões que se exercem não são frias reproduções dos textos legais, mas sim vivas interpretações deles, que podem vingar ou não segundo a prática judiciária de cada lugar e em cada época."

Por tais razões, afasto a prefacial de carência de ação por ilegitimidade ativa do Ministério Público.

Alegam ainda os requeridos, que não possuem legitimidade passiva *ad causam*, aduzindo o Banco, em resumo, que é parte ilegítima para responder por pedidos atinentes à legislação da educação, e o CIEE, por ser parte ilegítima para responder por eventuais desvirtuamentos da relação jurídica de estágio, por concretizar-se independentemente de sua participação.

No entanto, suas eventuais responsabilidades somente poderão ser definidas e delimitadas ao ser examinado o mérito da demanda. Portanto, por ora, basta que tenham participação na relação material de estágio discutida nos autos, para que permaneçam no pólo passivo da demanda.

II — Mérito

1. Condições do estágio

Em síntese, alega o Ministério Público na inicial, que as empresas do grupo econômico do Banco Santander Banespa S/A tem admitido, freqüentemente, estagiários por intermédio do CIEE, visando burlar a legislação trabalhista, pretendendo em decorrência que os requeridos sejam condenados às obrigações de fazer e não fazer discriminadas nos pedidos formulados às fls. 36/38 dos autos.

Em sua defesa, aduz o Banco Santander que a farta documentação apresentada pelo Ministério Público não pode ser recepcionada como indício de que o banco atua irregularmente e deva ser condenado aos pedidos da inicial, além de existir outras decisões judiciais em sentido contrário. Alega ainda, que não se extrai das Leis que regulam a matéria a vedação ao estágio de estudantes que não contenham em seu currículo escolar a matéria "estágio não obrigatório"; que as normas que regulam a relação de estágio não determinam qual jornada deverá ser cumprida pelo estagiário, e que a única exigência é a compatibilização do horário escolar com o horário do estágio, o que teria sido obedecido pelo Banco, e que tais normas, também não elencam quais atividades estão insertas neste tipo de relação.

Por sua vez, informa o CIEE que é uma entidade sem fins lucrativos, declarada de utilidade pública estadual, e assim como não pratica atividade mercantil e nem visa lucro, também não dá origem a contratos irregulares de estágio e nem é o principal responsável pela utilização

---

(4) DINAMARCO, Cândido Rangel. *A Instrumentalidade do Processo*. 12. ed. São Paulo: LTr, 2005. p. 271-272.
(5) ADAMOVICH, Eduardo H. Raymundo von. Elementos de História do Processo Coletivo para solução de alguns problemas supostamente intrincados. In: RIBEIRO Jr., José Hortêncio (org.). *Ação Coletiva na Visão de Juízes e Procuradores do Trabalho*. São Paulo: LTr, 2006. p. 30-31.

indevida do estágio em Santa Catarina; que a limitação de jornada para os estagiários não encontra amparo em qualquer dispositivo legal, além de o Ministério Público ter silenciado na exordial sobre a existência de Termos de Ajustamento de Conduta já firmados que autorizam carga horária maior que as estabelecidas na decisão liminar proferida pelo juízo, requerendo tratamento isonômico, e que as pretensões do Ministério Público, de condenação dos requeridos ao cumprimento das obrigações de fazer e não fazer descritas na inicial, ofendem o Princípio da Livre Iniciativa.

Ao analisar o pedido de liminar formulado pelo Ministério Público, assim se manifestou o juiz *Paulo André Cardoso Botto Jacon*:

"Vistos, etc.

Ministério Público do Trabalho ingressou com a presente ação civil pública, em face de Banco Santander Meridional S/A. e Centro de Integração Empresa Escola de Santa Catarina — CIEE, requerendo a concessão de liminar inaudita altera pars para determinar às rés que se abstenham dos comportamentos que descreve à inicial (fls. 35-36).

É o breve relatório.

Decido.

1. No caso dos autos, o Ministério Público do Trabalho sustenta que o 1º réu tem freqüentemente admitido estagiários, por intermédio do 2º réu, através de contratos eivados de irregularidades. Alega configurarem irregular utilização de estágio por serem contratos de emprego simulados, visando burlar a legislação e os direitos trabalhistas.

2. De fato, consta nos autos cópia de diversas sentenças e acórdãos em que foi declarada a nulidade de vários contratos de estágio firmados pelo banco-réu, com reconhecimento do vínculo empregatício, ante a irregularidade do estágio.

3. Assim, as sentenças e acórdãos prolatados nos autos: 4094/02 (fls. 69-85 e fls. 86-111) e 4094/02 (fls. 359-384), ambos 2ªVT Blumenau; 244/04 (fls. 124-139 e 227-240) e 1154/04 (fls. 344-358 e 321-336), ambos 4ªVT Florianópolis; 1405/03, VT Rio do Sul (fls. 274-284 e fl. 241-251); 7598/03, 6ªVT Florianópolis (fls. 305-320 e 285-299); 3384/04, 5ªVT Florianópolis (fl. 614-642); 329/02, VT Jaraguá do Sul (fls. 643-657); 240/04, 3ªVT Florianópolis (fls. 655-677); 401/04, 7ªVT Florianópolis (fls. 678-685); 346/05, 1ªVT Itajaí (fls. 695-711); 420/05, 1ªVT Lages (fls. 907-919).

4. Analisando-se os fundamentos das decisões, verifica-se que reiteradamente foram reconhecidos que os estágios tinham por objeto atividades típicas dos bancários, sem relação com curso freqüentado pelos contratados, com jornadas de 8 horas (superiores à jornada dos bancários) e ausência de previsão do estágio não obrigatório no currículo dos cursos, além da ausência de acompanhamento, supervisão e avaliação da instituição de ensino. Constatou-se, ainda, a ausência da instituição de ensino na relação, que participava apenas com a assinatura nos termos de compromisso de estágio e com a mera ciência do acompanhamento do estágio realizado somente pelo 2º réu.

5. Em decorrência do reiterado reconhecimento da nulidade dos estágios por esta justiça especializada, foi instaurado procedimento investigatório pelo Ministério Público do Trabalho, onde foram confirmadas as irregularidades perpetradas pelos réus, inclusive pela fiscalização da Delegacia Regional do Trabalho. Constatou-se também terceirização do estágio, havendo, inclusive, casos de estagiária do curso de enfermagem desempenhando atividades típicas de bancário; de estagiária sem matrícula em instituição de ensino (fl. 9); e, de estágio sem a assinatura da instituição em termo de compromisso (fl. 72), em manifesta violação dos moldes descritos na Lei 6.494/77.

6. Nesse sentido, vislumbro a presença dos requisitos de *fumus boni juris*, sendo fundada a suspeita do objetivo do empregador de fraudar a legislação trabalhista.

Além disso, entendo configurado o receio de dano irreparável, pois não se pode conceber a vigência de contrato de emprego sem os direitos a ele inerentes, além do prejuízo individual do estagiário, que pensa estar investindo em complementação a seus estudos.

Por estas razões, concedo a liminar pretendida, para:

— determinar ao 1º réu que se abstenha de: I) contratar estagiários cujo curso freqüentado não inclua o estágio curricular não obrigatório no plano curricular; II) contratar estagiários para o exercício de atividades que não acrescentem conhecimento ou complementem o ensino, sem relação direta entre as atividades a serem desempenhadas e a formação acadêmica oferecida pelo curso freqüentado na instituição de ensino; III) utilizar estagiários para suprir carência de pessoal, como substitutos de seus empregados; IV) utilizar estagiários para o exercício autônomo de função de caixa e a gerência de contas correntes sobre carteiras de clientes; e, V) exigir dos estagiários o cumprimento de metas;

— determinar ao 2º réu que se abstenha de: I) intermediar a contratação de novos estagiários cujo curso freqüentado não inclua o estágio curricular não obrigatório na programação didático-pedagógica ou no plano curricular, bem como quando a instituição de ensino não tenha sistemática de acompanhamento e avaliação; II) intermediar a contratação de novos estagiários para o exercício de atividades que não acrescentem conhecimento ou complementem o ensino, devendo a intermediação restringir-se a contratos de estágio onde houver relação direta entre as atividades a serem desempenhadas e a formação acadêmica oferecida pelo curso freqüentado na instituição de ensino; III) intermediar a contratação de novos estagiários com jornada de atividade superior a 4 horas diárias e 20 horas semanais, para estagiários vinculados ao ensino médio e superior de ensino, e 6 horas diárias e 30 semanais para estagiários vinculados ao ensino profissionalizante.

Comino a pena de multa de R$ 10.000,00 ao dia, por descumprimento, até que cesse a irregularidade.

Intimem-se as partes da presente decisão, e expeça-se o competente mandado para cumprimento da presente ordem.

Inclua-se o feito em pauta inicial, para processamento regular do feito.

Em 11 de dezembro de 2006."

Visando desconstituir esta decisão, o Centro de Integração Empresa Escola do Estado de Santa Catarina — CIEE, impetrou Mandado de Segurança perante o TRT da 12ª Região, que foi indeferido de plano pela Juíza-Relatora, Dra. Ione Ramos, como se verifica pela cópia de sua decisão, juntada às fls. 1.979/1.994.

Em sua decisão, disse não vislumbrar qualquer conteúdo coativo no despacho acoimado de ilegal, não estando configurado, desta forma, o direito líquido e certo do impetrante, considerado como pressuposto constitucional de admissibilidade do mandado de segurança.

Das suas razões de decidir, cumpre transcrever as seguintes passagens:

De acordo com o art. 2º do Decreto n. 87.497/82 é considerado estágio "As atividades de aprendizagem social, profissional e cultural, proporcionadas ao estudante pela participação em situações reais da vida e trabalho de seu meio, sendo realizada na comunidade em geral ou junto a pessoas jurídicas de direito público ou privado, sob responsabilidade e coordenação da instituição de ensino.

O estágio, digo, deve ocorrer na área de formação do aluno, sendo adequado ao semestre que se está cursando, permitindo uma autuação prática na área de sua futura formação. Importante também é que todas as partes envolvidas devem buscar a promoção de um estágio de qualidade, tendo cada um, desta maneira, responsabilidades específicas.

Portanto, o estágio deve ser visto como parte integrante da formação educacional e profissional do estudante, ambas garantidas pela Constituição Federal de 1988 e pela Lei n. 9.394/96 (estabelece as diretrizes e bases da educação nacional), contemplando, assim, a aplicação prática das teorias aprendidas em sala de aula.

Colocadas essas premissas é perceptível que a decisão acoimada de ilegal proibiu, na realidade, a contratação de trabalhadores em desobediência aos mandamentos legais que regem o exercício prático do aprendizado do aluno, ou seja, em violação aos preceitos de lei que regem o estágio. Nesse caso, a análise da questão envolve relação de trabalho com desdobramentos para o vínculo de emprego, matéria que é de competência desta Especializada.

A decisão atacada não ingere nem se intromete na atividade lícita do impetrante, pois apenas veda uma realidade vivenciada por muitos estudantes de trabalharem como verdadeiros empregados ao desabrigo da legislação trabalhista, pois muitas empresas têm se aproveitado da fartura dessas mão-de-obra de jovens estudantes para substituir o quadro de pessoal por "estagiários", prática ilegal que se revela não muito incomun.

Portanto, a correlação feita pelo impetrante de que há vedação de sua atividade não prospera, porque ela pode continuar formalizando contratos de estágio, pautando sua conduta dentro dos preceitos da lei que rege a matéria e seu objeto social. Logo, também não existe a infringência ao princípio da livre iniciativa, pois nenhuma lei permite o livre desenvolvimento, o exercício ou a execução de atividades ilícitas.

Não é prospero o arrazoado de que as várias abstenções determinadas na liminar são genéricas. Ao contrário, cada uma das obrigações de não fazer impostas ao impetrante delimitadas dentro de feixe legal e a extensão comum à contratações de estagiários de modo ilegal não poderia ser diferente porque visam à proibição de uma conduta. Aqui a decisão está conforme o objetivo da ação civil pública e do resguardo da ordem jurídica feita pelo Ministério Público do Trabalho.

Não é favorável ainda o argumento da existência de prejuízo aos estagiários em virtude da perda da remuneração e de comprometimento da formação escolar. Isso porque a proibição do Juiz visa exatamente a contratação de estagiários para atividades que em nada acrescentam ou complementam o ensino escolar; quanto ao aspecto da remuneração, por óbvio o ganho social e particular de cada estudante será bem maior se a contratação ocorrer dentro da lei, ou seja, como verdadeiros empregados.

Além das razões de decidir já lançadas pelos juízes citados acima, adotadas também por este juiz, cumprem fazer mais algumas considerações doutrinárias.

No início no século XIX, os Princípios de Direito tinham papel secundário, sendo lembrados somente quando havia lacuna na lei, já que seu papel restringia-se apenas a suprir lacunas. Mas, no decorrer do século XX, especialmente depois da 2ª Grande Guerra, os Princípios passaram a ter importância e efetividade, pois o mundo passou a se preocupar com normas que servissem como parâmetros de valores ético-políticos universais.

Assim, com a consolidação do Estado Social nas primeiras décadas do século XX, os Princípios saltam dos Códigos para as Constituições. Nesse contexto, de enfraquecimento do positivismo tradicional e de surgimento de um novo padrão de validade, os Princípios Gerais de Direito, que figuravam nos Códigos e que eram vistos apenas como fontes supletivas, passaram a ser inscritos nas Constituições e a ter caráter de normatividade, convertendo-se em fundamento de toda a ordem jurídica.

E para a doutrina constitucional moderna, assim como a Regras (leis), também os Princípios são espécies do gênero "norma" de Direito, para o que muito contribuíram os estudos teóricos dos juristas americano Ronald Dworkin, e do alemão Robert Alexy.

Portanto, neste novo contexto, os Princípios passam a ser o fundamento da ordem jurídica-constitucional[6]*, e servem como parâmetros para a aferição de validade e de interpretação das leis, tendo em vista que a hermenêutica não pode mais negar a eficácia dos princípios constitucionais, já que passaram a ter um papel preponderante.*

---

(6) ESPÍNDOLA, Ruy Samuel. *Conceitos de Princípios Constitucionais*. 2. ed. São Paulo: Editora Revista dos Tribunais, 2002. p. 77.

Segundo *Paulo Bonavides*[7], a proclamação da normatividade dos Princípios em novas formulações conceituais, e as decisões das Cortes Supremas no constitucionalismo contemporâneo, confirmam a tendência, no seu sentir, irresistível, "que conduz à valoração e eficácia dos princípios como normas-chaves de todo o sistema jurídico."

Desta forma, são os Princípios que formam a base do sistema jurídico, e são resultado, da evolução social. Como nos ensina *Rui Portanova*, "são enunciados que consagram conquistas éticas da civilização e, por isso, estejam ou não previstos em lei, aplicam-se congentemente a todos os casos concretos."[8]

Logo, se a regra que regulamenta o contrato de estágio (Lei n. 6.494/77) não dispõe sobre a limitação da jornada, cabe ao intérprete julgar o caso concreto com base nos princípios jurídicos, pois assim como a regras, também os princípios possuem caráter de normatividade.

E na hipótese dos autos, é preciso decidir se devem prevalecer os Princípios do Direito Processual Civil — da Inércia da Jurisdição e do Dispositivo —, invocados pelo Banco em razões finais ao aduzir que *"caberá a cada estudante avaliar, de forma crítica, se o estágio por ele desempenhado está contribuindo para a sua própria formação educacional e profissional"*, já que no entender do Banco, "caso se sintam lesados, cada um dos estagiários poderá ajuizar reclamação trabalhista para discussão do correto contrato de estágio e solicitação de eventual vínculo de emprego (se essa for a pretensão resistida do estudante), de modo que a *adequada* prestação jurisdicional será analisada caso a caso." (grifos do requerido). E junto com eles, também o Princípio da Livre Iniciativa, invocado pelo CIEE em contestação, por entender que ao impedir que continue a manter contratos de estágios com empresas, estará o Judiciário ameaçando a própria sobrevivência da instituição, já que ficará impedida de desenvolver com regularidade o seu objeto social.

Já o Ministério Público, defende que a expressão econômica do trabalho deve ser relegada a segundo plano, devendo ser "priorizada a educação formal, o ensino, direito fundamental que dispensa qualquer comentário frente ao fato de sua importância chegar a ser consenso entre nações civilizadas."

Para resolver este conflito de interesses, devemos nos perguntar que tipo de educação queremos para os nossos jovens e para o futuro do nosso país. Será aquele modelo de ensino revelado pela Folha de S. Paulo? (*"Aluno do ensino médio tem o pior desempenho em dez anos"*)

Será que um jovem estudante, que cumpre 8 horas diárias de estágio numa empresa, terá condições de estudar à noite, sem prejuízos para sua formação?

Será que isso acontece nos demais países, chamados desenvolvidos?

Não podemos nos esquecer, que o tempo gasto com o estágio não se limita a essas 8 horas, pois além do necessário intervalo intrajornada (de no mínimo 01h), ainda são gastos minutos (as vezes horas) preciosas para o deslocamento até a empresa, e depois, até a escola. Portanto, com tão extensa jornada, o estudante fica vinculado ao estágio e a empresa durante todo o dia.

No caso dos autos, temos que considerar ainda, que a jornada legal do bancário é de apenas 6 horas, por força do art. 224 da CLT. Ora, neste contexto, é concebível uma casa bancária contratar estagiários com jornada de 8 horas? Isso não representa exploração de mão-de-obra?

As respostas são mais do que óbvias, o que só vem a reforçar que é necessário impor limites ao capital, ainda mais num país com farta e barata mão-de-obra.

Portanto, os princípios da livre iniciativa lembrados pelos requeridos, devem ceder ao peso do princípio da dignidade humana, que fundamenta o Direito do Trabalho, pois entendo que

---

(7) BONAVIDES, Paulo. *Curso de Direito Constitucional*. 19. ed. São Paulo: Malheiros Editores, 2006. p. 286.
(8) PORTANOVA, Rui. *Princípios do Processo Civil*. 6. ed. Porto Alegre: Livraria do Advogado, 2005. p. 14.

não há como assegurar aos cidadãos brasileiros os direitos a educação e ao trabalho, previstos no art. 6º da Constituição Federal, sem que sejam observadas, no caso concreto, algumas normas para contratação de estagiários, já referidas na decisão liminar concedida pelo juiz Paulo André Cardoso Botto Jacon e pela Juíza Ione Ramos, transcritas acima.

No entanto, embora seguindo a mesma linha de raciocínio dos juízes citados anteriormente, reformo em parte a liminar concedida, para excluir da decisão proferida a expressão *"que não acrescentem conhecimento ou complementem o ensino"*, por considerá-la genérica e subjetiva, e também, para limitar a jornada dos novos contratos de estagiários, vinculados ao ensino superior, a 6 horas diárias e 30 semanais, assim como acontece com os estagiários vinculados ao ensino profissionalizante.

Contudo, entendo que não cabe a este juízo determinar a rescisão dos contratos de estágio em vigor que não atendam as recomendações acima, como requerido pelo Ministério Público, pois a decisão ora proferida somente deve atingir os contratos de estágio a serem firmados a partir de agora.

Diante do exposto, afasto as prefaciais de incompetência absoluta desta Justiça do Trabalho, de carência de ação e da necessidade de intervenção de terceiros, e no mérito, julgo procedente em parte a Ação Civil Pública proposta pelo Ministério Público do Trabalho em face do Grupo Santander Banespa e do Centro de Integração Empresa Escola da Santa Catarina — CIEE, sendo mantida em parte a liminar concedida anteriormente pelo juízo, para:

— determinar ao 1º requerido, Grupo Santander Banespa, que se abstenha de: I) contratar estagiários cujo curso freqüentado não inclua o estágio curricular não obrigatório no plano curricular; II) contratar estagiários para o exercício de atividades sem relação direta entre as atividades a serem desempenhadas e a formação acadêmica oferecida pelo curso freqüentado na instituição de ensino; III) utilizar estagiários para suprir carência de pessoal, como substitutos de seus empregados; IV) utilizar estagiários para o exercício autônomo de função de caixa e a gerência de contas correntes sobre carteiras de clientes; e, V) exigir dos estagiários o cumprimento de metas; VI) contratar novos estagiários com jornada de atividade superior a 4 (quatro) horas diárias e 20 horas semanais, para estagiários vinculados ao ensino médio, e a 6 (seis) horas diárias e 30 semanais para estagiários vinculados ao ensino profissionalizante e ao ensino superior.

— determinar ao 2º requerido, CIEE, que se abstenha de: I) intermediar a contratação de novos estagiários cujo curso freqüentado não inclua o estágio curricular não obrigatório na programação didático-pedagógica ou no plano curricular, bem como quando a instituição de ensino não tenha sistemática de acompanhamento e avaliação; II) intermediar a contratação de novos estagiários para o exercício de atividades que tenham relação direta entre as atividades a serem desempenhadas e a formação acadêmica oferecida pelo curso freqüentado na instituição de ensino; III) intermediar a contratação de novos estagiários com jornada de atividade superior a 4 (quatro) horas diárias e 20 horas semanais, para estagiários vinculados ao ensino médio, e a 6 (seis) horas diárias e 30 semanais para estagiários vinculados ao ensino profissionalizante e ao ensino superior.

Comino a pena de multa de R$ 1.000,00 (hum mil reais) ao dia, aplicável sobre cada contrato de estágio firmado em descumprimento às determinações acima, até que cesse a irregularidade, a ser revertida ao FAT.

Sobre o valor atribuído à causa, de R$20.000,00, incidem custas de R$400,00, pelos requeridos. Publique-se. Cumpra-se. Intimem-se as partes.

José Carlos Külzer
Juiz do Trabalho

ANEXO D — ACORDO DE COOPERAÇÃO

Acordo de Cooperação

Considerando os princípios da eficiência, da celeridade e da economia processual, que devem nortear o Judiciário Trabalhista, especialmente na fase executória;

Considerando a carência de pessoal da Justiça Especializada e a sobrecarga dos Oficiais de Justiça, aliada à necessidade de racionalizar, otimizar e desburocratizar os procedimentos envolvendo as Varas Trabalhistas e os Ofícios de Registro de Imóveis da Região;

Considerando a necessidade de adoção imediata de mecanismos que agilizem e impulsionem os feitos trabalhistas, que cuidam de um modo geral do pagamento de salário, fonte de subsistência do trabalhador,

Comparecem à Vara do Trabalho de Joaçaba, na sala de audiências, no dia 5 de dezembro de 2007, os Senhores Oficiais de Registro de Imóveis, abaixo relacionados:

Antônio Henrique Fernandes, 1º Ofício de Registro de Imóveis de Joaçaba;

Rosa Haro, 2º Ofício de Registro de Imóveis de Joaçaba;

Lígia Santos Bresola, Cartório de Registro de Imóveis de Campos Novos;

Nair Viali, Cartório de Registro de Imóveis de Capinzal;

Marcia Carmen Werlang, Cartório de Registro de Imóveis de Catanduvas;

Na presença da Excelentíssima Juíza-Corregedora do E. TRT/SC, Drª Maria do Céo de Avelar e do Dr. Sérgio Massaroni, Juiz Substituto da Vara de Joaçaba.

Resolvem firmar o presente acordo de cooperação, nos seguintes termos:

1. Ficam os Senhores Oficiais de Justiça e o Diretor de Secretaria da Vara do Trabalho, a partir da assinatura do presente convênio, autorizados a solicitar informações aos Cartórios sobre a existência de bens imóveis em nome dos executados, matriculados naquelas Serventias, via *e-mail* ou *fax,* comprometendo-se os Oficiais dos Registros de Imóveis acima citados a prestar informações pelo mesmo meio eletrônico, no prazo de 5 dias;

2. Do pedido de informação deverão constar obrigatoriamente: o número do processo, o nome das partes (o exeqüente e o executado, acompanhados dos nomes dos cônjuges, se possível), seus respectivos documentos de identidade, CPF e CNPJ, em caso de empresa; o nome dos sócios da empresa, se feita a desconsideração da personalidade jurídica, bem como o valor da execução;

3. Nos Cartórios, os *e-mails* procedentes da Vara do Trabalho deverão ficar em pasta própria, de forma a facilitar a sua localização e o pronto atendimento da Justiça Especializada;

4. Negativa a pesquisa, os Oficiais dos Registros de Imóveis assim informarão por *e-mail* ou *fax*, sendo tal ato dispensado do pagamento de emolumentos;

Parágrafo Único — No mesmo prazo, os Oficiais dos Registros informarão sobre eventual venda do imóvel por parte do executado nos últimos 5 anos, se prazo maior não for solicitado pelo Juízo.

5. Positiva a diligência, os Oficiais dos Cartórios encaminharão, também por *e-mail* ou por fac-símile (*fax* e/ou fones em anexo), a certidão do imóvel ou imóveis matriculados em nome do executado, a fim de possibilitar a constrição do bem pelos Executantes de Mandados da Justiça do Trabalho;

Parágrafo Único — Se o imóvel indicado passou a integrar outra Comarca, os Oficiais assim informarão e, por determinação do Juízo, remeterão a certidão atualizada do imóvel ao novo Cartório de Registro de Imóveis para abertura de matrícula, possibilitando o posterior registro da penhora no Ofício competente.

6. Havendo mais de um imóvel em nome do executado, os Oficiais dos Cartórios informarão, remetendo a listagem correspondente e poderão selecionar aqueles livres e desembaraçados em valor suficiente para cobrir duplamente a execução;

7. Constritado o bem, os Meirinhos da Justiça do Trabalho comparecerão ao Cartório de Registro de Imóveis com o devido mandado que será, à vista da respectiva contrafé, imediatamente lançado pelos Oficiais das Serventias no Livro 1 de Protocolos, cuja providência será certificada, assegurando-se a prioridade que decorre do princípio consagrado no art. 182 da Lei Federal n. 6.015/73, sendo o processo de registro concluído na forma e nos prazos legais;

Parágrafo Primeiro — O mandado de registro de penhora deverá conter os seguintes requisitos:

— a natureza do processo e seu número;

— o nome do Juiz;

— o nome das partes (o exeqüente e o executado deverão ser qualificados, com o número de suas carteiras de identidade e CPFs);

— o nome do depositário, se houver;

— o valor da execução, que servirá de base para o cálculo dos emolumentos do Cartório e recolhimento do FRJ;

— informação se o exeqüente é beneficiário da justiça gratuita.

Parágrafo Segundo — Se a execução correr contra mais de uma pessoa (empresa "X" e *outros*), devem ser nominados no mandado todos os executados, negritando o nome do proprietário do imóvel penhorado.

Parágrafo Terceiro — Se o imóvel penhorado estiver em nome de terceiro, em venda fraudulenta, do mandado deverá constar a súmula da decisão judicial que declarou nula a alienação, em observância ao princípio da continuidade que rege a transmissão de bens imóveis nas Serventias.

8. Efetuado o registro da penhora, os Oficiais de Registro de Imóveis comunicarão ao Juízo, enviando o respectivo documento com a penhora devidamente registrada, via *e-mail* endereçado à Direção da Secretaria da Vara ou por fac-símile;

9. O registro da penhora incidente sobre o imóvel indicado será cumprido independentemente do prévio recolhimento dos emolumentos do Cartório e da verba destinada ao FRJ — Fundo de Reaparelhamento da Justiça, nos termos do parágrafo terceiro do artigo 805 do Código de Normas da Corregedoria Geral da Justiça do Estado de Santa Catarina, sendo certo que as despesas decorrentes das providências previstas neste Acordo de Cooperação (emolumentos do registro e do cancelamento da penhora, bem como o Fundo de Reaparelhamento da Justiça) serão oportuna e igualmente informadas por *e-mail* ou *fax*, a fim de que componham a conta final do processo trabalhista, quando serão satisfeitas;

Parágrafo Primeiro — Os valores serão atualizados monetariamente na data do efetivo pagamento, com especificação de cada verba, e satisfeitos por alvará em que seja mencionado o número da matrícula do imóvel a que se refere ou mediante depósito em conta bancária a ser indicada pelos Oficiais dos Registros de Imóveis.

Parágrafo Segundo — Se efetuado o depósito em conta bancária, a Justiça do Trabalho comunicará ao Cartório, também por *e-mail* ou *fax*, mencionando o número do processo, as partes e a matrícula correspondente ao imóvel.

10. No caso de cancelamento da penhora, deverá a Justiça do Trabalho indicar o número do registro no Cartório, a fim de possibilitar a exata localização pelo Oficial;

Parágrafo Único — Se por qualquer motivo o número do processo for alterado (apensamento, carta precatória, reautuação, reestruturação da numeração de autos, etc.), deverá a Justiça do Trabalho indicar o antigo número, para facilitar a busca nas Serventias.

11. Sendo o imóvel arrematado ou adjudicado, na carta de arrematação ou adjudicação deverá constar a completa qualificação do arrematante e/ou adjudicante (nome, sobrenome, estado

civil, endereço, CPF, carteira de identidade, etc.), bem como o Juízo que emitiu o documento, o número e a natureza do processo, o nome do Juiz e o nome das partes, nos termos do art. 797 do Código de Normas da Corregedoria do Estado de Santa Catarina.

12. Ficam cadastrados os usuários dos Cartórios de Registro de Imóveis, conforme anexo I; Parágrafo Primeiro — Também compõe o anexo I o Ofício de Registro de Imóveis de Anita Garibaldi (jurisdição da Vara do Trabalho de Lages), que abrange o Município de *Abdon Batista*, desta jurisdição.

13. Ficam cadastrados os usuários da Justiça do Trabalho: o Juiz Titular, o Juiz Substituto, o Diretor de Secretaria, os Oficiais de Justiça e a Secretaria da Vara do Trabalho de Joaçaba-SC, conforme anexo II;

14. Além do anexo II, o Cartório de Registro de Imóveis de Campos Novos recebe o anexo IV, relativo aos Juízes, ao Diretor de Secretaria e aos Oficiais de Justiça da Vara do Trabalho de Curitibanos, por ter em sua abrangência territorial o Município de *Brunópolis*, integrante daquela jurisdição. Recebe também o anexo V, relativo à Vara de Fraiburgo, em face do resíduo de *Monte Carlo*, daquela jurisdição;

15. Além do anexo II, o 1º Ofício de Registro de Imóveis de Joaçaba recebe o anexo III, relativo aos Juízes, à Diretora de Secretaria e aos Oficiais de Justiça da Vara do Trabalho de Concórdia, por ter em seu resíduo o Município de *Jaborá*, integrante daquela jurisdição;

16. Além do anexo II, o Cartório de Registro de Imóveis de Capinzal recebe o anexo III, relativo aos Juízes, à Diretora de Secretaria e aos Oficiais de Justiça da Vara do Trabalho de Concórdia, por ter em sua abrangência territorial e resíduo os Municípios de *Ipira* e *Piratuba* e *Presidente Castelo Branco*, integrantes daquela jurisdição;

17. Além do anexo II, o Cartório de Registro de Imóveis de Catanduvas recebe o anexo III, relativo aos Juízes, à Diretora de Secretaria e aos Oficiais de Justiça da Vara do Trabalho de Concórdia, por ter em sua abrangência territorial o Município de Jaborá, integrante daquela jurisdição;

18. Todas as correspondências entre a Justiça do Trabalho e os Cartórios, de maneira geral, poderão ser feitas por *e-mail*, *fax* ou por telefone;

19. Eventuais dúvidas serão dirimidas pelo Juiz Titular e pelo Juiz Substituto da Vara do Trabalho;

20. Encaminhem-se cópias do presente convênio ao Ex.mo Juiz-Presidente do E. Tribunal Regional do Trabalho da 12ª Região, Dr. Jorge Luiz Volpato, à Subseção da OAB de Joaçaba e afixe-se na Vara, em local visível ao público, para ciência e divulgação, por 30 (trinta) dias. Joaçaba, 6 de dezembro de 2007.

Dra. Maria do Céo de Avelar
Juíza-Corregedora do TRT/SC
Dr. José Carlos Külzer
Juiz Titular da Vara do Trabalho de Joaçaba
Dr. Sérgio Massaroni
Juiz Substituto
Antônio Henrique Fernandes
1º Ofício de Registro de Imóveis de Joaçaba
Rosa Haro
2º Ofício de Registro de Imóveis de Joaçaba
Lígia Santos Bresola
Cartório de Registro de Imóveis de Campos Novos
Nair Viali
Cartório de Registro de Imóveis de Capinzal
Marcia Carmen Werlang
Cartório de Registro de Imóveis de Catanduvas

ANEXO E — CONVÊNIO BACEN-JUD

O Banco Central do Brasil, autarquia federal criada pela Lei n. 4.595, de 31 de dezembro de 1964, com sede no SBS, Quadra 3, Bloco "B", Edifício-Sede, Brasília (DF), CEP 70074-900, inscrito no CNPJ sob o n. 00.038.166/0001-05, doravante denominado simplesmente BACEN, neste ato representado pelo seu Presidente, Sr. ARMÍNIO FRAGA NETO, e o TRIBUNAL SUPERIOR DO TRABALHO, estabelecido na Praça dos Tribunais Superiores, Bloco "D", s/n.º, Brasília (DF), CEP 70097-970, inscrito no CNPJ sob o n.º 00.509.968/0001-48, doravante denominado simplesmente TST, neste ato representado pelo seu Presidente, Ministro Almir Pazzianotto Pinto, têm justo e acordado o presente Convênio, que se rege, com fundamento nos arts. 25, *caput*, e 116 da Lei n. 8.666, de 21 de junho de 1993, pelo Regulamento anexo à Circular/BACEN n. 2.717, de 3 de setembro de 1996 — o qual passa a integrar este instrumento —, bem como pelas cláusulas e condições seguintes:

I — Do objeto

Cláusula Primeira — O presente instrumento tem por objetivo permitir ao TST e aos Tribunais Regionais do Trabalho que vierem a aderi-lo conforme Cláusula Sexta e mediante assinatura de Termo de Adesão, o acesso, via *Internet*, ao Sistema de Solicitações do Poder Judiciário ao Banco Central do Brasil, doravante denominado simplesmente BACEN JUD.

Parágrafo Único — Por intermédio do Sistema BACEN JUD, o TST e os Tribunais signatários de Termo de Adesão, poderão, dentro de suas áreas de competência, encaminhar às instituições financeiras e demais instituições autorizadas a funcionar pelo BACEN ofícios eletrônicos contendo solicitações de informações sobre a existência de contas correntes e aplicações financeiras, determinações de bloqueio e desbloqueio de contas envolvendo pessoas físicas e jurídicas clientes do Sistema Financeiro Nacional, bem como outras solicitações que vierem a ser definidas pelas partes.

II — Das atribuições do BACEN

Cláusula Segunda — São atribuições do BACEN:

a) tornar disponível o Sistema BACEN JUD e demais aplicativos necessários a sua operacionalização;

b) cadastrar, no Sistema de Informações do Banco Central — SISBACEN, o Gerente Setorial de Segurança da Informação de cada Tribunal, doravante denominado *FIEL*. O cadastramento se fará conforme definido no Regulamento anexo à Circular/BACEN n. 2.717, de 1996, seguindo os procedimentos adotados pela Divisão de Atendimento do Departamento de Informática do BACEN — DEINF/DIATE;

c) considerar como usuários do Sistema BACEN JUD as pessoas devidamente cadastradas pelo *FIEL*; e

d) comunicar aos partícipes qualquer alteração no Sistema BACEN JUD que venha a modificar os termos deste Convênio.

III — Das atribuições do TST e dos tribunais signatários de termo de adesão

Cláusula Terceira — São atribuições do TST e dos Tribunais signatários de Termo de Adesão:

a) dispor dos seus próprios meios (computadores aptos a utilizar a *Internet* e linhas de comunicação) que possibilitem o acesso, via *Internet*, ao Sistema BACEN JUD;

b) indicar às unidades do BACEN constantes no item "a" da Cláusula Quarta deste instrumento, o nome do *FIEL* de cada órgão, para seu credenciamento no Sistema de Informações Banco Central — SISBACEN. A indicação deve ser feita pelo Presidente de cada órgão, por meio de documento formal, que deve ser acompanhado dos formulários específicos, devidamente preenchidos para esse fim, disponíveis no *site* do BACEN na *Internet*, no endereço http://www.bcb.gov.br/, na seção "Sisbacen"; e

c) a indicação do *FIEL* recairá apenas sobre magistrados.

IV — Das responsabilidades do BACEN

Cláusula Quarta — São responsabilidades do BACEN:

a) entregar a senha ao *FIEL* de cada Tribunal, no Departamento de Informática na Sede do BACEN em Brasília ou nas Gerências Administrativas do BACEN localizadas: em Belém (PA), em Fortaleza (CE), no Recife (PE), em Salvador (BA), em Belo Horizonte (MG), no Rio de Janeiro (RJ), em São Paulo (SP), em Curitiba (PR) ou em Porto Alegre (RS);

b) repassar às instituições do Sistema Financeiro Nacional as solicitações encaminhadas pelos usuários do Sistema; e

c) conferir ao processamento do Sistema BACEN JUD os procedimentos necessários à manutenção da segurança e do sigilo das informações.

V — Das responsabilidades do TST e dos tribunais signatários de termo de adesão

Cláusula Quinta — São responsabilidades do TST e dos Tribunais signatários de Termo de Adesão, em seus respectivos âmbitos de competência:

a) autorizar o acesso ao Sistema BACEN JUD, mediante cadastramento pelo *FIEL*, somente aos membros de cada Tribunal;

b) manter, no mínimo, dois *FIÉIS* cadastrados em cada Tribunal, efetuando o imediato descredenciamento no BACEN JUD, quando do seu desligamento dessa função, com vistas ao pronto cancelamento de seus acessos;

c) efetuar o imediato descredenciamento no Sistema BACEN JUD dos usuários do Sistema quando do seu desligamento do Tribunal; e

d) havendo acesso indevido ou qualquer outro dano às informações que o BACEN tenha tornado disponível aos usuários do TST e dos Tribunais signatários de Termo de Adesão, apurar o fato com vistas à devida responsabilização administrativa e criminal do agente responsável.

Parágrafo Único — O pessoal do TST e dos Tribunais signatários de Termo de Adesão, envolvidos na execução do objeto deste Convênio, não terá vínculo de qualquer natureza com o BACEN e vice-versa.

VI — Da extensão do convênio a outros órgãos do poder judiciário

Cláusula Sexta — Os Tribunais Regionais do Trabalho poderão aderir ao presente Convênio na forma e nas condições nele estabelecidas, devendo cada Tribunal indicar ao BACEN o seu *FIEL*, conforme item "b" da Cláusula Terceira do presente instrumento.

VII — Do acesso ao sistema BACEN JUD — Senhas

Cláusula Sétima — O acesso ao Sistema BACEN JUD se dará por meio de senhas, após o cadastramento de usuários efetuado pelo *FIEL* do respectivo Tribunal. Haverá duas formas de autorizações de usuários: a primeira, de exclusividade do juiz, poderá solicitar e efetivar pedidos e somente o titular dessa senha poderá autorizar o envio dos ofícios eletrônicos ao BACEN; a segunda será concedida a funcionários do Tribunal ou das Varas do Trabalho para proceder a digitação dos dados.

VIII — Da fiscalização

Cláusula Oitava — No curso da execução dos serviços, caberá ao BACEN, diretamente ou por quem vier a indicar, o direito de fiscalizar a fiel observância das disposições deste Convênio, sem prejuízo da fiscalização exercida pelo TST e pelos Tribunais signatários de Termo de Adesão, dentro das respectivas áreas de competência.

Parágrafo Único — A presença da fiscalização do BACEN não elide nem diminui a responsabilidade dos demais partícipes naquilo que lhes compete.

X — Do prazo de vigência

Cláusula Nona — O presente Convênio vigorará por 2 (dois) anos, a partir da data de sua assinatura, prorrogável por tempo indeterminado, caso não haja manifestação em contrário das partes.

X — Da rescisão

Cláusula Décima — O presente instrumento poderá ser rescindido por qualquer das partes, mediante comunicação escrita e com antecedência mínima de 30 (trinta) dias.

XI — Da execução

Cláusula Décima Primeira — A administração e a gerência deste Convênio, no âmbito do BACEN, ficam a cargo do Departamento de Cadastro e Informações do Sistema Financeiro (DECAD), situado no 14º andar do Ed. Sede do BACEN, em Brasília (DF). No âmbito da competência de cada signatário, tais funções caberão a quem a autoridade competente indicar.

XII — Das disposições gerais

Cláusula Décima Segunda — Além das responsabilidades previstas neste instrumento, os partícipes se obrigam a:

a) manter sigilo acerca dos sistemas de segurança utilizados, bem como das informações de que os envolvidos na execução deste Convênio tiverem conhecimento; e

b) manter perfeito entrosamento entre si, objetivando a plena execução do Convênio, solucionando os casos omissos, as dúvidas ou quaisquer divergências por meio de consultas e mútuo entendimento, ampliando ou suprimindo cláusulas por meio de aditivos.

Cláusula Décima Terceira — De conformidade com o disposto no parágrafo único do art. 61 da Lei n. 8.666, de 1993, este Convênio será publicado no Diário Oficial da União, na forma de extrato, por encaminhamento do BACEN.

Cláusula Décima Quarta — Fica eleito o foro da Cidade de Brasília para dirimir as questões decorrentes da execução deste Convênio, renunciando os partícipes, desde já, inclusive os signatários de Termo de Adesão, a qualquer outro a que, porventura, tenham ou possam vir a ter direito.

E, por estarem assim justos e acordados, firmam o presente instrumento em 3 (três) vias de igual teor e forma.

Brasília, 5 de março de 2002.

ANEXO F — REGULAMENTO DO BACEN-JUD 2.0

Finalidade da Regulamentação

Artigo 1º — A presente regulamentação visa a disciplinar a operacionalização e utilização do sistema BACEN JUD 2.0, bem como padronizar os procedimentos a fim de evitar divergências e equívocos de interpretação.

Da troca de arquivos e operacionalização

Artigo 2º — As ordens judiciais protocolizadas no sistema até às 19h00min dos dias úteis bancários serão consolidadas pelo sistema BACEN JUD 2.0, transformadas em arquivos de remessa e disponibilizadas simultaneamente para todas as instituições financeiras até às 23h00min do mesmo dia.

§ 1º — As ordens judiciais protocolizadas após às 19h00min ou em dias não úteis bancários serão tratadas e disponibilizadas às instituições financeiras no arquivo de remessa do dia útil bancário imediatamente posterior.

§ 2º — O arquivo de remessa excepcionalmente não disponibilizado às instituições financeiras até às 23h00min, será incluído no movimento do dia útil bancário imediatamente posterior, com notificação aos juízos.

Artigo 3º — As instituições financeiras cumprirão as ordens judiciais disponibilizadas no arquivo de remessa, gerarão o arquivo de retorno com a data/hora do cumprimento da ordem e o enviarão ao sistema BACEN JUD 2.0 até às 23h59min do dia útil bancário seguinte ao do seu recebimento.

§ 1º — Para os efeitos do *caput* deste artigo, o feriado local será considerado como dia útil, exceto quando a instituição financeira tiver representação apenas em uma cidade e o feriado ocorrer nesse município.

§ 2º — O saldo informado pela instituição financeira poderá sofrer alteração quando houver feriado local no município da agência bancária do titular a ser afetado pela ordem judicial.

§ 3º — As instituições financeiras cumprirão as ordens judiciais com observância da data e hora de suas protocolizações no sistema BACEN JUD 2.0.

§ 4º — Os arquivos de resposta enviados ao sistema BACEN JUD 2.0 após às 23h59min serão rejeitados por atraso e serão considerados, assim como os não enviados, como inadimplidos ("não resposta"). Em ambos os casos, o nome da instituição financeira inadimplente e o respectivo percentual de inadimplência serão disponibilizados aos usuários.

§ 5º — Haverá uma resposta para cada registro de ordem judicial constante no arquivo de remessa. A ausência de resposta para qualquer desses registros no arquivo de resposta ou a sua rejeição no processo de validação semântica prevista no § 2º do artigo 4º será considerada uma inadimplência ("não resposta") e essa ocorrência será disponibilizada aos usuários.

§ 6º — Os arquivos de resposta poderão ser reenviados quantas vezes forem necessárias pelas instituições financeiras, desde que respeitado o horário limite definido no *caput*. No caso de reenvio, a versão anterior do arquivo será expurgada pelo sistema BACEN JUD 2.0. O último arquivo recebido será sempre considerado como a única resposta da instituição financeira.

Artigo 4º — Os arquivos de resposta enviados pelas instituições financeiras serão submetidos a processo de validação (sintática e semântica) no sistema BACEN JUD 2.0, que consolidará as informações e as disponibilizará ao juízo expedidor da ordem judicial até às 08h00min do dia útil bancário seguinte ao do recebimento desses arquivos.

§ 1º — A validação sintática ocorrerá logo após o envio do arquivo de resposta. Caso algum erro seja detectado, o arquivo de resposta será rejeitado em sua totalidade e será disponibilizado à instituição financeira um outro arquivo indicando os respectivos códigos de erro e as linhas nas quais foram detectados, de forma a permitir o envio de novo arquivo, no prazo definido no *caput* do artigo 3º. Não havendo rejeição do arquivo, será disponibilizado um arquivo informando que nenhum erro foi detectado. A rejeição dar-se-á nos seguintes casos:

Divergência entre o número de registros contido no arquivo de resposta e o informado no rodapé desse arquivo;

Incorreção na data do movimento informada no cabeçalho do arquivo de resposta;

Má formação de qualquer um dos registros presentes no arquivo de resposta; e

Incompatibilidade entre a versão do leiaute utilizada para formatar o arquivo de resposta e a versão vigente.

§ 2º — A validação semântica ocorrerá após o prazo de envio do arquivo de resposta, com verificação de cada registro constante do arquivo. Em caso de rejeição de registros, será imediatamente disponibilizado à instituição financeira um outro arquivo indicando os respectivos códigos de erro e as linhas nas quais foram detectados. Não havendo rejeição do arquivo, será disponibilizado um arquivo informando que nenhum erro foi detectado. A rejeição dar-se-á nos seguintes casos:

Se o registro enviado no arquivo de retorno não possuir um correspondente no banco de dados do BACEN JUD 2.0;

Se o registro enviado no arquivo de retorno não possuir um correspondente entre os registros do respectivo arquivo de remessa; e

Se o tipo de registro enviado no arquivo de retorno for incoerente com o tipo de registro correspondente no arquivo de remessa.

Artigo 5º — A pesquisa por parte das instituições financeiras para cumprimento das ordens judiciais enviadas pelo sistema BACEN JUD 2.0 será efetuada exclusivamente por meio dos números de CNPJ e CPF constantes do arquivo de remessa.

Artigo 6º — Alterações no leiaute dos arquivos de remessa e de resposta do sistema BACEN JUD 2.0 deverão ser comunicadas às instituições financeiras com antecedência mínima de 30 (trinta) dias.

Das inadimplências ("não respostas")

Artigo 7º — O sistema permitirá ao Poder Judiciário a reiteração ou cancelamento das ordens judiciais inadimplidas ("não respostas") pelas instituições financeiras, de forma a evitar incoerência dessas ordens no sistema BACEN JUD 2.0.

Dos Ativos Passíveis de Bloqueio

Artigo 8º — As ordens judiciais serão cumpridas com observância dos saldos existentes em contas de depósitos à vista (contas correntes), de investimento e de poupança, depósitos a prazo, aplicações financeiras e outros ativos passíveis de bloqueio, nos termos do art. 19 deste Regulamento.

Das Ordens Judiciais de Bloqueio de Valor

Artigo 9º — As ordens judiciais de bloqueio de valor têm como objetivo bloquear até o limite das importâncias especificadas.

§ 1º — Essas ordens judiciais atingirão o saldo credor inicial, livre e disponível, apurado no dia útil seguinte ao que o arquivo for disponibilizado às instituições financeiras, sem considerar, nos depósitos à vista, quaisquer limites de crédito (cheque especial, crédito rotativo, conta garantida, etc.).

§ 2º — O cumprimento da ordem judicial na forma do § 1º e o envio da resposta no respectivo arquivo de resposta, no prazo previsto no caput do art. 3º, desobrigam as instituições financeiras do bloqueio de eventuais valores creditados posteriormente, excetuada a hipótese prevista no art. 11 deste Regulamento.

§ 3º — O disposto no parágrafo anterior não prejudica o envio de novas ordens judiciais de bloqueio de valor para o mesmo réu/executado quando a ordem anterior não atingir a sua finalidade.

§ 4º — Caberá à instituição financeira definir em qual(is) conta(s) ou aplicação(ões) financeira(s) recairá(ão) o bloqueio de valor quando o réu/executado possuir saldo suficiente para atender a ordem em duas ou mais contas e aplicações financeiras.

§ 5º — Quando a ordem de bloqueio de valor for destinada a um número de conta, a instituição financeira cumprirá a ordem com base apenas no saldo dessa conta, sem considerar as aplicações financeiras e demais contas do réu/executado vinculadas a outro número. Caso a instituição financeira mantenha mais de um tipo de conta e aplicação financeira sob o mesmo número, o bloqueio deverá incidir sobre todas. Se o juízo quiser atingir todas as contas e aplicações financeiras do réu/executado, nenhum número de conta deve ser indicado.

§ 6º — Em havendo conta única para bloqueio cadastrada junto ao Tribunal Superior, o sistema BACEN JUD 2.0 alertará o usuário da conveniência de utilização da referida conta para evitar múltiplos bloqueios.

Artigo 10 — O bloqueio de valor permitirá, em nova ordem judicial, desbloqueio e/ou transferência de valor específico.

§ 1º — Na ordem judicial de transferência de valor o juízo informará o importe a ser transferido, o banco e a respectiva agência, e se mantém ou desbloqueia o saldo remanescente, se houver.

§ 2º — Enquanto o juízo não determinar o desbloqueio ou a transferência, os valores permanecerão bloqueados nas contas ou aplicações financeiras atingidas, ressalvadas as hipóteses de vencimento de contrato de aplicação financeira sem reaplicação automática. Nesse caso, os valores permanecerão bloqueados em conta corrente e/ou conta de investimento.

§ 3º — Os valores bloqueados em contas de depósito à vista (contas correntes) só serão remunerados após transferidos, por meio de nova ordem, para depósitos judiciais.

§ 4º — A ordem judicial de transferência será respondida no prazo do caput do art. 3º, mas o seu integral cumprimento observará o prazo de resgate e os procedimentos necessários à sua efetivação. Não se aguardará o vencimento dos prazos dos contratos de aplicação financeira e o "aniversário" das contas de poupança.

§ 5º — Os bancos comunicarão ao juízo, no prazo de até dois dias úteis, o recebimento dos valores transferidos para depósitos judiciais.

§ 6º — O sistema alertará os juízos que os valores bloqueados em aplicações financeiras poderão sofrer alterações entre as datas do bloqueio e da transferência em razão de oscilações de mercado.

§ 7º — Os tributos decorrentes do cumprimento da ordem de transferência serão suportados pelo réu/executado. Na insuficiência de recursos disponíveis, o valor desses tributos será deduzido da quantia a ser transferida.

Das Ordens Judiciais de Bloqueio Total

Artigo 11 — As ordens judiciais de bloqueio total visam a atender as decretações de indisponibilidade total de bens e/ou casos análogos, e vedam débitos em todas as contas e aplicações financeiras dos réus/executados.

§ 1º — Essas ordens judiciais atingirão o saldo inicial, livre e disponível, apurado no dia útil seguinte ao que o arquivo for disponibilizado às instituições financeiras, bem como os valores creditados posteriormente, sem considerar, nos depósitos à vista, quaisquer limites de crédito (cheque especial, crédito rotativo, conta garantida, etc.)

§ 2º — Os valores bloqueados serão informados ao juízo no arquivo de resposta, nos termos do caput do artigo 3º. Os valores creditados posteriormente só serão comunicados ao juízo mediante solicitação de informação específica.

§ 3º — As instituições financeiras não poderão adotar procedimentos que impeçam créditos nas contas e aplicações financeiras atingidas por essas ordens judiciais.

Artigo 12 — O bloqueio total permitirá, em nova ordem judicial, desbloqueio total e/ou transferência total ou de valor específico.

§ 1º — Na ordem judicial de transferência de valor específico o juízo informará o importe a ser transferido, o banco e a respectiva agência, e se mantém ou não a ordem de bloqueio total.

§ 2º — Na ordem judicial de transferência total o juízo informará apenas o banco e a agência, e se mantém ou não a ordem de bloqueio total.

§ 3º — Enquanto o juízo não determinar o desbloqueio ou a transferência, os valores permanecerão bloqueados nas contas ou aplicações financeiras atingidas, ressalvada a situação de vencimento de contrato de aplicação financeira sem reaplicação automática, hipótese em que os valores permanecerão bloqueados em conta corrente e/ou conta de investimento.

§ 4º — Os valores bloqueados em contas de depósito à vista (contas correntes) só serão remunerados após transferidos, por meio de nova ordem, para depósitos judiciais.

§ 5º — A ordem judicial de transferência será respondida no prazo do caput do artigo 3º, mas o seu integral cumprimento observará o prazo de resgate e os procedimentos necessários à sua efetivação. Não se aguardará o vencimento dos prazos dos contratos de aplicação financeira e o "aniversário" das contas de poupança.

§ 6º — Os bancos comunicarão ao juízo, no prazo de até dois dias úteis, o recebimento dos valores transferidos para depósitos judiciais.

§ 7º — O sistema alertará os juízos que os valores bloqueados em aplicações financeiras poderão sofrer alterações entre as datas do bloqueio e da transferência em razão de oscilações de mercado.

§ 8º — Os tributos decorrentes do cumprimento da ordem de transferência serão suportados pelo réu/executado. Na insuficiência de recursos disponíveis, o valor desses tributos será deduzido da quantia a ser transferida.

Das ordens judiciais enviadas fora do sistema BACEN JUD 2.0

Artigo 13 — As ordens judiciais enviadas fora do sistema (em papel), diretamente às instituições financeiras, não serão respondidas por meio do sistema BACEN JUD 2.0.

Artigo 14 — O BACEN poderá incluir no sistema BACEN JUD 2.0 as ordens judiciais que lhe forem enviadas fora do sistema (em papel), desde que contemplem as informações necessárias para o seu processamento.

Parágrafo Único — As instituições financeiras comunicarão o recebimento dessas ordens judiciais ao sistema BACEN JUD 2.0, utilizando-se um código de resposta específico, e as responderão diretamente ao juízo, fora do sistema (em papel).

Das instituições financeiras em Intervenção ou Liquidação Extrajudicial

Artigo 15 — O sistema BACEN JUD 2.0 não disponibilizará ordens judiciais contra terceiros às instituições em processo de Intervenção ou Liquidação Extrajudicial, sem prejuízo do seu envio por outros meios.

Artigo 16 — As ordens judiciais destinadas a bloquear valores das próprias instituições em processo de Intervenção ou Liquidação Extrajudicial serão encaminhadas pelo sistema BACEN JUD 2.0 diretamente ao Banco Central do Brasil, que as remeterá aos interventores ou liquidantes para o devido cumprimento ou justificativa ao juízo da eventual impossibilidade de sua efetivação.

Das solicitações de informações

Artigo 17 — O sistema BACEN JUD 2.0 permitirá ao Poder Judiciário solicitar as seguintes informações: saldo consolidado, extrato de contas (corrente, poupança e investimento), de aplicações financeiras e de outros ativos (bloqueáveis e não bloqueáveis pelo sistema) e endereços das pessoas físicas/jurídicas a serem pesquisadas. A resposta a essas solicitações tem caráter meramente informativo.

Parágrafo Único — As solicitações de extrato, limitadas ao período dos últimos cinco anos, serão respondidas por ofício (em papel), em até 30 dias. As demais solicitações serão respondidas via sistema, no prazo previsto no *caput* do artigo 3º.

Das informações gerenciais

Artigo 18 — O sistema possibilitará consultas a relatórios e estatísticas para controle gerencial pelo Poder Judiciário e pelo BACEN.

Da implementação

Artigo 19 — O sistema BACEN JUD 2.0 será implementado em três etapas:

Primeira etapa: ordens judiciais de bloqueio, desbloqueio e transferência de valores para contas judiciais, que serão cumpridas, nessa fase, com observância dos saldos existentes em contas de depósitos à vista (contas correntes), de investimento e de poupança, fundos de investimento sob administração e depósitos a prazo (CDB/RDB) sob custódia das instituições financeiras;

Segunda etapa: incorpora as ordens judiciais de solicitações de informações; e os bloqueios passam a incidir também sobre os demais ativos.

III. Terceira etapa: incorpora as comunicações relativas ao processo de falência; relatórios gerenciais e a inserção, pelo BACEN, das ordens judiciais recebidas fora do sistema (em papel).

Parágrafo Único — Não haverá migração de ordens judiciais entre o atual sistema BACEN JUD e o BACEN JUD 2.0, de forma que as ordens judiciais encaminhadas em um sistema não terão tratamento no outro.

Da vigência

Artigo 20 — Este Regulamento entrará em vigor na data da implantação da primeira etapa do sistema BACEN JUD 2.0.

Produção Gráfica e Editoração Eletrônica: **LINOTEC**
Capa: **FABIO GIGLIO**
Impressão: **HR GRÁFICA E EDITORA**